中央编译局比较政治与经济研究中心　清华大学凯风发展研究院　主办

China Governance Review | 中国治理评论　第 **2** 辑
● 俞可平／主编　　　　　　　　　　　　　2012（总第2辑）

中央编译出版社
Central Compilation & Translation Press

主办单位

中央编译局比较政治与经济研究中心
清华大学凯风发展研究院

编辑委员会

（以姓氏拼音排序）

陈国权	浙江大学	王绍光	香港中文大学
丁元竹	国家行政学院	王正绪	英国诺丁汉大学
龚维斌	国家行政学院	吴建南	西安交通大学
何增科	中央编译局	徐　勇	华中师范大学
黄卫平	深圳大学	薛　澜	清华大学
姜晓萍（女）	四川大学	燕继荣	北京大学
景跃进	清华大学	杨大利	芝加哥大学
蓝志勇	美国亚利桑纳州立大学	杨光斌	中国人民大学
	中国人民大学	杨雪冬	中央编译局
马　骏	中山大学	余逊达	浙江大学
米加宁	哈尔滨工业大学	赵树凯	中国发展研究基金会
浦兴祖	复旦大学	周光辉	吉林大学
王长江	中央党校	朱光磊	南开大学

编委会主任、主编
俞可平

编委会副主任
何增科　张小劲

副主编
景跃进　杨雪冬

编辑部主任
闻　沫

编辑部成员
龙宁丽　闫　健　徐　焕

执行单位
清华大学政治发展研究所
清华大学政治学系

赞助支持
联合国开发计划署

出版单位
中央编译出版社

目录

001 主题探讨：社会治理

002 中国社会治理评价指标体系／"中国社会管理评价体系"课题组

030 论中国的社会福利建设：在转型经济体中提供退休收入／华安德

054 当代中国国家能力与社会稳定：兼论"社会管理创新"的意涵／王信贤

088 中国社会管理体制30年／马宝成

121 海外来稿

122 王道思想与世界秩序重组／朱云汉

151 环境威权主义的到来／马克·比森

175 纪念赵宝煦先生

178 政治学与和谐社会／赵宝煦

187 经师人师风范　道德文章楷模
　　——敬读赵先生心著《政治学与和谐社会》有感／吴学永

203 悼念邹谠学长
　　——最后一封浓缩毕生研究精华的来信/赵宝煦

215 **治理创新案例**
216 以综合考评为平台　不断提升政府公共服务能力：杭州市综合考评创新/伍彬
229 培育民事民治组织　创新基层自治模式
　　——广东云浮组建农村三级理事会案例分析/辜东方

239 **学术动态**

251 **书刊信息**
252 　中文治理论文
264 　中文治理书目
267 　英文治理论文
278 　英文治理书目

281 《中国治理评论》约稿函

Contents

001 **Theme of This Issue: Social Governance in China**

002 An Indicator Framework of Social Governance in China / *Yu Keping and He Zengke et al*

030 Building Social Welfare in China: Providing Retirement Incomes in a Transforming Economy / *Andrew Watson*

054 State Capacity and Social Stability in Contemporary China: Rethinking the Movement of "Social Management Innovation" / *Wang Xinxian*

088 China's Social Management System in the Past Thirty Years / *Ma Baocheng*

121 **Articles from Overseas**

122 Chinese Notion of "Benevolent Government" (wangdao) and the Restructuring of World Order / *Zhu Yunhan*

151 The Coming of Environmental Authoritarianism / *Mark Beeson*

175	**In Memory of Prof. Zhao Baoxu**
178	Political Science and Harmonious Society / *Zhao Baoxu*
187	An Icon of Scholarship and Morality: Review on Political Science and Harmonious Society by Professor Zhao Baoxu / *Wu Xueyong*
203	In Memory of Professor Tang Tsou / *Zhao Baoxu*
215	**Case Studies on Governance Innovation**
216	Administrative Appraisal and Government's Capacity to Provide Public Service: A Case Study on Hangzhou Municipal Government / *Wubin*
229	Social Organizations and Grassroots Autonomy: Experiences from Yunfu City, Guangdong Province / *Gu Dongfang*
239	**Academic Events**
251	**Latest Books and Articles**
252	Chinese Articles
264	Chinese Monographs
267	English Articles
278	English Monographs
281	**Invitation of Articles to *China Governance Review***

◤ 主题探讨：社会治理 | Theme of This Issue:
Social Governance in China

中国社会治理评价指标体系

"中国社会管理评价体系"课题组*

摘要：设计者界定了中国社会治理的内涵和外延，阐述了中国社会治理评价的目标和原则，同时提出了一个包含人类发展、社会公平、公共服务、社会保障、公共安全和社会参与等六个基本维度的中国社会治理评价指标体系，并介绍了中国社会治理指数的测评方法。在设计者看来，这六个评价维度构成了中国社会治理评价指标体系基本框架的六大支柱，体现了民主、法治、公平、正义、稳定、参与、透明、自治等社会治理的重要价值和理念，引领着社会管理创新的发展方向。

关键词：社会管理　社会治理　社会评价　社会治理指标体系

---

* 本报告是中央编译局"中国社会管理评价体系"课题的重要成果，该课题受国家有关发展部门委托，并得到联合国开发计划署的支持，由中央编译局比较政治与经济研究中心和清华大学凯风发展研究院政治发展研究所联合承担。课题总负责人为俞可平教授，课题组成员：何增科、周红云、吕庆喆、龙宁丽、马瑞。俞可平教授为本项研究拟订了研究纲要和指标要点，何增科教授起草了主体报告，吕庆喆博士完成了测评方法、指标计算和解释部分的工作。指标体系研制过程中先后召开了三次全国性学术研讨会，执笔人在修改过程中充分参考了专家学者提出的意见，同时吸收了国内外同类指标体系的相关成果，特此致谢。本报告最后由俞可平教授修改和审定。

一、社会管理和社会治理

社会管理创新是从中央到地方各级党委和政府的重大任务。2011年中共中央在中央党校举办了以"社会管理创新"为主题的省部级主要领导专题研讨班，胡锦涛总书记就社会管理创新发表了重要讲话。这表明，社会管理创新得到了前所未有的重视，成为中国现阶段治理改革的重点内容。

什么是社会管理？这是一个极具中国特色的政治词汇，在英文中找不到合适的翻译[1]。广义地说，社会管理是政府依法对社会事务、社会组织和社会生活的规范和管理。从中央领导和中央文件对社会管理的论述来看，社会管理的内容极其广泛，包括社会公正、公共治安、社会稳定、社会诚信、利益协调、社会保障、社会服务、公众参与、社会自治、社会救助、食品安全、应急管理、城市管理、社区治理，以及社会组织的培育与管理等等。由此可见，社会管理事实上成为除工商管理和行政管理之外政府对其他社会事务的管理行为。换言之，中国的社会管理是除了经济管理和行政管理之外的社会治理。

1998年的《国务院机构改革方案》首次明确提出"社会管理"的概念，把政府的基本职能界定为"宏观调控、社会管理和公共服务"。此后，社会管理日益受到中共中央和中国政府的重视。中共的十六大和十七大，相继对社会管理作出了论述。2010年的中共十七届五中全会，就"加强和创新社会管理"进行了重点阐述和部署。本次全会通过的决议强调指出：要"按照健全党委领导、政府负责、社会协同、公众参与的社会管理格局的要求，加强社会管理法律、体制、能力建设。完善法律法规和政策，健全基层管理和服务体系，加强和改进基层党组织工作，发挥群众组织和社会组织作用，提高城乡社区自治和服务功能，形成社会管理和服务合力"[2]。

为什么要将治理改革的重点转向社会领域？这与改革开放的历史任务和逻辑进程相关。在改革开放的初期，我国面临的主要问题是经济落后，国家贫穷，行政效率低下，法制不健全。换言之，当时面临的主要任务是经济治理和政府治理。经过30年的改革开放，中国的经济迅速发展，人民生活水平极大改善，行政效率明显提高，法制体系基本确立。同时，随着市场经济的确立以及工业化和城市化进程的加速，政府职能发生重大转变，社会组织或民间组织大量涌现，传统的单位体制发生重大变化，户籍制度开始变动，流动人口迅速增加。所有这些都导致新的社会事务大量产生，新的社会问题开始出现，社会稳定受到严重挑战，社会领域的治理危机开始出现。加强和完善社会治理便日益成为中国政府的一项紧迫任务。

社会治理包括社会管理和社会自治。温家宝总理在今年3月召开的全国民政工作会议上明确指出，要准确把握社会发展的趋势，构建政府管理与社会自治相结合、政府主导与社会参与相结合的社会管理和公共服务体制，最大限度地调动各方面的积极性，激发社会活力。[3]这实际上为中国的社会管理和社会治理改革指明了原则和方向。社会管理的主体是公共权力部门，它实际上是一种政府行为，是政府的重要职能。社会自治是人民群众对基层公共事务的自我管理，其管理主体是社会组织或民间组织，它是一种非政府行为，是基层民主的重要实现形式。社会管理与社会自治是社会治理的两种基本形式，是一体之两翼。对于国家的长治久安和良好的社会治理而言，两者相辅相成，不可或缺。片面强调政府的社会管理而忽视社会自治，就会造成公共权力过度扩张，损害公民的基本民主权利。反之，片面强调社会自治而忽视政府管理，就会带来社会秩序的失控，影响社会稳定。正是基于这样的逻辑，我们将社会治理作为评估的主体，力图将政府的社会管理和公民的社会自治行为一并纳入我们评估的范围。

近年来，中国政府首先是在社会领域进行了一系列的制度建设和制度创新，特别是建立和完善权益保护机制、利益协调机制、社会保障机制、公共安全机制、社会稳定机制、公共服务机制、应急管理机制、基层治理机制、社会自治机制。其次是出台一系列的政策，扩大公共服务的范围，提升公共服务的质量，提高社会保障的水平，推进基层群众的社会自治。所有这些社会治理改革的直接目标，就是消解日益增多的社会冲突，维护社会秩序和稳定，从而保障和改善民生。

二、社会治理评估的目的与原则

　　开展社会管理和社会治理状况评估的根本目的，是为了维护社会稳定，改善民生福利，推进民主治理。具体地说，首先，是为了引导社会管理创新和社会治理改革的正确方向。设置科学合理的社会治理评估指标，有利于纠正重政府管制轻公共服务、重政府统治轻社会自治、重社会稳定轻公民参与的偏差，实现管制与服务、统治与自治、政府与民间、维稳与维权之间的平衡。其次，是为了认清社会管理和社会治理中存在的问题，寻找社会建设和社会发展的薄弱环节，及时调整政府的社会政策，从而改善社会管理和社会治理。再次，是为了发现社会管理创新和社会治理改革中的先进案例和榜样，及时推广社会管理和社会治理的创新经验，从整体上提高国家的社会治理水平。

　　为了实现上述目标，社会治理评估应当遵循以下几个重要原则。

　　首先，既立足于我国改革开放的实践，又充分借鉴国际上的治理评估经验。我国的社会治理改革，必须坚持"党委领导、政府负责、社会协同、公众参与"的社会管理格局，这使得我国的社会治理必然具有自己的特色。各地在加强和创新社会管理方面进行了积极的探索，积累了不少好的经验，同时也开发出了不少与社会治理相关的评价指标体系。这些都为研制社会治理评价指标体系提供了宝贵的资源。但另一方面，社会治理有着共同的规律和共同的追求，每个国家都强调透明、参与、包容、公平、信任、和谐。中国的社会治理评价指标体系也应当反映这些人类共同的规律和价值。一些国家和国际组织在公共治理评估方面比我们先行一步，他们已经创立了不少公共治理评估指标体系并且进行了实际测评应用，积累了不少有价值的经验。这些都可供我们学习借鉴。

　　其次，我国的社会治理评估指标体系，既要反映政府管理社会的水平和进展，也要体现社会自治的水平和成就。既要紧紧围绕党和政府的大政方针和战略部署，突出政府社会管理的重点，又要关照社会治理的其他重要内容。党和政府与社会治理相关的重大政策和部署，如科学发展、和谐社会、小康社会建设、服务型政府建设等，都应当在社会治理评估指标体系中有所体现。同时社会治理评估指标体系也应当反映基层群众的自治水平和公民社会的发育程度，特别是居民自治、社会协同和公众参与的现状。

第三，研制社会治理评估指标体系应当吸收治理评估指标设计的先进理念，符合科学性的要求。国际社会在治理评估指标设计方面已经创造了一些先进的理念，这些先进理念应当在研制社会治理评估指标体系中得到体现。具体来说，社会治理评估指标体系的设计过程中，既要有结果指标，也要有投入指标和过程指标；既要有客观指标，也要有主观指标。指标体系的设置应当体现低收入人群优先和性别敏感意识；体现促进社会进步、社会公正、激发权能的理念；反映人们为消除社会排斥、社会歧视、社会贫困、社会冷漠、社会对立等而作出的努力。要把重点放在测量社会治理现状上，但也要有适当数量的指标体现社会治理的前景和未来。

最后，社会治理评估指标体系必须具有简便性、实用性和可操作性。社会治理评估指标体系的内容必须简单明了、重点突出、目标明确，唯有如此才能真实反映社会治理的实际状况。社会治理评估的指标和标准的设置应当具有高度的综合性并避免重复和交叉，力求全面和准确地反映社会治理的实际状况和真实水平。主观指标和客观指标的比例要适当，既要避免主观因素过多导致失真，又要注意客观指标的可获得性和可靠性。所有用以测评的数据必须是公开的、容易获得的，从而使得整个评价指标体系具有可行性。

三、中国社会治理评价指标体系的构建

中国社会治理评价指标体系包括1个一级指标即中国社会治理指数（China Social Governance Index，CSGI），6个二级指标即人类发展、社会公平、公共服务、社会保障、公共安全和社会参与，以及35个三级指标。

在三级指标中,客观指标有29个,主观指标有6个。6个二级指标作为六个评价维度构成了中国社会治理评价指标体系基本框架的六大支柱。维护稳定,改善民生,实现社会和谐,是各级党委和政府加强和创新社会管理的基本目标。上述六个方面的二级指标,高度综合地反映了这些基本目标,体现了民主、法治、公平、正义、稳定、参与、透明、自治等社会治理的重要价值和理念,引领着社会管理创新的发展方向。

人类发展。人类发展指标反映着人类的生存和发展状况。它来自联合国人类发展报告所提出的先进理念。[4]社会治理状况的好坏直接体现为一定空间范围内居住的人口的生存和发展状况与生活质量的高低。课题组在借鉴联合国人类发展指数的测量指标基础上,选取了4个指标来衡量人类发展状况。这4个指标是:人均可支配收入;平均受教育年限;平均预期寿命;居民幸福感。人均可支配收入是反映经济发展水平和居民生活水平的综合指数。发展经济和改善民生的成果最终要在人均可支配收入水平上体现出来。平均受教育年限反映着国民的文化素质水平,不同受教育年限人口在就业、创业、获得外部帮助与服务的能力和机会方面存在着重大差别。平均预期寿命则是人类生活质量最直接的体现。健康长寿是人们拥有好工作、好收入、好环境、好心情、好身体的直接反映,社会建设和社会管理的最终成果要通过人们的平均预期寿命来体现。居民幸福感指标则是居民对自身生存和发展状况的主观评价指标,它与衡量人类发展状况的客观指标构成了一种相互补充和印证的关系。我们用居民对自身工作、收入、居住环境、身心状况满意度等指标来衡量居民幸福感。

社会公平。社会治理状况好坏的一个重要标志是社会的公平正义程度。可以用五个指标来测量社会公平程度:城乡居民收入比;基尼系数;高中毕业生的性别比系数;县处级以上正职领导干部中女干部比重;居民公平感。城乡居民收入比和基尼系数两项指标提供了城乡居民人均可支配收入差别和不同阶层居民收入分配的差异化程度衡量标准,反映了不同阶层和城乡居民之间收入分配的公平程度。城乡居民人均收入水平差异和不同收入群体收入差异程度影响着人们自由选择的能力,是衡量社会公平的重要指标。高中毕业生性别比系数和县处级以上正职领导干部中女性的比重反映了在受教育机会和参与公共决策机会方面的性别平等程度。性别平等构成社会公平的一个重要组成部分。受教育机会是文化能力的一个重要来源，它对于就业机会和提高收入水平来说至关重要。在从小学到初中的义务教育阶段，男女两性在受教育机会上差别尚不明显，接受高中阶段教育后再接受大学教育的机会大大增加。而能否享受非义务教育的高中阶段教育并顺利毕业对于妇女的发展和性别平等具有关键的意义。县处级以上党政正职领导干部是社会管理中的重要决策主体，县处级以上党政正职领导干部中女干部所占比例指标是衡量性别平等和性别赋权的一个关键指标。居民的公平感则反映了居民对收入分配的公平程度、向上的社会流动机会的平等程度、社会权利的平等程度、社会交往中有无社会歧视和社会排斥现象的亲身感受和主观评价。

公共服务。人类生存和发展条件的改善主要靠社会公共服务来实现。社会治理状况的好坏与社会公共服务的数量、质量和公平分配有着密切的关系。公共服务评价维度反映了公共服务供给的数量、质量、公平分配情况以及居民对公共服务的满意程度评价。可以用六个指标来衡量公共服务状况：基本公共服务支出占财政总支出比重；人均基本公共服务支出；人均公共服务设施指数；一站式服务普及率；失业率；居民对公共服务的满意程度。基本公共服务支出占公共支出比重和人均基本公共服务支出两项指标属于投入性指标，有助于衡量各级政府在改善民生方面的实际努力程度。人均公共服务设施指数是对人均医院床位数、人均公共图书数量、人均公共体育设施数量等公共服务设施数量的一个综合计量，反映了政府在社会基础设施建设方面的努力程度和公民可以享受的公共服务产品的状况。一站式服务普及率指标则反映了居民在就近享受政府提供的各项公共服务方面的可及性和便捷性。失业率指标反映了政府在提供就业服务促进就业方面所取得的进展，稳定而充分的就业是社会成员获得体面和尊严的基本条件。居民对公共服务的满意度指标作为一项主观指标反映了居民对社会公共服务的数量、质量、收费标准和均等化程度的主观评价。

社会保障。 社会保障是国家和社会通过依法进行收入的再分配为社会成员特别是生活有特殊困难的人群提供保障以维护他们的生存权利、满足他们的基本生活需要的制度安排。社会治理状况的好坏与社会保障制度的完善程度有着极为密切的关系。社会成员在幼年、老年、生病、失业、工伤、妊娠生育、受灾、事故受害等特殊困难时期能否得到国家和社会的帮助与照料，直接关系到人类的生存状况。社会保障制度的完善程度是社会文明的重要标志，是衡量社会公平和社会稳定程度的重要标尺。可以用五个指标来测量社会保障状况，它们是：基本社会保险覆盖率；住房支出占人均可支配收入比例；社会救助比例；低保标准与人均消费支出比；居民对社会保障水平满意度。医疗保险、养老保险等基本社会保险覆盖率是反映社会保障覆盖程度的一个综合性指标，有助于衡量各级政府在实现社会保障全覆盖目标方面的努力程度。住房需求是一项基本的生存需求。住房支出占人均可支配收入比例反映了居民的住房负担状况，同时也反映了政府为满足居民的居住需求而在发展各类住房和规范住房市场方面所作出的努力程度。低保标准与人均消费支出比指标有助于衡量政府所提供的最低生活保障是否能够保障享受低保居民享有当地最低生活水平。社会救助比率主要是指接受各类专项救助人员占总人口比例，它反映了社会救助的实际水平。社会保障水平满意度指标则反映了城乡居民对医疗保障、养老保险、失业保险、最低生活保障、社会救助的实际水平能否满足人们需求的主观评价。

公共安全。 公共安全是指公众的正常生活中不受外在威胁，违法犯罪、暴力冲突、恐怖袭击、突发灾害等危害公共安全的因素处于可控制的状态。公共安全是人类生存的基本条件，也是生活质量中一个基本的组成部分。公共安全评价维度是衡量社会治理状况好坏的一个重要维度。可以用六个指标来测量公共安全指数：万人刑事案件发案率；万人治安案件发案率；非正常死亡率；群体性事件数量；万人恐怖袭击伤亡人数；居民安全感。万人刑事案件发案率和万人治安案件发案率反映了社会的治安状况，刑事犯罪和违反社会治安法规行为都对公众的人身安全和财产安全构成了直接的威胁。非正常死亡比率是指因灾死亡、各类安全事故死亡等外部作用导致死亡的人数在全部死亡人口中所占的比例。非正常死亡比率既反映了政府在健康与安全监管中履行职责的情况，也反映了公众在生活中所面临的各种外部威胁和危险的程度。群体性事件又称群体性突发事件，是指由多人参与，采用扩大事态、加剧冲突、暴力攻击等手段威胁公共秩序的群体行为。群体性事件数量指标反映了社会矛盾、对立和冲突的激烈程度，是衡量社会稳定程度和公共安全受威胁程度的一个重要指标。恐怖袭击对公共安全和社会秩序构成直接而严重的挑战，恐怖袭击的发生频率和强度与公共安全的程度成反比。万人恐怖袭击伤亡人数指标反映了恐怖活动的发生频率及其安全威胁程度，是衡量公共安全的一个重要指标。居民安全感是居民对自身生活环境中有无外部威胁、危险、危害及其程度的主观感受和主观评价。可以用居民对社会治安状况、食品药品安全状况、职业安全状况、紧急求救响应满意度等来加以衡量。

社会参与。社会参与是善治的基本要求。企事业单位、社会组织、公民等社会力量参与社会管理并提供社会服务，是健全新型社会管理格局的基本要求。社会参与的水平反映着各类社会行动者在社会管理和社会服务中的主体性和能动性的发挥程度，体现着社会治理的水平。可以用九个指标来反映社会参与的水平：万人社会组织数量；万人志愿者数量；政府购买社会组织公共服务支出占公共服务支出比重；居民委员会直选率；居民参选率；重大决策听证率；预算制定过程中的公众参与率；媒体监督的有效性；居民对参与社会管理的满意度。社会组织是公民参与社会管理和服务的重要载体，它在反映诉求、自治自律、提供服务等方面发挥着重要作用。社会组织的发展水平和活跃程度在一定程度上反映着社会参与的水平。万人社会组织数量反映了社会组织的发展水平和活跃程度。志愿者（又称义工）是公民志愿参与提供社会服务、奉献时间和心力的具体体现，是社会参与的一种重要形式。志愿者的规模在一定程度上反映着公众参与提供社会服务、奉献爱心的水平。万人志愿者数量反映了在社会服务方面的公众参与程度。政府购买社会服务是企事业单位和社会组织参与社会服务供给、发挥协同作用的重要途径，同时也是社会组织获得资源保障和活动空间以发展壮大的重要途径。政府购买社会组织公共服务支出占公共服务支出比重指标反映了政府在引导社会力量参与社会管理转变政府自身职能方面所作出的努力程度。城乡社区自治是当代中国社区社会治理的一种重要载体。以村民委员会直接选举为主要形式的村民自治已经相对普及，但城市居民委员会直选尚未普遍推展开来。城市社区居民委员会直选率成为衡量一个城市或地区城市社区自治程度的重要指标，对于推动城市社区民主治理有着重要的意义。居民参选率则反映了居民对城乡社区自治组织选举的实际参与水平及相应的对选举质量和功效的主观评价。重大决策听证制度是公民参与社会政策决策的一种重要制度安排，重大决策听证率指标反映了公众对决策听证的实际参与水平以及相应的对听证制度质量的评价。媒体监督是公民监督的一种重要形式，媒体监督的有效性反映了在政府与媒体的互动中政府对媒体监督的尊重、配合与回应程度。居民对参与社会管理的满意度指标则反映了公众对现有的各种社会参与渠道发挥作用情况的满意程度评价，它是对社会参与现状的一种主观评价，与社会参与的客观评价指标形成一种相互补充、互为印证的关系。可以用居民对利益诉求表达渠道、民生决策知晓和参与状况、信访投诉诉讼受理结果、参与社会组织、志愿活动和慈善捐赠活动的满意度评价来加以测量。

二级指标和三级指标权重值的确定直接影响综合评估的结果，权重值的变动可能引起被评估对象优劣顺序的改变。合理地确定二级指标和三级指标的权重，是进行综合评估能否成功的关键。本体系采取常用的专家打分法（即 Delphi 法）确定各级指标的权重。

本评价体系包括主观评价指标和客观指标两个部分。课题组将通过问卷调查和统计数据采集计算等不同方法采集数据并分别发布测评结果，并在条件成熟时对主观指标和客观指标进行科学的合成和综合评估。

四、中国社会治理指数的测评方法

中国社会治理指数是从人类发展、社会公平、公共服务、社会保障、公共安全和社会参与等六个维度测量的综合性指数,每一维度都是构成具体方面的分指数,每个分指数又由若干个指标合成。其测评方法主要借鉴了联合国人类发展指数(HDI)的测量方法,基本思路是根据每个评价指标的上、下限阈值来计算单个指标指数(即无量纲化),指数一般分布在0和100之间,再根据每个指标的权重最终合成社会治理指数。此种方法测算的指数不仅横向可比,而且纵向可比;不仅可以比较各参评单位社会治理指数相对位次,而且也可以考察每个参评单位社会治理的历史进程。

(一) 指标上、下限阈值的确定

在计算单个指标指数时,首先必须对每个指标进行无量纲化处理,而进行无量纲化处理的关键是确定各指标的上、下限阈值。指标的上、下限阈值主要是参考所有参评单位在基期年份(这里暂定为2011年)相应的指标最大值和最小值。将第i个指标的实际值记为X_i,权重为W_i,下限阈值和上限阈值分别为X_{min}^i和X_{max}^i,无量纲化后的值为Z_i。

(二) 指标无量纲化

无量纲化,也叫数据的标准化,是通过数学变换来消除原始变量(指标)量纲影响的方法。

正指标无量纲化计算公式:

$$Z_i = \frac{X_i - X_{min}^i}{X_{max}^i - X_{min}^i} \text{ 或 } Z_i = \frac{l_n(X_i) - l_n(X_{min}^i)}{ln(X_{max}^i) - Ln(X_{min}^i)} \quad (1)$$

逆指标无量纲化计算公式:

$$Z_i = \frac{X_{max}^i - X_i}{X_{max}^i - X_{min}^i} \text{ 或 } Z_i = \frac{ln(X_{max}^i) - ln(X_i)}{ln(X_{max}^i) - ln(X_{min}^i)} \quad (1) \text{ 或 } (2)$$

(三) 分类指数和总指数的合成

1. 分类指数的合成方法

本体系由人类发展、社会公平、公共服务、社会保障、公共安全和社会参与六个分类组成。将某一类的所有指标无量纲化后的数值与其权重按公式（3）计算就得到类指数。

$$I_i = \frac{\sum Z_j W_j}{\sum W_j} \quad (3)$$

2. 社会治理指数的合成方法

将社会治理评价指标体系中的所有指标无量纲化后的数值与其权重按公式（4）计算就得到社会治理指数。

$$I = \frac{\sum Z_j W_j}{\sum W_j} \quad (4)$$

建立中国社会治理评价指标体系是一项极富挑战性的工作。目前呈现在读者面前的名为"中国社会治理指数"的社会治理评价指标体系是我们经过艰苦努力后所进行的一种尝试。中国社会治理指数作为一种社会治理指标体系完全是开放性的，它需要在实际测评中加以检验和修正，同时也期待着来自专家学者和社会各界的批评和建议。

附录一

中国社会治理评价指标体系

一级指标	二级指标	二级指标权重	三级指标	三级指标权重	数据来源
中国社会治理指数	A1 人类发展	16.00	B1 人均可支配收入	4.00	统计部门
			B2 平均受教育年限	4.00	教育部门
			B3 平均预期寿命	4.00	统计部门
			B4 居民幸福感	4.00	问卷调查
	A2 社会公平	16.00	B5 城乡居民收入比	3.50	统计部门
			B6 基尼系数	3.50	统计部门
			B7 高中阶段毕业生性别比系数	2.50	统计部门
			B8 县处级以上正职领导干部中女干部比重	2.50	组织部门
			B9 居民公平感	4.00	问卷调查

(续表)

一级指标	二级指标	二级指标权重	三级指标	三级指标权重	数据来源
中国社会治理指数	A3 社会公平	16.00	B10 人均基本公共服务支出	2.50	财政部门
			B11 基本公共服务支出占财政总支出比重	2.50	财政部门
			B12 人均公共服务设施指数	2.00	统计部门
			B13 一站式服务普及率	2.50	行政服务中心
			B14 失业率	3.00	人力资源和社会保障部门
			B15 居民对公共服务的满意度	4.00	问卷调查
	A4 社会保障	16.00	B16 基本社会保险覆盖率	4.00	社会保障部门
			B17 住房支出占人均可支配收入比例	2.50	统计部门
			B18 社会救助比率	3.00	民政部门
			B19 低保标准与人均消费支出比	2.50	统计部门
			B20 居民对社会保障水平的满意度	4.00	问卷调查
	A5 公共安全	16.00	B21 万人刑事案件发案率	2.50	公安部门
			B22 万人治安案件发案率	2.50	公安部门
			B23 非正常死亡率	2.50	统计部门
			B24 群体性事件数量	2.50	信访维稳机构
			B25 万人恐怖袭击伤亡人数	2.00	公安部门
			B26 居民安全感	4.00	问卷调查
	A6 社会参与	20.00	B27 万人社会组织数量	2.00	民政部门
			B28 万人志愿者数量	2.00	文明委
			B29 政府购买社会组织公共服务占公共服务支出比重	2.00	财政部门
			B30 居民委员会直选率	2.00	民政部门
			B31 居民参选率	2.00	问卷调查
			B32 重大决策听证率	2.00	问卷调查
			B33 预算制定过程中的公众参与率	2.00	问卷调查
			B34 媒体监督的有效性	2.00	问卷调查
			B35 居民对参与社会管理的满意度	4.00	问卷调查

关于权重计算的说明：(1) A1＋A2＋A3＋A4＋A5＋A6＝100；(2) A1＝B1＋B2＋B3＋B4；(3) A2＝B5＋B6＋B7＋B8＋B9，其余依次类推。

附录二
中国社会治理评价指标体系指标简要解释

1. 人均可支配收入

根据城镇居民家庭人均可支配收入、农村居民家庭人均纯收入以及城、乡常住人口比重加权平均计算。计算公式：

$$人均可支配收入 = 城镇居民人均可支配收入 \times 城镇人口比重 + 农村居民人均可支配收入 \times (1 - 城镇人口比重)$$

其中，城镇家庭可支配收入是指家庭成员得到可用于最终消费支出和其他非义务性支出以及储蓄的总和，即居民家庭可以用来自由支配的收入。它是家庭总收入扣除交纳的个人所得税、个人交纳的社会保障支出以及记账补贴后的收入。计算公式为：

$$可支配收入 = 家庭总收入 - 交纳个人所得税 - 个人交纳的社会保障支出 - 记账补贴$$

农村家庭纯收入是指农村住户当年从各个来源得到的总收入相应地扣除所发生的费用后的收入总和。计算方法为：

$$纯收入 = 总收入 - 税费支出 - 家庭经营费用支出 - 生产性固定资产折旧 - 赠送农村内部亲友支出$$

2. 平均受教育年限

指一定时期全国15岁及以上人口人均接受学历教育（包括成人学历教育，不包括各种非学历培训）的年数。计算公式为：

$$平均受教育年限 = \frac{\sum P_i E_i}{P}$$

式中 P 为本地区15岁及以上人口，P_i 为具有 i 种文化程度的人口数，E_i 为具有 i 种文化程度的人口受教育年数系数，i 则根据我国的学制确定。

3. 平均预期寿命

指一个人口群体从出生起平均能存活的年龄（岁）。平均预期寿命是根据分年龄死亡率，通过编制生命表得到的。由于需要分年龄死亡数据，为了保证分年龄死亡数据的代表性，必须从规模较大的调查中获得死亡数据。我们可以利用10年一次的人口普查和5年一次的1‰人口抽样调查获得的死亡数据计算平均预期寿命。其余年份的数据采取根据联合国推荐的平均预期寿命在各阶段提高幅度，参考年度1‰人口变动情况抽样调查数据进行推算，以此对指标执行情况进行监测和评价。

4. 居民幸福感

是居民对自身生存和发展状况的主观评价指标，它与衡量人类发展状况的客观指标构成了一种相互补充和印证的关系。我们用居民对自身工作、收入、居住环境、身心状况满意度等指标来衡量居民幸福感。

5. 城乡居民收入比

指城镇居民家庭人均可支配收入与农村居民家庭人均纯收入之比（以农村为1）。计算公式为：

$$城乡居民收入比 = \frac{城镇居民家庭人均可支配收入}{农村居民家庭人均纯收入}$$

6. 基尼系数

是反映居民收入分配差异程度的一项重要指标。其经济含义是：在全部居民收入中，用于进行不平均分配的那部分收入占总收入的比重，因此其最大为"1"，最小等于"0"。前者表示居民之间的收入分配绝对不平均，即100%的收入被一个人占有了；而后者则表示居民之间的收入分配绝对平均，即每个人的收入完全相同。一般情况下，基尼系数处于0和1之间。联合国有关组织规定：若低于0.2表示收入绝对平均；0.2~0.3表示比较平均；0.3~0.4表示相对合理；0.4~0.5表示收入差距较大；0.6以上表示收入差距悬殊。

计算基尼系数通常有两种方法：一种是直接法，另一种是几何法。

（1）直接法计算公式：

$$G = \frac{\sum_{i=1}^{n}\sum_{j=1}^{n}|x_j - x_i|}{2n(n-1)u}$$

其中，G为基尼系数，n为被调查人数，x_i为第i个被调查者的收入，

u 为所有被调查者的平均收入。

（2）几何法计算公式：

$$G = \frac{S_A}{S_{A+B}} = 2S_A$$

其中，G 为基尼系数，S_A 表示洛伦兹曲线 L 和直线 OC 围成的面积，S_{A+B} 表示△ODC 的面积（如图 1）。

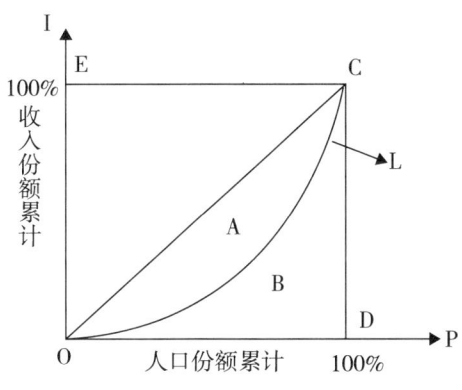

图 1

目前，我国城镇和农村基尼系数可分别通过城乡居民住户收支调查的原始资料计算得出，但由于我国城乡居民的住户调查尚未一体化，所以，还不能直接通过住户调查资料计算全国的基尼系数，只能根据城乡居民住户调查收支分组资料估算得出。

7. 高中阶段毕业生性别差异系数

指高中阶段毕业生性别比与同年龄段人口性别比之比。计算公式为：

$$\text{高中阶段毕业生性别差异系数} = \frac{\text{高中阶段毕业生性别比}}{\text{同年龄段人口性别比}} \times 100\%$$

说明：（1）高中阶段包括高中和中等职业教育。而高中又包括普通高中和成人高中；中等职业教育又包括普通中专、成人中专、职业高中、技工学校。由于技工学校统计资料中不分性别，所以高中阶段分性别统计暂不包括技工学校。（2）目前高中阶段毕业生年龄约为 18 岁左右。在计算同年龄段人口性别比时用 17、18、19 岁三个年龄段平均性别比代替。

8. 县处级以上正职领导干部中女干部比重

指县处级以上正职领导干部中女干部所占比重。计算公式为：

$$县处级以上正职领导干部中女干部比重 = \frac{县处级以上正职领导干部女干部人数}{县处级以上正职领导干部人数} \times 100\%$$

9. 居民公平感

反映了居民对收入分配的公平程度、向上的社会流动机会的平等程度、社会权利的平等程度、社会交往中有无社会歧视和社会排斥现象的亲身感受和主观评价。

10. 人均基本公共服务支出

指在一段时期内按常住人口平均计算的基本公共服务支出。计算公式为：

$$人均基本公共服务支出 = \frac{基本公共服务支出}{全部常住人口} \times 100\%$$

所谓基本公共服务，是指建立在一定社会共识之上，由政府根据经济社会发展阶段和总体水平来提供、旨在保障个人生存权和发展权所需要的最基础的公共服务。基本公共服务支出包括公共教育、医疗卫生、社会保障和就业、公共文化、环境保护、基础设施、住房保障等支出。

11. 基本公共服务支出占财政总支出比重

指基本公共服务支出占财政总支出的比重。计算公式为：

$$基本公共服务支出占财政总支出比重 = \frac{基本公共服务支出}{财政总支出} \times 100\%$$

财政总支出指国家财政将筹集起来的资金进行分配使用，以满足经济建设和各项事业的需要。主要包括一般公共服务、外交、国防、公共安全、教育、科学技术、文化教育与传媒、社会保障和就业、医疗卫生、环境保护、城乡社区事务、农林水事务、交通运输、工业商业金融等事务。

12. 人均公共服务设施指数

指对人均医院床位数、人均公共图书数量、人均公共体育设施数量等公共服务设施数量的一个综合计量，反映了政府在社会基础设施建设方面的努力程度和公民可以享受的公共服务产品的状况。

公共服务设施是由公共、服务和设施三个词语或者是公共服务与设施两个词语构成的合成词，是这些词语含义的整合。公共服务包括加强城乡公共设施建设，发展教育、科技、文化、卫生、体育等公共事业，为社会公众参与社会经济、政治、文化活动等提供保障。它是以合作为基础，强调政府的服务性，强调公民的权利。

公共服务可以根据其内容和形式分为基础公共服务、经济公共服务、社会公共服务、公共安全服务。基础公共服务是指那些通过国家权力介入或公共资源投入，为公民及其组织提供从事生产、生活、发展和娱乐等活动所需要的基础性服务，如提供水、电、气，交通与通讯基础设施，邮电与气象服务等。经济公共服务是指通过国家权力介入或公共资源投入，为公民及其组织即企业从事经济发展活动所提供的各种服务，如科技推广、咨询服务以及政策性信贷等。公共安全服务是指通过国家权力介入或公共资源投入，为公民提供的安全服务，如军队、警察和消防等方面的服务。社会公共服务则是指通过国家权力介入或公共资源投入，为满足公民社会发展活动的直接需要所提供的服务。社会发展领域包括教育、科学普及、医疗卫生、社会保障以及环境保护等领域。社会公共服务是为满足公民的生存、生活、发展等社会性直接需求，如公办教育、公办医疗、公办社会福利等。

公共服务设施包括基础设施和附属设施。基础设施是指为社会生产和居民生活提供公共服务的物质工程设施，是用于保证国家或地区社会经济活动正常进行的公共服务系统，是社会赖以生存发展的一般物质条件。基础设施包括交通、邮电、供水供电、商业服务、科研与技术服务、园林绿化、环境保护、文化教育、卫生事业等市政公用工程设施和公共生活服务设施等。它们是国民经济各项事业发展的基础。附属设施是配套设施，是使基础设施得到更好服务、发挥更大作用、实现保值和增值功能的设施。

这里计算人均公共服务设施指数时只包括人均医院床位数、人均公共图书数量、人均公共体育设施数量等最基本的公共服务设施。

13. 一站式服务普及率

指在一个地区开展一站式服务的社区占整个社区的比率。它反映了居民在就近享受政府提供的各项公共服务方面的可及性和便捷性。

一站式服务的实质就是服务的集成、整合，既可以是服务流程的整合，也可以是服务内容的整合。目前各个地方的政府部门、政府机构都在力图建立、完善适合自身特点的一站式服务，想群众所想，把需要审批的事项集中到一个大厅、一个窗口，简化手续，提高政府办事效率。

14. 失业率

失业率是指某时点（期）失业人口与同时点（期）经济活动人口（即劳动力）之比。失业率是通过调查城镇失业人数计算出来的。计算公式为：

$$失业率 = \frac{某时点（期）失业人口}{同时点（期）经济活动人口} \times 100\%$$

这里，失业是指 16 岁以上的城镇常住人口中，有劳动能力、调查期间未参加社会劳动、当前有就业的可能并正在以某种方式寻找工作的人员。这是国际通行的失业统计定义，也是国家统计局与原劳动部于 1995 年联合确定的统计定义。失业人数与失业率均可计算时点指标和时期指标。但由于失业现象的变化在短期内是渐变的，因此两类指标差别不大。目前国际上和我国一般使用的是时点指标。

因目前我国城镇调查失业率没有正式公布，只是公布城镇登记失业率。城镇登记失业率是指城镇登记失业人员与城镇单位就业人员（扣除使用的农村劳动力、聘用的离退休人员、港澳台及外方人员）、城镇单位中的不在岗职工、城镇私营业主、个体户主、城镇私营企业和个体就业人员、城镇登记失业人员之和的比。计算公式为：

$$城镇登记失业率 = \frac{城镇登记失业人口}{\begin{array}{c}(城镇单位就业人口 - 使用的农村劳动力 - 聘用的离退休人员 \\ - 聘用的港澳台及外方人员) + 不在岗职工 + 城镇私营业主 \\ + 城镇个体户主 + 城镇私营企业及个体就业人员 + 城镇登记 \\ 失业人数\end{array}} \times 100\%$$

15. 居民对公共服务的满意度

反映了居民对社会公共服务的数量、质量、收费标准和均等化程度的主观评价。

16. 基本社会保险覆盖率

指已参加基本养老保险和基本医疗保险人口占政策规定应参加人口的比重。计算公式为：

$$基本社会保险覆盖率 = \frac{已参加基本养老保险的人数}{应参加基本养老保险的人数} \times 50\% + \frac{已参加基本医疗保险的人数}{应参加基本医疗保险的人数} \times 50\%$$

基本社会保险主要包括基本养老保险、基本医疗保险、失业保险、工伤保险和生育保险等五项，其中基本养老保险、基本医疗保险最为重要，所以在计算基本社会保险覆盖率时只计算基本养老保险和基本医疗保险的覆盖率。基本医疗保障包括城镇居民基本医疗保险、城镇职工医疗保险和新型农村合作医疗保险；社会养老保险包括城镇养老保险和新型农村养老保险。

17. 住房支出占人均可支配收入比例

指城镇居民消费中的人均居住支出占人均可支配收入的比例。计算公式为：

$$住房支出占人均可支配收入比例 = \frac{城镇居民人均居住支出}{城镇居民人均可支配收入} \times 100\%$$

18. 社会救助比率

指接受各类专项救助人员占总人口比例。它反映了社会救助的实际水平。

19. 居民社会保障水平满意度

反映了城乡居民对医疗保障、养老保险、失业保险、最低生活保障、社会救助的实际水平能否满足人们需求的主观评价。

20. 低保标准与人均消费支出比

根据城镇居民、农村居民低保标准与人均消费支出比以及城、乡常住人口比重加权平均计算。计算公式为：

$$\text{低保标准与人均消费支出比} = \frac{\text{城镇居民低保标准}}{\text{城镇居民人均消费支出}} \times \text{城镇人口比重} + \frac{\text{农村居民低保标准}}{\text{农村居民人均消费支出}} \times \text{农村人口比重}$$

21. 万人刑事案件发案率

指在一定时期内（通常为一年）一个地区每万人口中发生刑事案件起数。

22. 万人治安案件发案率

指在一定时期内（通常为一年）一个地区每万人口中发生治安案件起数。

23. 非正常死亡率

指在一定时期内（通常为一年）一个地区因灾死亡、各类安全事故死亡等外部作用导致死亡的人数占全部死亡人数的比例。计算公式为：

$$\text{非正常死亡率} = \frac{\text{非正常死亡人数}}{\text{全部死亡人数}} \times 100\%$$

非正常死亡在法医学上指由外部作用导致的死亡，包括火灾、溺水等自然灾难，或工伤、医疗事故、交通事故、自杀、他杀、受伤害等人为事故致死。

24. 群体性事件数量

指在一定时期内（通常为一年）一个地区发生群体性突发事件人次数。

群体性突发事件是指突然发生的，由多人参与，以满足某种需要为目的，使用扩大事态、加剧冲突、滥施暴力等手段，扰乱、破坏或直接威胁社会秩序，危害公共安全的事件。它是当前影响我国社会稳定的一个突出矛盾。

25. 万人恐怖袭击伤亡人数

指一定时期内（通常为一年）一个地区每万人中因恐怖袭击而伤亡的人数。

恐怖袭击是极端分子人为制造的针对但不仅限于平民及民用设施的不

符合国际道义的攻击方式。

26. 居民安全感

指居民对自身生活环境中有无外部威胁、危险、危害及其程度的主观感受和主观评价。可以用居民对社会治安状况、食品药品安全状况、职业安全状况、紧急求救响应满意度等来加以衡量。

27. 万人社会组织数量

指一定时期内（通常为一年）一个地区每万人中社会组织的数量。

社会组织是人们在政府和企业之外为了实现共同的目标而自愿结成的团体，它通常具有非政府性、非营利性、志愿性等特征。它是与经济组织、政治组织并列的一种人类组织形式，在解决社会问题、提供社会服务等方面发挥着政府和企业所无法取代的独特作用。

28. 万人志愿者数量

指一定时期内（通常为一年）一个地区每万人中志愿者的数量。

志愿者也叫义工、义务工作者，是为帮助他人而自愿贡献个人的时间和精力的人，他们在不计物质报酬的前提下为推动人类发展、社会进步和社会福利事业而提供爱心服务。

29. 政府购买社会组织公共服务支出占公共服务支出比重

计算公式为：

$$政府购买社会组织公共服务支出占公共服务支出比重 = \frac{政府购买社会组织公共服务支出}{公共服务支出} \times 100\%$$

政府购买社会组织公共服务是指将原来由政府直接举办的、为社会经济文化发展和人民日常生活提供服务的事项交给有资质有能力的社会组织来完成，并根据社会组织提供服务的数量和质量，按照一定的程序和标准进行评估后支付服务费用，是一种"政府立项、政府采购、合同管理、民间运作、评估兑现"的新型政府提供公共服务方式。

30. 居民委员会直选率

指直接选举的城市社区居民委员会占全部社区居民委员会的比例。它成为衡量一个城市或地区城市社区自治程度的重要指标,对于推动城市社区民主治理有着重要的意义。

社区居委会成员的选举有居民代表选举、户代表选举和直接选举三种方式。居民代表选举是由居民代表投票选出居委会成员;户代表选举是每户派代表投票;直接选举是社区全体18周岁以上有选举权的居民参与选举。居民委员会由主任、副主任和委员5—9人组成。直接选举就是说居委会主任、副主任和委员,由本居住地区全体有选举权的居民直接选举产生。

31. 居民参选率

指在直接选举中,参加投票的选民占选民总数的比例。它反映了居民对城乡社区自治组织选举的实际参与水平及相应的对选举质量和功效的主观评价。

参选率的高低是选民的民主意识、宣传教育、组织工作等因素决定的。提高参选率,一是要做好宣传发动工作;二是要做好选民登记工作,做到不漏不重;三是要做好选举的组织工作。

32. 重大决策听证率

指政府所有重大政策制定过程中举行听证数量占制定重大政策数量的比例,它反映了重大决策听证制度的实际执行情况。

33. 预算制定过程中的公众参与率

它反映了地方政府在预算制定执行的过程中公众的参与程度。

政府预算过程中的公民参与是指,在地方政府预算制定执行的过程中,通过问卷调查、公民咨询委员会、公民小组、公众听证会等渠道使社会公众涉入其中,从而达到接纳公民建议、提高预算制定质量、增加预算过程透明度以及改善政府与公民之间的关系等方面的作用。

34. 媒体监督的有效性

媒体监督是公民监督的一种重要形式,媒体监督的有效性反映了在政府与媒体的互动中政府对媒体监督的尊重、配合与回应程度,它可以用问卷调查来获得相关数据。

35. 居民对参与社会管理的满意度

它反映了公众对现有的各种社会参与渠道发挥作用情况的满意程度评价，是对社会参与现状的一种主观评价，与社会参与的客观评价指标形成一种相互补充、互为印证的关系。可以用居民对利益诉求表达渠道、民生决策知晓和参与状况、信访投诉诉讼受理结果、参与社会组织、志愿活动和慈善捐赠活动的满意度评价来加以测量。

附录三
中国社会治理指数主观指标调查问卷问题要点

受访者的基本信息，包括年龄段、性别、职业、居住地、年收入区间等。

问卷调查采取分层随机抽样办法进行电话调查。每个城市的最低样本量为1200份。

问卷调查对象应包括户籍人口、非户籍常住人口，职业分布、地域分布、性别分布、城乡分布应具有一定的代表性。

1. 人们的幸福感通常来自拥有一份好工作、好收入、好环境、好心情、好身体。您觉得自己幸福吗？
（1）非常幸福
（2）比较幸福
（3）一般
（4）不幸福
（5）非常不幸福
（6）说不清楚/不了解/不愿意评价

2. 人们的公平感通常来自收入分配较为公平、能够通过自己的努力改善自己的地位待遇、不受他人歧视和排斥、享有同等的权利并受到政府和司法机关的公平对待。您觉得您生活的社会公平吗？

（1）非常公平

（2）比较公平

（3）感觉一般

（4）不公平

（5）非常不公平

（6）说不清楚/不了解/不愿意评价

3. 人们对公共服务的满意度通常来自政府所提供的公共服务如义务教育、公共卫生、市政服务和行政服务等符合公众的要求和期待。您对当地政府提供的公共服务的上述方面感到满意吗？

（1）非常满意

（2）比较满意

（3）一般

（4）不满意

（5）非常不满意

（6）说不清楚/不了解/不愿意评价

4. 人们对社会保障水平的满意度通常来自对基本医疗保障水平、养老保险水平、失业保险水平、最低生活保障水平和社会救济救助水平的满意度评价。就此来说，您觉得您对当地社会保障水平感到满意吗？

（1）非常满意

（2）比较满意

（3）一般

（4）不满意

（5）非常不满意

（6）说不清楚/不了解/不愿意评价

5. 人们的安全感通常来自对社会治安状况、食品药品安全状况、职业安全或生产场所安全状况、遇到紧急情况求救时有关部门响应情况感到满意。您觉得自己日常生活安全吗？

(1) 非常安全

(2) 比较安全

(3) 一般

(4) 不安全

(5) 非常不安全

(6) 说不清楚/不了解/不愿意评价

6. 首先，您在上次村民委员会（城市地区则为居民委员会）选举中是否参与了投票选举？

(1) 是

(2) 否

（如果回答为是的话继续询问）您是否了解候选人并在多个候选人之间自由选择？（如果没有的话，则跳过下面的问题）

(1) 是

(2) 否

(3) 不清楚/不知道

7. 首先，您或您周围的人有没有参加过政府部门举办的听证会？

(1) 有

(2) 没有

（如果有的话则继续询问）您或您周围的人发表的意见是否受到了重视？（如果没有的话，则跳过下面的问题）

(1) 是

(2) 否

(3) 不清楚/不知道

8. 首先，您或您周围的人有没有参加过政府民生预算制定过程中的讨论？

(1) 有

(2) 没有

（如果有的话则继续询问）您感觉您或您周围的人发表的意见是否受

到了重视?(如果没有的话,则跳过下面的问题)

(1) 是

(2) 否

(3) 不知道/不清楚

9. 媒体监督的有效性主要表现为人们通过新闻媒体包括互联网等新媒体反映的问题、提出的意见和建议得到政府的重视和响应,反映的问题得到解决,提出的意见和建议得到政府的答复和采纳。您觉得在您所生活的城市,媒体的监督有效吗?

(1) 非常有效

(2) 比较有效

(3) 一般

(4) 不太有效

(5) 无效

(6) 说不清楚/不了解/不愿意评价

10. 人们对参与社会管理的满意度主要来自大家有渠道、有机会向党和政府反映自己的利益诉求、有途径维护自己的合法权益不受侵害,同时反映的诉求、维权的合理要求得到了很好的满足。您对本地社会参与的现状感到满意吗?

(1) 非常满意

(2) 比较满意

(3) 一般

(4) 不太满意

(5) 非常不满意

(6) 没有感觉

【注释】

[1] "社会管理"的官方英译是 social management,这是中央编译局提供的直译。也

有学者将它翻译为 social governance。

〔2〕《中共中央关于制定国民经济和社会发展第十二个五年规划的建议》,载《人民日报》2010年10月28日第1版。

〔3〕《第十三次全国民政会议在京举行》,载《人民日报》2012年3月20日第1版。

〔4〕感兴趣的读者可参阅联合国开发计划署:《在碎裂的世界中深化民主(2002年人类发展报告)》(中文版),中国财政经济出版社2002年版。

Abstract

In this article, the authors define the concept of "China's Social Governance", put forward the objectives and principles of "Social Governance Assessment", and establish an indicator framework for social governance in China, which centers on the following dimensions, including human development, social justice, public service, social security, public security and social participation. Meanwhile, a set of measure approaches is also mapped out. The aforementioned six dimensions, the authors argue, are the cornerstones of the indicator framework for social governance in China. In line with such important values and ideas as democracy, rule of law, justice, equality, stability, participation, transparency and autonomy, the six dimensions can shed a light on the future direction of social management innovations in China.

Keywords

social management; social governance; social autonomy; China social governance index

论中国的社会福利建设：在转型经济体中提供退休收入

华安德（Andrew Watson）著　周思成 译

摘要：自1978年至今，中国经济的快速增长和结构性改革已经改变了其福利制度的经济和社会基础。流动性的劳动力、市场经济和对"使用者负担原则"的更大依赖，使昔日有着固定岗位的劳动人口变得无足轻重。因此，构建新的社会保障体系对于在下一个经济发展阶段平衡和维系中国的经济增长变得至关重要。本文首先将对这些原因进行回顾，随后集中研究老年退休收入，探讨模式的选择、政策的演化以及该体系运行的现状。本文的结尾将给出一些值得汲取的教训并对未来发展将面临的挑战作若干论述。

关键词：中国社会福利体系　社会安全网　基于单位的社会福利模式

引言

自1978年至今，中国经济的快速增长和结构性改革已经改变了其福利制度的经济和社会基础。流动性的劳动力、市场经济和对"使用者负担原则"（UPP）的更大依赖，使昔日有着固定岗位的劳动人口变得无足轻重。直到20世纪80年代，中国的福利供应还是以计划经济模式为基础的；用人单位要承担员工所有方面的福利，包括养老退休收入。在城市地区，福利供应以工作单位（不论是企业还是政府机构）为轴心；在农村地区，这一职能则由人民公社负责（Dixon，1981）。市场经济改革开始之后，这一制度就不再适用了。劳动力开始流动，企业以赢利为目的，人民公社消失了，贫困和劣势的根源改变了。中国的福利体系亟待重建。为此，中国需要在一体化的社会中提供更加标准化的服务，这些服务还要能让全体公民共享、与政府预算挂钩，并由更专业化的供应者运作。事实上，工作单位不再能包办员工和退休职工在住房、医疗、福利和退休金等方面的待遇，而这种全方位的包办在过去则是惯例。中国需要在市场经济的基础上重新构建一个正常范围内的社会福利制度，包括失业保险、医疗保险、工伤赔偿、生育补助和养老保险。

除了维持社会的公平稳定外，社会福利的供应不但能充当一个基本的安全网，为需要帮助的公民提供事后的援助，而且作为一个发展中的体系，它还能为结构经济变迁带来的挑战提供事先的应对手段（Cook et al.，2003）。换言之，通过为公民提供抵抗冲击的资源并培养适应能力，社会福利体系还能为快速增长和经济结构变迁带来的调整提供缓冲，从而为新的增长保存人力资源。就中国而言，打造一个更加公平可靠的社会福利体系，还可以被看做是将高投资和高储蓄的中国经济转变为一个更多消费和收入分配更加公正的经济努力的一部分，这部分努力虽然不是全部，但却很重要。

有一些因素使得构建新的社会保障体系对于在下一个经济发展阶段平衡和维系中国的经济增长变得至关重要，本文首先将对这些原因进行回顾，然后集中研究老年退休收入，探讨模式的选择、政策的演化以及该体系运行的现状。本文的结尾将给出一些值得汲取的教训并对未来发展将面临的挑战作若干论述。

一、潜在的问题

在市场经济中，社会保障是一种分担风险和纠正市场失灵的措施。通过保证处于困境的公民获得基本的收入和服务,社会保障促进了社会公平和社会稳定。社会保障将收入在不同的部门和代系中进行分配。就中国而言,计划经济体制曾试图在工作单位内部实现这一点,其结果是:个人获得服务的层次取决于各自单位可支配的资源。贫困地区的某公社没有什么服务可向自己的社员提供,而在富裕地区的公社则可为其社员提供相对优裕的生活条件。预算充足的国企能为职工提供优越的住房条件和退休收入,而一个效率低下和收入不高的工厂能提供的福利则差得多。向市场经济转型和私人部门的扩张,不可避免地要求中国将以工作单位为基础的福利体系,转化为社会化的、政府管理的体系。于是,自20世纪80年代中期以来,中国的社会保障体系逐渐向城镇级别的地方融资基金集中,并走向地区和国家的更高层面上的融合(Wang,2001:3-12;Saunders and Shang,2001)。在这一进程中出现了一些关键问题,正是这些问题推动了一体化的国家体系的形成。

首先,劳动力市场的一体化和在工作地点和地区基础上运行的社保体系之间存在矛盾。这种社保体系是适用于静态人口的,资源分配通过官僚体系进行。但是,经济改革解放了劳动力,要求劳动力具有弹性和流动性,以适应不断变化的市场和生产条件。自20世纪80年代以来,大量的农村劳动力涌向城市,就显著反映了上述变化。目前中国大约有1.5亿到2亿农民工。他们为经济增长作出了很大的贡献,但由于仅拥有农村户口,被排除在城市社保体系之外。对这一新形势的最初反应是建立地区性的社保基金。这种基金有助于在地区层面上分担责任和创造流动性。但是,试图跨城市和省份流动的城市居民仍然需要面对这样的问题,即如何在不同的基金统筹地区转移他们的社保账户和权利。事实上,由于给劳动力的流动制造了障碍,社保体系可能会成为未来结构性变迁的障碍。

迫切要求社保体系改革的第二个问题是人口老龄化。在绝大多数发展中国家,为养老服务提供退休金和医疗,一直是公共政策和社保体系要面临的挑战。在中国,社会和经济的迅速变迁加上计划生育政策,导致中国以比大多数国家更快的速度进入了向人口老龄化社会过渡的发展阶段

(Wang, F., 2011)。根据联合国的统计（United Nations, 2011a: 103），2010年，60岁以上的中国人口将接近12.8%，到2050年，这一数字将达到33.9%，到2100年仍然将超过34%。同一研究（United Nations, 2011b: 327）还估计，赡养率也将不断增长，从2010年的12.7%增长到2020年的18.4%，再到2040年的40.1%。这些估计的可靠程度尚难以确定，而且其他研究显示，此前的联合国统计可能存在低估的问题（Zhao and Guo, 2007）。即使中国的人口政策立即发生改变，人口统计学趋势也意味着年轻劳动力充沛的时代即将结束，老年人对年轻人的比率将进一步增长，支持老龄人口的适龄劳动力的比重则会减小。这一现实使得中国目前迫切需要设计和实行一个有效的社保体系，特别是一整套提供老年退休收入的政策。如不未雨绸缪，来日政府将要承受巨大的财政压力。

如何为社保提供资金，是中国社保改革需要面对的另一个迫切的挑战。尽管社保的许多方面（如失业、工伤、生育和医疗）只是在特定的时期为每一个体所需要，因而可以通过保险的形式运作，但提供老年退休收入则需要持续多年，并且要求在退休前有一段积累的时间，这样才能确定某人退休后能享有多少福利；此外，退休人员将领取退休金直至死亡。在一个人口老龄化社会，日益减少的年轻人口不足以在为日益增长的老年人口支付退休金的同时，又为自己提供退休积蓄，因此，显然需要采取某些财政上的预防措施。如果政府决定依靠财政收入支付退休金，将要承受巨大的财政压力。如果采用缴费式保险或养老金方案，制度设计必须可靠而透明，积累起来的缴纳金必须要能够保值和增值。更重要的是，在这种面向大众的方案中，基金的总额将非常庞大。这些基金能够显著地增加国内资本的来源，并且在资本市场中发挥重要作用；此外，还需要严格的管制机制来保证它们安全地进行积累。

中国社保体系发展的最后一个重要方面，是社保体系对经济平衡调整的辅助作用。人们很早就认识到，中国的经济增长模式需要调整以恢复平衡（Kuijs and Wang, 2006; Dollar, 2007; Pettis, 2011）。收入不平等和地区不平等的日益增长，严重依赖投资以拉动出口制造业，工资和消费额度的不断缩水,高储蓄和低回报,乃至糟糕的社保体系,这一切都似乎预示着变革的必要。提高工资和国内消费水平,进一步扩大服务业和小企业,完善社保体系,这一切都被视为是变革的一部分。在这一背景下,引入一个更公平和更普及的社保体系,不仅将产生更佳的社会福利,还能减少个人储蓄的必要,帮助扩大弱势群体的需求,为收入再分配作出贡献。

由于以上几方面的原因,对于中国政府将建立社保体系作为关键政策目标,我们不必惊讶。民意调查显示,社保问题也成为了普通公民关注的主要问题(《中国日报》,2011年2月22日)。尽管政治经济体是复杂的,政策执行上也将遇到许多的挑战,在过去十年间,中国领导人已经在讲话中多次关注这一问题,而"十二五"规划也将社保问题作为重要问题提出。2012年3月5日温家宝总理提交全国人大的政府工作报告宣告,社保体系的显著扩张正在进行。

中国社保的管理由社会保险局负责,这是一家直属人力资源和社会保障部的公共服务机构。社会保险局拥有贯穿中央、省级和城镇级的一整套官僚体系,每一个级别都负责管理当地的社保基金。该机构负责起草和实施立法,管理和监督该体系的运行。2010年10月,全国人大批准了《社会保险法》,最后于2011年7月1日生效。整个模式以缴费式保险为基础,涵盖医疗、失业、工伤、生育和退休保险多个领域。

老年退休收入的模式选择

多年以来,世界银行、亚洲发展银行和经合组织等国际经济机构均投入了大量资源,研究政府为老年人提供福利时的政策选择(World Bank, 1994;World Bank and OECD, 2008)。他们在许多国家资助了与政策相关的研究项目。这些研究揭示出,对于老年退休收入,存在如下的主要政策选择:

• 国家需要在何种程度上为老年人口提供福利;
• 个人需要在何种程度上自己提供福利;

- 退休收入应该达到的目标层次；
- "量入为出"方案与"完全积累"方案的优劣，前者表示养老金从当期收入中支付，后者表示用于支付未来养老金的基金由当期收入不断积累形成；
- 用于增加基金以支付养老金的机制；
- 分配利益的机制；

在大多数国家，"量入为出"模式，即从当期收入中向老年人提供固定收益的做法，已经被缴纳模式取代，后者是将雇主和个人的缴纳在其工作年限中积累起来以提供退休收入。换言之，某人退休之后的收入将取决于此前储蓄了多少，而不会是退休后当期收入所支付的最终工资的某一特定部分。这一趋势促使澳大利亚和其他许多欧洲国家着手进行退休收入改革。

相关问题还包括：延长退休年龄，以便人们能工作得更长一些，退休的时间则相应缩短；还有平均男女退休年龄，停止现有的固定收益方案（即退休者有权获得作为其最终工资的一部分的固定收益）。这种固定收益方案在事业单位职工和政府雇员中很常见，并且多是靠财政收入支持的"量入为出"方案。

总的来说，基于市场经济的共识倾向于建立一个三基模式：

（1）国家养老金。这个基金一般由财政收入提供一份低水平收入，给那些缺乏足够积累或其他收入来源的人提供基本保障。

（2）强制性缴纳方案。这种方案是以雇员和（或）雇主的缴纳为基础的，缴纳份额纳入个人账户，最后在退休后以年金保险或退休金的形式进行支付。

（3）自愿缴纳方案。鼓励个人为退休储蓄缴纳更多资金，从而构成对强制缴纳方案的一种补充。这种方案可能会促使国家作出税收减免或奖励。

这一"三基模式"的宗旨是要增加老年人的个人积累，同时减少对财政收入的压力，特别是因为在人口老龄化的背景下，要为老年人的退休收入纳税的适龄劳动人口越来越少。

如前所述，中国的计划经济模式本质上是一个以工作单位为平台进行运作的固定收益方案，因此，人民的福利因工作地区和工作种类不同而异，城乡差别尤其显著。改革开放时期，以上列举的这些关键问题推动了对这一体系的改革，其结果是中国向以"三基模式"为原则的定额缴纳方案迈进了一步。中国目前这种由以单位为基础的旧体系向以地方和地区基金为基础的体系的过渡，以及地方性基金从乡镇级逐渐延伸至省级并向全国一体化迈进这一发展过程，就充分地反映了这一变化。

但是，中国目前还缺少三基中的"第一基"，即国家养老金。基本保障是由1993年开始由民政部负责实施的最低收入保障提供的。这一最低收入保障覆盖范围有限，特别是在农村地区，由此导致了较大的地区差异。同时，有研究显示，这一方案效率也不高（Tang，2012；Chen et al.，2006）。至于"第二基"，在中国是由企业职工的城镇基本养老保险、2010年开始并逐渐在农村地区推广的新型农村社会养老保险计划和其他刚实施的适用于城市失业和灵活就业人员的方案统合而成的。公务员目前仍享受固定的养老金收益，这笔支出由政府财政负担，通常比较宽松，且与工资增长挂钩（Chen，2008），但是目前存在争议的公务员单位改革显示，最终这种制度还是会变为定额缴纳方案。"第三基"目前则是由个人的或雇主自愿实施企业的养老保险来承担。

政策的演化

如上所述，在20世纪80年代的经济改革早期，中国以单位为基础的社会保障体系逐渐被以城镇行政部门统一要求本地国有企业进行社会集资的体系取代。20世纪90年代中期，城市改革进行得如火如荼，国有企业大都被改组、合并或关停，市场和私人经济开始抬头，旧模式的残余难以维系。当时尚不存在积累起来的资金可供支付养老金，养老金对工资的比率也在增长（Zhao et al.，2006）。亏损的国企不再有能力保证向职工支付其最终工资的一个固定份额作为其退休金,政府不得不另觅他途来为退休人群提供收入。由于越来越多的人依赖退休金生活,人口老龄化迫切要求进行改革。于是,在20世纪90年代后,中国开始实施新社会保障政策。

1991年到1998年,中国政府不断出台一系列与企业职工基本养老保险相关的政策(Wang,2001;Wang,2002:4-9;Zhao et al.,2006)。用人单位要按照国家规定的本单位职工工资总额的比例,缴纳基本养老保险费,记入基本养老保险统筹基金;职工也要缴纳一定份额。这两大部分构成了统筹基金和个人账户。1998年8月,政府决定进一步将社会集资延伸到省一级,并将现存11个工业养老基金合并为社保基金(国务院,1998)。随后又出台了一系列决定和管制措施,以求明确该体系的管理、要求和权利,并将缴纳份额分别提高到20%(用人单位)和8%(职工),还同意无雇工的个体工商户、非全日制从业人员以及其他灵活就业人员加入该计划(国务院,2005年12月)。最终,《中华人民共和国社会保险法》吸收了这些基本原则,并加以进一步细化,将农民工纳入该方案并简化了城镇户籍人口的社保基金跨地区转移的程序(Watson,2009)。然而,这一进程的一个重要方面是,目前已经退休或接近退休年龄的人被纳入了新的保险方案,即便他们实际没有缴纳任何保费。这个社保基金计划吸收旧成员(没有积累)、中级成员(有部分积累)和新成员(加入时即缴纳足额)(Wang D.,2005)。这种缺乏融资的义务可能造成赤字从而威胁到整个基金,同时促使当地政府保护自身的集资。

因为这种方案是为企业职工设计的,故未就业的城镇居民无法享受。国务院注意到了这一点并在2000年的政策文件中尝试改善城镇福利体系,为这类居民提供特别福利(State Council,2000)。由于居民可能不得不既支付集资份额又支付个人社保,针对这部分人群就需要实施一个不同的方案。随后,政府尝试通过以个人缴纳和政府补贴为基础的保险方案来建立养老金制度。这些方案的出台同时伴随着前述新型农村社会养老保险计划,一部分城市实施了针对未就业的城市居民和当地由于城市扩张而失去土地的农民的统筹福利供应(State Council,2011;Yang C.,2012;

Chen and Li，2012）。

　　农村地区福利体系取代旧的集体结构的速度要慢得多。直到最近的制度创新为止，农村社会福利仍然基本上依靠当地乡镇或个人来承担。起初各地区进行了一些实验，试图提供覆盖农民的保险。1992年中央的指导方案出台后，一些省份和地区实施了民政部推行的养老保险计划（Luo and Lü，2006；Song，2008：436－438；Su，2009：53－61；Zhao et al.，2002：120－133）。如今被称为"旧农村养老保险计划"的这些实验由于过于依赖个人缴纳，且回报率低，管理不善，政府和商业运作附加有高风险，效果不佳。到1997年底，这些试点估计只覆盖了大约8000万农民，随后这些实验就逐渐淡出了。

　　由于城乡差距扩大，针对农民的福利供应缺乏，农村家庭援助体系的没落和规模越来越大的城乡移民，改善原有福利体系的需要变得愈加迫切。2007年，中央政府重申了发展农村养老保险体系的必要（Institute of Economics，2010：353）。2007年的十七大上，中国共产党呼吁"探索建立一个农村养老保险体系"，2008年10月提出"建立一个新型农村社会养老保险体系要求个人缴纳、集体补助和政府补贴相结合"。这一观点确立了政府对农村养老保险体系予以直接财政支持的原则。最后，新的国家体系正式在2009年亮相，2010年开始在10%的县试行，预计到2020年推广到全国（State Council，2009）。不过，这一体系在实践中推行得非常顺利，到2012年3月，温家宝总理在人大政府工作报告中宣布，该体系的试点已经覆盖60%的乡镇，囊括了3.58亿人口，其中大约9900万人领取了养老金。前面已经提到，该体系的覆盖率还不够高，在实施方面仍然有一些困难，尽管如此，这一新型农村社会养老保险计划仍然是中国农村福利政策上的一个实质性进步。

　　改善养老保险政策必须顾及的另一个主要人群是农民工（对这个问题的详细讨论见Watson，2009）。由于城镇基本保障体系是以个人户籍所在地为依据的，农民工因为其农村户籍就被排除在外。不过，中国目前大约有两亿农民工，他们是制造业劳动力的主干部分。该人群的特点是相对年轻（平均年龄约29岁），流动性强，收入低，且其中大部分为非全日制从业人员。除了由于农村户籍造成的基本障碍外，要把他们纳入城市基本体系存在着一些体制上和政治经济上的困难。他们的流动性与社保基金体系的条块分布相冲突，与至少15年的缴纳年限和最后5年定居一地的规定相矛盾。实施跨统筹地区的户籍转移还存在着技术上和行政上的困难。同时，用人单位也不愿意缴纳保费从而提高自身的劳动成本，这也构成了一种阻力。地方政府很乐意收集一切社保缴纳金来充实自身的基金并冲抵赤字，同时又不情愿让这些资金随着农民工转移到他处。结果，年轻劳动力的一个主要部分就这样被排除在基本保障制度之外，尽管他们正处于最有能力缴纳保险金的年龄段。

起初，一些地区尝试允许农民工加入当地的社保体系或者建立针对他们的专门项目（Liu and Xu, 2008: 209-243; Han, 2009: 480-482）。最终，国家还是认识到应该为农民工提供社保服务，消除对农民工的歧视。国务院2006年第5号文件要求对农民工问题统筹处理，建立适应他们需要的养老保险体系（State Council, 2006）。最后，人力资源和社会保障部下发了一个为农民工单独设立社保体系的讨论草案，该草案允许缴纳较低的份额和出现更大的转移弹性。不过，进一步发展该方案的计划很快就被新型农村社会养老保险计划取代。为农民工单独设立社保体系的提议事实上将导致社保体系更加支离破碎。最终，农民工可自行选择是加入基本城市保障体系，还是加入专门的农民工方案抑或是新农村社会养老保险计划。管理在不同方案之间进行的转移十分复杂，这方面的问题也很突出。面对这些问题，2009年底，中国政府决定要求农民工加入城镇基本养老保险，如果他们愿意，也有权转回农村养老保险；同时，政府要求简化社保账户的跨统筹地区转移手续。随后，政策的焦点集中于改善各种机制，包括农民工过渡到一体化城镇基本养老保险的管理机制、便利成员在城镇体系和农村体系之间转移的机制，以及在不同统筹地区转移登记的机制。

上述对政策演化进程的分析，揭示出了主导中国社会福利发展的两个互相联系的特征。其一是这一改革进程深受计划经济时代遗产的影响。其二是新的福利体系在地理位置和种类上都很不划一。以户籍制度为基础的城乡福利体系的差距仍然有着很大的影响，不同的人群在不同地区享受不同的福利，这样一种实践仍然根植于地区性的基金运作。总体框架仍然维系着针对企业职工、农民工、未就业居民、农民和政府职工的不同体系。建立在事先的实践和期待之上的一个过渡性体系也许是无法避免的。正如这一渐进式改革的其他方面一样，现存的既得利益、观念和义务的政治经济因素使得抛开一切从头来过的做法举步维艰，而其结果将是社会保障体系仍然被地区和职业身份分割得支离破碎，这是未来的改革需要面对的主要困难。

体系的运行及其面临的挑战

社保政策是由社保局负责实施的。社保局有着从中央到省、市、县和区的一整套机构。部级机构对专业化管理进行指导，但是行政责任则由地方政府承担，这在中国的政治体制内很常见。每一个行政层级都有自己的社保局，负责社保登记和保险管理。另外还有各个服务中心处理用人单位和参保人员的事务。职工要通过用人单位的登记才能参保。登记注册后，由社保部门计算出用人单位和职工每月应缴纳的金额并通过用人单位统一缴纳。保费直接交给社保局（在一些地区由税务局代收，但缴费记录仍然归社保系统保存）。社保基金存入专门账户，由财政机构管理，管理的规章也相当严格和保守，从而能确保安全。这样一来，重要的是要认识到，"地方"的含义是十分复杂的。企业在各自运营的级别对职工进行投保。一个省级企业要在省社保局登记，而市级企业则在市社保局登记。各级别的社保局负责征收保金和分配收益。

20世纪90年代，很多登记和管理都只通过纸质文书进行，但是社保体系的不断完善要求切实改进管理方式、信息系统，实施自动化。要建立全国一体化的社保体系，这种改善是必不可少的。1999年，人保部开始采用新的社保卡和如今在经济较发达的地区仍然通用的智能卡。2002年，当政府宣布大规模推进自身的信息系统建设时,也启动了"金保工程"来发展社保领域的 IT 技术(State Council,2002)。该项目由人保部负责,最终目的是开发出一个全国联网的平台,该平台将由两部分组成,分别针对社保和就业。平台设计在中央、省和市三个级别上运行。该系统打算开发出便利于提供服务、内部管理、资金管理和个人用户联网登录查询的自动化系统。由于电脑系统在全国范围内尚未标准化,而地区数据库之间的联系还正在建立,一个真正的全国一体化的系统还需要相当长的一段时间才能成型。这些技术上的困难还不是全部,因为地方政府的管理能力也参差不齐。不过,政府已经进行了大规模的投资,可以预计,能够支持全国联网的基础设施不久就会出现。

城镇基本养老保险方案的运行并不复杂,只是在实施细节上,各地有一些变通。用人单位和职工缴纳各自工资的 20% 和 8%。用人单位的缴纳金存入当地的社保基金,而职工的缴纳金存入个人账户。只要达到退休年龄(目前是女性 55 岁,男性 60 岁),个人就能申请每月领取养老金。养老金分为两个部分:社保基金支付部分和个人账户支付部分。社保基金支付部分设定为当地平均工资的 60%,条件是参保人连续 15 年缴纳了保险金,并且此前 5 年都在当地参保。这一支付部分是基于地区平均水平,而不是个人的实际工资,但它也会随着工资的变化进行调整。这一部分是按 1/139 的月支付率从积累总额中支付的,也就是说,假定参保人退休之后的保险统计寿命为 139 个月。总的来看,这个方案有一些特点,但这些特点只是使得它变得更加复杂,并且强化了它现今发展阶段上的分散性。

(1)尽管以全国一体化为最终目标,该体系仍然只是作为一套各地区相互平行的基金,而不是作为一个统一的体系来运转。这些基金是独立运转的,并且有它们各自的特征。例如,它们根据当地平均工资的情况来调整国家标准,而补贴的多少则取决于地方财政的力度。结果,社保缴纳的水平和收益,各地区都不一样。尽管越来越多的省份正在开发省级的基金,实际上,许多的基金仍然归县市所有。社保基金缴纳和收益在城市和地区之间的转移就成了问题。

（2）社保统筹基金和个人账户的并存，意味着这两个部分是独立运作的。当地政府将它们的统筹基金视为当地经济的一部分，并依靠它来确保本地参保人员的权益得到满足。因此，当地政府就认为有必要在参保个人转向别的社保地区时尽可能地留下更多的资金。这一压力在2009年的转移规定中得到了承认，该规定允许当地统筹基金在参保人跨统筹地区就业时保留其40%的缴纳金，而只有60%的部分转移到目标地区。

（3）这一强烈的地方利益观念是与如下事实相联系的：1996年这一体系建立伊始，对当时的退休人员或接近退休年龄的人就没有提供任何福利供给。社保基金因此继承了一部分没有缴纳金的义务。那些充斥着大量亏损国企的地区面临巨大的赤字，而那些欠债较少且新兴工业发展较快的地区，其财务状态则要健康一些。

（4）体系由于不同的参保人群而有所差别。如上所言，政府机关、公共福利机构和类似组织的职工仍然领取计划经济下的固定收益养老金，并且不参加这些保险计划。灵活就业人员可以加入该体系，只要他们同时向统筹基金和个人账户缴纳保费。未就业城市居民则另有一套保险方案。

上述特征使得这个体系的设计给农民工参保设置了更大的障碍。相对于收益而言，个人承担的成本较高，基金的地方性、转移社保登记的困难，大多数农民工缺乏正式的劳动合同，以及企业缴纳的保金必须保留在当地，这一切因素的综合导致农民工缺乏动力加入城市保障体系。农民工的流动性、持续的迁移和从事非正式行业工作更增加了这方面的困难。农民工无法保证自己能够缴纳相当于连续15年保费的金额（包括最后5年在当地参保），因此，他们很难满足在特定统筹地区参保的条件。到2009年，跨统筹地区转移社保账户就成了主要的问题。结果，如果农民工被允许加入社保体系，当他们到外地就业时，就只能获得存入个人账户中的金额，用人单位为他们缴纳的社保基金要留在原属地。事实上，这些资金有助于保持基金账户的平衡，并减少由于要给当地人民支付养老金而造成的赤字。当农民工改换工作，从而得以从个人账户中提取资金时，这些资金就代表了他们部分工资的强制储蓄。2009年的社保基金账户转移程序旨在通过保证统筹账户的转移来解决这一问题，但是，仍然存在着许多技术上的困难。对于用人单位而言，给职工进行社保登记仍然增加了劳动成本。对于社保体系而言，经常性的流动增加了管理社保账户和基金的困难。这些问题对于女性农民工而言更加严重，因为她们的工作更加多变，她们更多从事非正式工作，而且因为需要生育和承担家庭责任，无法保持工作的连续性。因此，农民工对现有体系缺乏参与激励和信心，也就不奇怪了。

2009年的规定要求农民工加入城市基本保障体系，这一体系旨在解决上述问题。新政策包括：（1）强制参保并不准退保；（2）通过允许低水平的缴纳为农民工降低准入门槛；（3）当农民工迁移时，维持当地统筹基金账户的封闭性；（4）为农民工建立一个全国数据库；（5）建立最终定居地的终身缴纳机制；（6）设计相关程序，沟通城镇养老保险方案和农村养老保险方案，以便处理参保人决定迁回农村地区的情况。设计相关机制以实现上述目标，需要一套灵活、精确和一体化的信息管理系统，还需要良好的记录管理能力以确保缴纳的资金保留在相关统筹地区内，确保这些资金是互相联系的且能够被转移到退休者的最终居住地。

农村社会养老保险计划授权农村地区所有年满60周岁的男女居民每月可获得最低为55元现金的养老金。这一支付由政府保证，并由中央、省和集体各级共同融资。个体农民如仍在工作，且每年向该方案缴纳保金，可自愿加入。如果他们选择加入，当他们到达可以领取养老金的年龄后，他们可以同时领取政府的养老金和额外的每月补贴，这一补贴以1/139的年支付率从他们的个人账户中开支（与城市方案的支付条件相同）。当方案不断成熟完善后，它将同城市基本养老保险一样，由两个部分组成：统筹基金和个人账户。区别则是，就农村养老保险计划而言，基本养老金是一笔由政府财政担保的支付。所有年满16周岁的农民，如果他们不是农民工，又未加入城镇保障计划，那么就可以加入家乡的养老保险计划。

这一方案的基本设计很简单。政府从财政预算中补贴支付，是养老金支付制度中的一个重要创新。这一创新已经进一步适用于城镇居民，他们也可以领取类似的补贴。这样也保证了性别平等，因为男性和女性都领取同样的养老金。尽管每月55元的养老金数额不大，但它是现金支付的，在贫困的农村地区不可小觑。养老金的水平在以后也有望提高。

2010年试行的新方案允许地方政府因地制宜调整政策。在西部贫困地区，中央政府提供100%的政府补贴，在中部地区则是50%，在东部富裕省区也是50%。进一步的政策变通随后在各省实施。例如，福建省采取了多种方式来发放本地政府提供的50%的补助。在贫困县，省政府提供30%，要求县政府提供另外的20%。在中等县，省政府提供10%，剩下的由县自行承担。富裕县则须提供全部的50%。此外，各富裕县可以自愿追加金额，这样每月的最低养老金标准可比国家标准高出10元。另外的一些政策变通关系到有工作的农民需要向个人账户缴纳的金额。国家指导意见是每年的养老金金额可自100元到500元分为5个等级。但福建省认识到，自己省内的富裕地区能够积累更多的基金，因而，在这些地区，养老金分为自100元到1200元的12个等级。此外，为了鼓励农民参保，福建省尝试为那些处于最低等级的参保农民额外追加30元国家补贴。行政乡在有能力的前提下，也被允许在基本养老金上追加一个数额。因此，在富裕地区，政府保障的养老金有可能高于常规水平，而富裕的农民也可能在账户中积累更多资金。

试行这一方案也引出了一些困难和正在浮现出来的问题：

• 如何确定哪些人才有资格参保（一些老农甚至没有身份证或关于自己年龄的可靠记录）；

• 如何不断更新原有记录，以便对新的参保人和因死亡而退出的人员的记录能精确到月；

• 在基层启用一批能管理该方案的职员；

• 尽管许多老年人文化程度很低，且许多乡村都没有本地金融机构，还是要力争让老年人拥有提取养老金的银行账户；

• 如何说服青年农民加入方案，确保家庭也为女性成员缴纳社保费；

• 要求青年家庭成员加入方案，在年迈的父母有资格领取退休金之前缴纳社保，由此将原来自愿加入的方案转变为强制性的，这一实验性体系被称为"捆绑"体系。

当新方案不断推广之时，此类问题必然随之出现。但是，对于农村福利和农村老年人群而言，这一方案是一种制度创新。此外，推行新型农村社会养老保险也给农民工造成了问题，使他们养老保险方案的运作更加困难。他们如今面临着诸多抉择：他们可能倾向于加入自己乡村的农村养老保险计划，或者加入针对乡镇职工的本地保险方案，或者加入城镇基本保障计划。当他们改换工作时，他们可能需要在这些方案之间进行转移。这些方案的分散性和每个方案的最终结果难以确定，使得在它们之间作出清晰选择倍加困难。从行政当局的观点来看，为高度流动性的农民工维持一个可靠且精确的记录，计算在这些根据不同标准运作的方案之间的权利和利益的转移，都十分困难。这些给农民工造成的困难意味着，从长期来看，中国政府必须采取措施，发展出一个标准化、一体化的全国方案，这一方案要覆盖全体公民，不论他们居住何处或从事何种工作。

对于养老保险体系而言，一个关键问题是如何管理积累起来的基金。缴费式方案要求每一个成员有60年或60年以上的生命周期作为积累时期和支付收益时期。如果要吸引人们长期参保，那么就需要让他们相信基金是安全的，相信基金会保值和增值。如果体系不够透明和负责，或者人们害怕出现腐败和挪用，那么人们就不大会支持该计划。参保成员也需要得到关于基金情况和他们个人账户的信息。鉴于中国的转型结构意味着会有许多的退休人员，并且他们的账户是未注入资金的"空账"，基金的安全性就堪忧了。据一项1999年的研究（Zhao et al.，2006：55），有26个省的社保基金是带赤字运作的，在2001年，部分省级基金收支不平衡达到30%。有人估计，国家在基金积累和债务之间的赤字达到了2.5万亿元（Wang D.，2005：8）。另外一项由专家郑秉文作出的近期研究表明，"空账"共计有1.7万亿元（CNSS，2012）。另一些研究也显示，这些数字在今后50年之间将会出现爆炸效应。尽管这些估计的可靠性还待确定，但这些巨大数字也表明了问题的严重性。因此，《社保法》的第56条很自然地规定"社保基金的收支平衡将通过预算实现"，并且县以上级别政府要补贴任何赤字。事实上，这个体系是作为一个整体注入资金尚不充分，在许多地方只是量入为出的基金运作的。

投入社保基金的资本总量是十分庞大的。2010年的一期《人民日报》称，社保基金的目前规模大约相当于1300亿美元，到2015年，将增长至3000亿美元（《人民日报》，2010年4月11日）。人保部报告，在2010年，养老保险基金的总收入约计13500亿人民币（包括19.5亿的财政补贴，MOHRSS，2011）。这些基金可算一个巨大且不断增长的资本来源。但是，基金目前的管理是非常保守的，并且主要依靠银行储蓄和国债，并没有用于投资股票、地产或其他资产。由于腐败和挪用的风险很大，这些约束是情有可原的。但是，这意味着抗通胀保值的潜力和进行增值以满足不断增长的收入和期待的能力就很有限了。因此，保障部目前正在考虑进行一些实验来改善投资绩效，也是顺理成章的事，但是基金的安全性仍然是首要的（《中国日报》，2011年10月26日）。

上述分析表明，中国养老福利体系的发展仍然面临着诸多挑战：
- 旧体系的遗产及其前景；
- 克服结构分散的复杂性；
- 进化为完全积累方案的压力；
- 极大改进管理和信息体系的需要；
- 相互冲突的政治经济利益：当地政府、职工、本地居民、农民工和不同级别的政府在系统运行方面都有不同利益。

不管存在什么困难，作为一个整体，这一体系还是需要继续发展。表1列举了一些反映养老保险方案参保人数增长的最新统计数据，这些数据有几个不同来源。尽管我们必须谨慎对待这些数据，这些数据还是显示了保险的覆盖面积正在扩大，体系也变得更加复杂。这些数据也显示出，在各类人群中，也还有许多人并未参保，并且农民工继续被排除在外。此外，社保也是一个社会热点问题，这方面的公众意识也有待增强。若在中国国内进行一次网调，并提出如下问题："我是如何获得退休福利的？""我领失业救济时是否仍然享受医疗福利？"等等，将会引发关于社保法规及其实施情况的大量讨论。

表1 社会养老保险参保率（单位：百万）

项目	2009年	2010年	2011年
总人口	1334.7	1341	1347.4
城镇就业人口	311	347	359
农民工总数	230	242	253
基本城市养老保险参保人数	235.5	257	284
其中：			
养老金领取者	58	63	68.2
农民工	26.5	32.8	
农村养老保险参保人数	86.9	102.8	326
其中：			
养老金领取者	15.6	28.6	98.8
城镇居民非就业人口养老保险参保人数	13.34		
其中：			
养老金领取者	6.4		
来源： 1. 人保部：《2009年和2010年统计报告》 2. 温家宝总理：《2011年政府工作报告》（2012年3月） 3. 国家统计局：《经济与社会发展年报（2009，2010，2011）》			

尽管政策规定与实施情况之间还是有较大差距，并且覆盖面积仍然还有许多空白，对于一个人口老龄化社会而言，这一成绩还是值得肯定的。因此，2011年3月出台的"十二五"规划要求：

- 全方位实施农村养老保险计划；
- 进一步改善城镇基本养老保险和未就业居民保险；
- 建立省级基金；
- 养老基金的全国一体化；

- 转移更加便捷,机制更加灵活;
- 逐步建立城市和乡村养老保险之间的联系;
- 改革政府和事业单位养老保险体系。

这一日程内容广泛,但总体上反映了中国实施可持续发展战略的决心。

教训和结论

上述研究简单勾勒出了中国社保体系发展,特别是其养老保险计划的若干特征。这一研究强调:一方面,这些改革对于社会正义和公平十分重要;另一方面,这些改革对保持中国经济持续增长和平衡也十分关键。它说明,目前中国如要获得一个可持续的、成功的政策发展,如下这些要求是十分必要的:

(1)一个全国一体化的体系,所有公民都有同样的权利共享该体系。这样的体系最有可能同时提供社会平等和有效的管理。它将消除劳动流动性的障碍并简化福利供应的程序。

(2)对国家而言,继续提供一个体系性的担保,并继续保持一个社会安全网来为那些弱势群体和被体系排除在外的人群提供退休收入。

(3)制度设计需要富于流动性和弹性。该体系要照顾到许多个人环境的调整,这些调整是因为经济结构持续变化而导致的;该体系还需要适应一个老龄化社会的经济和人口变化。困难还在于完全解决农民工的需要。他们是中国年轻劳动力的主干,在他们还在工作时就为其退休作好准备也是当务之急。

(4)积累起来的基金必须设法保值和增值,同时也减少和冲抵由市场变化带来的风险。

(5)由于男性和女性生命周期和经验的不同,在制度设计时必须充分考虑到性别差异。否则,老年贫困妇女的数量将会越来越多。

(6)最成功的公共政策发展和管理要求程序的开放性、透明性和协商性。公民们需要理解和信任该系统。不同方面的利益需要得到平衡并得到充分的辩论和统筹。由此将建立其公众的信任，并且政策也能得到广泛的支持和实施。

【参考文献】

[1] Chen C. and Li W., 2012, The Basic Old Age Insurance System for Urban Residents: An Evaluation of The Models, *She Hui Bao Zhang Yan Jiu*, No. 1, pp. 177－186.

[2] Chen, J., 2008, Research on The Reform of The System of Old-Age Insurance for Public Servants, *Journal of Fuzhou University*, No. 2, pp. 59－62.

[3] Chen, S., Ravallion, M., 2006 and Wang, Y., Dibao: A Guaranteed Minimum Income in China's Cities, *World Bank Policy Research Working Paper*.

[4] CNSS, 2012, *What Is The 1.7 Trillion of Empty Accounts in The Social Insurance Fund?* Report of 26 March, http://www.cnss.cn/new/bjzm/xjj/201203/t20120326_252923.htm, accessed 3 April, 2012.

[5] Cook, S., Kabeer N., 2003, and Suwannarat, G., *Social Protection in Asia*, Har-Anand Publications, New Delhi.

[6] Dixon, J. 1981, *The Chinese Welfare System 1949－1979*, Praeger, New York.

[7] Dollar, D., 2007, Poverty, Inequality and Social Disparities during China's Economic Reform, *World Bank Policy Research Working Paper*.

[8] Han J. (ed.), 2009, *Surveying The Chinese Countryside*, 2 Vols, China Development Press.

[9] Institute of Economics, Chinese Academy of Social Sciences, Research on The New Rural Social Old-Age Insurance and The Needs of Rural Women, in Ministry of Human Resources and Social Security, 2010, (Collection of Research Results on Old-Age Insurance for Migrant Workers), Reports on The China-Australia Governance Program Project, Internal Publication September, pp. 353.

[10] Kuijs, L. and Wang, T., 2006, "China's Pattern of Growth: Moving to Sustainability and Reducing Inequality", *China and The World Economy*, Vol. 145, No. 1, pp. 1－14.

[11] Liu C. and Xu J., 2008, *Research on The Process of Urban Transformation of China's Farmer-Workers*, Pople's Publishing House.

[12] Luo, Z. and Lü, J. (eds.), 2006, *Rural Society: Handbook on Old-age Insurance*, China Society Press.

[13] MOHRSS, 2011, *2010 Statistical Report on The Development of Human Resources and Social Insurance*, 20 July, http://www.mohrss.gov.cn/page.do?pa=40288020240500280124088b84702d7&guid=e60c0ef72ddd4e8eb968ac5f11900f59&og=8a81f0842d0d556d012d111392900038, accessed 3 April 2012.

[14] National People's Congress, 2010, *The Social Insurance Law of The PRC*, 28 October, http://www.china.com.cn/policy/txt/2010-10/29/content_21225907.htm, accessed 6 March 2012.

[15] Pettis, M., 2011, "The Contentious Debate over China's Economic Transition", *Carnegie Endowment for International Peace Policy Outlook*, 25 March, http://www.relooney.info/SI_FAO-Asia/0_Important_42.pdf, accessed 5 March 2012.

[16] Saunders, P. and Shang X., 2001, "Social Security Reform in China's Transition to A Market Economy", *Social Policy and Administration*, Vol. 35, No. 3, pp. 274—89.

[17] Song, H. (ed.), 2008, *Thirty Years of Rural Reform in China*, Zhongguo Nongye Press.

[18] State Council, 1998, *Circular Concerning Issue Related to The Raising of Pooling for Basic Old-Age Insurance for Enterprise Employees to Provincial Level and The Transfer of Industry Pools to The Administration of Local Government*, http://www.gdsi.gov.cn/upload/resource/zcfg_content.jsp?contentId=647, accessed 12 March 2012.

[19] State Council, 2000, *Circular on The Distribution of The Program of The Experimental Sites for The Improvement of The Urban Social Insurance System*, December 15, http://www.51labour.com/lawcenter/lawshow-19332.html, accessed 3 April 2012.

[20] State Council, 2002, *Circular on The Transmission of "The National Leading Group for Informatization's Guidance on Developing Electronic Government*

Business", August, http://www.hbzx12333.gov.cn/look.asp?vid=88, accessed 4 April 2012.

[21] State Council, 2005, *Decision on Improving The Basic Old-Age Insurance System for Enterprise Employees*, http://www.china.com.cn/chinese/PI-c/1061304.htm, accessed 12 March 2012.

[22] State Council, 2006, *Some Proposals for Resolving The Problems of Migrant Workers*, 31 January, http://www.gov.cn/jrzg/2006 − 03/27/content _ 237644.htm, accessed 3 April 2012.

[23] State Council, 2009, *Guidance on The Trial Sites for The New Rural Social Old-Age Insurance*, Document 32, September, http://www.gov.cn/zwgk/2009−09/04/content _ 1409216.htm, accessed 4 January 2011.

[24] State Council, 2011, *Guidance on Developing Experimental Sites for The Old Age Insurance of Urban Residents*, June 2011, http://www.gov.cn/zwgk/2011−06/13/content _ 1882801.htm, accessed 3 April 2012.

[25] Su, B., 2009, *Research on China's Rural Old-Age Insurance*, Qinghua University Press.

[26] Tang, J., 2012, The Urban and Rural Guaranteed Minimum Income System: History, Current State and Prospects, *China Sociology Website*, http://www.sociology.cass.cn/shxw/shzc/P020051002830994538742.pdf, accessed 12 March 2012.

[27] United Nations, 2011a, *World Population Prospects: The 2010 Revision, Highlights and Advance Tables*, http://esa.un.org/unpd/wpp/Documentation/pdf/WPP2010 _ Highlights.pdf, accessed 5 March 2012.

[28] United Nations, 2011b, *World Population Prospects: The 2010 Revision, Volume II, Demographic Profiles*, http://esa.un.org/unpd/wpp/Documentation/pdf/WPP2010 _ Volume-II _ Demographic-Profiles.pdf, accessed 5 March 2012.

[29] Wang, D., 2005, *China's Urban and Rural Old Age Security System: Challenges and Options*, Chinese Academy of Social Sciences, Working Paper Series No. 53, Institute of Population and Labor Economics, October, online: http://iple.cass.cn/file/dw17.pdf, accessed 16 November, 2009.

〔30〕 Wang, F., 2011, "The Future of A Demographic Overachiever: Long-Term Implications of The Demographic Transition in China", *Population and Development Review* (Supplement), Vol, 37, pp. 173-90.

〔31〕 Wang, M. (ed.), 2001, *Restructuring China's Social Security System*, Zhongguo Fazhan Press.

〔32〕 Wang, M. (ed.), 2002, *Restructuring China's Social Security System*, Foreign Languages Press, Zhao, R., La;, D., and Wei Z., *The Transformation of The Chinese Econmy*.

〔33〕 World Bank, 1994, *Averting The Old-Age Crisis: Policies to Protect The Old and Promote Growth*, Oxford, Oxford University Press. World Bank and OECD, 2008, *Pensions at A Glance: Asia Pacific Edition*, http://www.oecd.org/dataoecd/33/53/41966940.pdf, accessed 16 November, 2009.

〔34〕 Watson, A, 2009, "Social Security for China's Migrant Workers-providing for Old Age", *Journal of Current Chinese Affairs*, Vol. 38, No. 4, pp. 85-115.

〔35〕 Xinhua, 2011, *12th Five-Year Plan of The PRC*, 16 March, Section 33.

〔36〕 Yang, C., 2012, Differences and Commonalities: Comparison and Analysis of Local Old Age Policies for Urban Residents-Based on A Survey of Experimental Plans in 6 Cities, *Journal of Sichuan Administration*, No. 1, pp. 67-70.

〔37〕 Zhao, R., Lai, D., and Wei Z., 2006, *The Transformation of The Chinese Economy and The Reform of Social Security*, Beijing Normal University Press.

〔38〕 Zhao, R., Wang, A. and Ren, L., 200, *The Road to Old Age Security for China's Farmers*, Heilongjiang Renming Press.

〔39〕 Zhao, Z. and Guo F. (eds.), 2007, 'Introduction', *Transition and Challenge: China's Population at The Beginning of The 21st Century*, Oxford, Oxford University Press.

（本文作者为阿德莱德大学研究中心教授，中国经济研究中心副主任）

Abstract

Rapid growth and structural reforms since 1978 have transformed the economic and social basis for China's welfare system. A sedentary population serviced through the unit of employment has been replaced by a mobile labour force, a market economy and greater reliance on user-pays principles. China thus faced the need to rebuild its welfare system by creating services that are more standardized across society as a whole, are accessible to all citizens, are linked to the government's budget and are operated through specialized service providers. This brief study first reviews a number of reasons why the development of a new social security system is a critical part of rebalancing and sustaining growth in China over the next phase of economic development. It then focuses on the issue of old-age retirement incomes and discusses the choice of model, the evolution of policy, and the current operation of the system. It concludes with a few comments on the lessons to be drawn and the challenges for further development.

Keywords

China's welfare system; social safety net; unit-based system of social security

当代中国国家能力与社会稳定：
兼论"社会管理创新"的意涵

王信贤

摘要：本文认为，当前关于中国社会稳定的研究存在两方面的问题，一是多引用西方社会运动理论，因而过多关注"社会"而较少关注"国家"，多将焦点集中于社会抗争的起源与动员过程，较少观察国家的"反应"。故本文针对当前国家理论的发展趋势，特别是"国家能力"进行分析，并说明当前经济社会变迁与中国国家能力的变化。二是缺乏对当前中国内地社会抗争的特征与趋势作系统的整理，因此本文将通过大量的资料，尝试描绘出当前中国内地社会抗争的图像。本文主张，当前"强国家"有两项特征，一是国家基础权力的强化；二是国家寻求与社会部门合作的能力。而近年来随着内外情势的变化，中国共产党所提出的"社会管理创新"则是沿此方向前进，然而在实际运作上将遭遇不少困境，本文也将对此进行评析。

关键词：国家能力 基础权力 公私协力 社会群体事件 社会管理创新

一、前言

日前，美国《时代》杂志宣布今年的风云人物为全球的抗议者（The Protester）。该杂志指出，从"阿拉伯之春"到雅典，从"占领华尔街"到莫斯科，各地的抗议者重塑了全球政治的面貌，并重新定义了人民力量。场景移往中国，大陆30余年来经济改革的成果虽然惊人，但近年来的"社会群体事件"也同样令人咋舌，在规模与频率上均节节升高，在各地形成了官方"维稳"与民众"维权"间相互较量的博弈。因此，让我们好奇的是：中国改革开放迄今，其国家能力与社会稳定间的关系究竟为何？

一、涌动的社会群体事件

改革开放是一种综合政治、经济与社会运作机制发生一连串重大变化的巨型"社会变迁"，不仅造成国家社会关系的转变，在此种制度转换过程中，各种社会问题也层出不穷（王信贤，2008：37－58）。而各种社会问题的扩大化与具体化，几乎都集中在群体事件的出现里，而此亦是观察一个国家社会稳定的最佳视角。就事件的种类而言，包括工人问题、农民工维权、农民运动、消费者运动、环保问题、校园抗议、出租车司机抗议、城市"业主"维权运动、退伍军人问题等。就规模而言，往往出现动辄数千甚至上万人的群体事件。

根据官方统计，从1993年至2003年这10年间，群体性事件数量急剧上升，由1994年的1万件增加到2003年的6万件，增长6倍，年均增长17%，此外，参与群体性事件的人数年均增长12%，由73万多人增加到307万多人。

二、理论对话与文献检阅

就定义而言，社会运动与群体事件是一种有组织的政治活动形式，由那些缺乏影响力或弱势者所发动，往往是在没有"适当的政治管道"下发生（Marx and McAdam，1994：93），是一种体制外由下而上、有组织性的抗议活动，且群体事件运动涉及政治性，政府常是集体行动诉求的对象或第三方（McAdam，2001：4－9）。就西方社会运动理论演进看来，大致可归纳为社会心理学与系统价值分析、资源动员理论（resources mobilization theory）与政治机会结构（political opportunity structure）等，按照理论的演进，第一组理论强调的是社会运动的起源，第二组理论注重的是社会运动中"集体行动"如何产生，而第三套理论则是关注社会运动的政治过程。

由于社会稳定成为当前中国国家发展的重要课题，也引发不少研究者投身其中（Perry and Selden，2000；Perry，2002）。近年来中国内地学者对社会群体事件的研究也逐渐增加，除原本既已深入研究农村与农民群体事件的于建嵘（于建嵘，2003；2006：26－32；2009：16－21；2011；2010）与李连江（李连江，2003：281－298；2006；2008：1－23；2005：235－259）外，值得一提的还有芝加哥大学社会系赵鼎新教授（赵鼎新，2005：168－209；2006；2007），近年来，他们发表的成果，均形成学界研究的风潮。此外，还有中、新生代的学者，如应星关于移民议题的研究以及提出极具中国特色的概念"气"（应星，2001；2007：1－23；2007：106－120；2011），冯仕政的组织内部群体事件、单位分割以及环境群体事件等（冯仕政，2003：66－70、40－50；2007：122－132；2008：231－268），谢岳的抗议政治与民主转型（谢岳，2009：13－20；2009），黄荣贵与桂勇等的社区议题与网络动员（黄荣贵、桂勇，2009：29－56；黄荣贵，2010：179－197），黄冬娅论及社会群体事件中的国家因素（黄冬娅，2011：217－242），周志家以"PX事件"为例说明中国的环境保护等（周志家，2011：1－34）。上述研究均具极佳的问题意识并产生很多研究成果，然而，部分研究过于注重于理论的辨析，有些专注在特定领域的群体事件，有些则是过于强调个案。

三、问题的提出

整体而言,西方社会运动理论与现有关于中国社会群体事件的研究存在两方面的问题:一方面,过多关注"社会"而较少关注"国家",目前研究都将焦点集中于社会群体事件的起源与动员过程,较少针对国家的"反应"(Cai,2010),部分研究多关注国家对镇压机器的使用(Cai,2008:24-42;1999:142-172);另一方面,缺乏对当前中国内地社会群体事件整理出有系统的特征与趋势。究其原因,不外乎缺乏足够分析的资料,也正因此,本研究将透过大量的资料,尝试描绘出当前中国内地社会群体事件的图像。

因此,本文的问题意识是,当前中国内地社会矛盾的图像究竟为何?而面对那些具有偶然性、集体性、非法性、公共性与政治性的由下而上的"社会力量"(social forces),国家的反应为何?随着政经转型与社会变迁,国家能力(state capacity)如何调整?换言之,本文环绕着"国家-社会"关系(state-society relationship)的变化而展开。对此,本文首先使当前社会运动理论与中国经验进行对话,并透过公开媒体的资料收集,从2007年至2011年共计1117笔关于社会群体事件的资料中,归纳出社会群体事件的特征,再者,针对当前"国家回应"进行评析,特别是近年来中共中央不断强调的"社会管理创新",最后从中说明当前中国内地社会力量涌现与国家能力自我调整间的关系。

二、社会群体事件与国家回应:理论对话与中国经验

同前述,社会运动与革命理论的研究对当前中国具有极其重要的意义,相较于许多发展中国家以及后社会主义国家,中国在短短二三十年内进行市场转型,也带动巨大的社会变迁,更出现频繁的社会抗议事件挑战政府,但政治制度依然稳定。因此,不少学者尝试从西方社会运动的相关理论寻找灵感,以便解释当前中国社会矛盾现象,进而反省西方理论的局

限（赵鼎新，2005：168—209）。以下将针对西方社会运动理论以及本文观点进行分析。

一、西方社会运动理论

当代的社会科学革命理论繁多，至少包括马克思主义、聚众心理理论（aggregate-psychological theories）、系统价值共识理论（systems/value consensus theories）与政治冲突理论（political-conflict theories）等（Skocpol，1979：3—43；Walder，2009：393—412）。若按其理论演进可区分为以下几类：

（一）社会心理学与系统价值分析

上世纪五六十年代，社会心理学取向的研究占革命理论的主导地位，强调社会运动是源于各种异常的心理状态，如不满、疏离感、挫折感与认知不协调等。Gurr（1970）提出"相对剥夺感"的概念，强调当人们觉得自己有资格获得有价值的东西与机会和实际发生差距时，人们就会变得义愤填膺。此外，Johnson（1966）主张，革命产生于社会不均衡状态，即价值体系与分工体系不协调，社会成员便迷失方向，投向革命所提倡的新价值观。然而，关于社会运动的起源，不论是Gurr所强调的"相对剥夺感"或是Johnson所主张的"系统失衡"皆缺乏明确的操作型定义，且充其量也只能说明革命运动发生的前提或背景。据此，"资源动员理论"因而出现。

（二）资源动员理论

与前述社会心理学所主张的最大差异在于，资源动员论假设社会不满一直都存在，且这种不满足以支持任何草根抗议的形成，但社会运动却非经常发生。就此而言，运动之所以发生，不能化约为心理状态的表现，与其说是不满与悲惨所造成，不如说是这些问题经过有效组织运作，通过与某些社会精英分子的权力与资源相结合所形成的。Charles Tilly（1978）就是这种观点的代表者，强调不论一群人如何可能愤恨不平，只要没有资源与组织，就不能产生政治行动。因此，革命的分析对象应该是"集体行动"（Olson，1971）。

（三）政治机会结构

相对于社会心理状态以及资源动员的强调，晚进研究者强调的则是社会运动与政治体制的关联性。按此，社会运动的图像将具有以下特点：首先，在起源上，社会运动是来自于既有权力关系的不对称，迫使某些被边缘化群体采取体制外的群体事件活动；其次，在过程上，社会运动是持续与制度化的权力拥有者进行互动，通过施压、讨价还价、联盟、对抗等形式，争取群体利益；最后，就结果而言，社会运动是否能够实现其目标受制于一连串政治条件的组合，并不一定只涉及社会运动本身的实力。在这类研究作品中，一个经常使用的概念即是"政治机会结构"。

据此，分析社会运动的核心要素包括：（1）政治管道的存在；（2）精英体制的稳定性；（3）政治联盟者的存在；（4）国家镇压能力与倾向（Goodwin and Jasper，1999：27-54；何明修，2005：115-148）。因此，就行为者的角度而言，政府必当是社会运动的一方，由于现在国家组织形态的出现，在政治权力与资源高度集中的状况下，社会冲突的轴线总是涉及政府权力的实行与不实行（McAdam，Tarrow，Tilly，2001：5）。换言之，社会运动就是一种政治过程，群体事件就是政治议题（Meyer，2004：125-145；Tilly and Tarrow，2007）。

按理论的演进，第一组理论强调的是社会运动的起源，第二组理论注重的是社会运动中"集体行动"如何产生，而第三套理论则是关注社会运动的政治过程。本文认为，研究中国内地的社会群体事件，怨恨（grievance）或相对剥夺感（relative deprivation）当然无法忽略。然而，多数研究指出，造成当前中国社会不平等与相对剥夺感的成因中，集体、结构因素，如城乡、户籍与单位制等大于个人因素（如教育程度、才能等）（谢宇，2010：1-25；林宗弘、吴晓刚，2010：1-40；李汉林、魏钦恭、张彦，2010：121-143）[1]，换言之，国家政策大于市场作用。

此外，威权国家对于社会抗议的排斥与压制，以及国家对各种政策、社会资源的垄断，导致其往往成为各种社会抗议的对象，"国家"在社会群体事件动员过程中的角色绝对无法忽略。在理论研究的趋势方面，相较于社会学者对相对剥夺以及资源动员的强调，在晚进的研究中，政治学者的投入有愈来愈多的迹象，在社会群体事件中，关于"国家回应"，特别是国家镇压机器的研究也愈加受到重视（Moore，2000：107—127）。就此看来，研究中国社会群体事件有必要回到国家的权力与角色探讨上来。

二、政权性质与国家能力

20世纪70年代末、80年代初，社会科学界针对行为科学研究进行过一场方法论的省思，其中最突出的即是Skocpol（1985：3—37）等人对许多研究都将关注的焦点集中于社会部门而忽略对国家角色的批评。而随着此种方法论省思的开启，一种"以社会为中心"（society-center）转向"以国家为中心"（state-center）的典范开始进行，也因而带动了"国家—社会"关系的研究风潮，而此即是"将国家带回"（bringing the state back in）的呼声。而就中国研究看来，由于国家过度介入经济运作与社会生活，因此，"国家研究"（state studies）一直处于主流的地位（王信贤，2000：23—46）。

（一）国家能力的探讨

按照Skocpol（1985：9）的看法，国家研究有两个主要的观察点，一是"国家自主性"（state autonomy），另一则是国家能力。然而，"国家自主性"的存在必须具备两个条件：第一，只有在国家确实能够提出独立的目标时，才有必要将国家视为一个重要的行为主体；第二，必须进一步思考的就是，当国家确立自身的目标时，是否具备"能力"去执行，尤其是面对强大的社会集团现实或潜在的反对时。

根据Joel Migdal（1988：4）的看法，国家职能可区分为决定性的渗透社会（penetrate society）、管制社会关系（regulate social relationships）、汲取资源（extract resources）以及分配处置资源（appropriate resources）。而Michael Mann（1993：54—63）则是将国家权力区分为

"专制权力"(despotic power)与"基础权力"(infrastructural power),前者指的是一种分配力量,国家执政者可不经由社会的同意而遂行其意志,后者指的是国家贯穿、渗透社会的力量,其透过组织的建构与政策制定去协调人民的生活。而现代国家的特征即是"基础能力"的增强,在对社会的渗透、影响社会生活的能力增强后,能使人民对民族国家的认同增强;而除了基础建设外,国家亦介入经济发展、社会福利以及人民生活,政策可渗透到领土的角落,扩张对社会的介入。因此,从国家社会关系的角度观之,现代国家的强弱取决于两个特征:

1. 强化基础权力

Mann(2008:355-365)从历史社会学的角度指出,19世纪以来,随着工业社会的成熟、阶级妥协的制度化和社会对公民权的要求,社会生活逐渐被地域性地整合和局限,国家也逐渐成形为民族国家,与此同时显示出的是国家的基础权力不断强化,其表现在直接税汲取的增长、教育年限的提高、医疗保健服务的提供等,而群众性政党与志愿组织的发展也体现出现代国家所拥有的基础权力。Hillel Soifer(2008:231-251)则指出国家基础结构权力具有三种研究途径:一是国家的能力,其注重的是"强度",强调国家透过资源配置以对社会与领土进行控制;二是国家的影响,注重的是"深度",相较于前述国家配置资源的权力,其更关心国家对其他行为者的约束与建构作用,强调国家对社会的影响,而此影响必须是国家有意图的结果;三是次级国家的变异,注重的是"广度",强调国家权力的灌输与运作并非均匀的,其渗透到各地会有所差异。就此看来,当代国家能力的强化非镇压力量的加大,而取决于国家对社会的政策渗透所代表的基础权力。

2. 与社会部门保持协作关系

延续前述的逻辑,"强国家"除了国家对社会的政策渗透与福利供给外,还有一个重要的指标就是与社会部门合作与协作的能力。Peter Evans(1995)在其《镶嵌自主性》(*Embedded Autonomy*)一书中探讨国家角色与产业转型的关系,强调国家不仅应具有相对于社会的"自主性",也应保有与社会部门镶嵌的能力。而 Linda Weiss 与 John Hobson 则是承袭了 Mann 的"基础权力"与权力网络的概念，其认为国家能力除了制订政策的权威外，还包含与组织团体的协调，其称之为"治理性互赖"（governed interdependence），国家与社会精英间的合作，不仅未削弱国家的权力，反而使得国家促进产业转型的自主性与能力获得强化（Weiss，1998：1—40；Weiss and Hobson，1995）。这也是为何新公共管理学派一再强调"公私协力伙伴关系"（public-private partnerships，PPPs）的重要性，其主张公私部门间不再是传统的层级关系，也不应是单纯由效率机制所引导的市场关系，而是一种协力的网络关系，其间不只是互动，也是一种"联结"（linkage）（Pierre，1997；Huxham，1996；Grimshaw，Vincent & Willmott，2002：475—502）。

就此而言，在国家能力的研究中，国家基础建设能力的重要性远远超过传统的强制性能力，而其强度系由国家在社会中的镶嵌程度而非"物质能力"来检测。基于此，我们将探讨当前中国国家能力的变化与调适。

（二）中国国家能力的变化

在传统极权主义（totalitarianism）的典范下，研究者将党国机器视为一个有机的整体，组织内部高度整合，利益一致，且上下级之间存在着命令与服从的关系，换言之，国家形成政治、经济与意识形态三位一体的结构，其所暗示的是国家穿透社会的能力无远弗届。[2] 在改革开放 30 多年的今天，国家不再独占所有生产资料，国家不再寻求以激进的方式改造社会，而是承担维持社会秩序和促进经济发展的职责。

因此，在新的研究典范下，中国已不具备极权主义的典型，侍从主义（Walder，1986；Oi，1989：1—12）、宗族力量（Lin and Chen，1999：301—354）以及地方利益的复杂结构（Walder，1995：263—301；1998；Oi，1999；Wank，1999：23—40）均使国家向社会的渗透受到阻绝。Elizabeth Perry（2002）甚至从中国历史的角度观察，认为当前中国的社会矛盾是一种由下而上"挑战天命"（Challenging the Mandate of Heaven）

的行动，而其确实在政权合法性上扮演不寻常的角色。Harley Balzer（2004：235—256）则认为，随着社会价值的变迁，传统的"天命"意识已由财富欲望所取代。因此，Tony Saich（2001：124—141；2004：213—232）主张，相对于社会部门，中国内地的国家角色发生了巨大的变迁，已从自主型国家（autonomous state）转变成协商型国家（negotiated state）。

然而如前所述，有学者称之为"退化的极权主义"（林佳龙，2003），或是"间歇性的极权主义"（sporadic totalitarianism）（Liu，1992：293—316），换言之，社会部门虽具相对自主性，但依然由国家所驾驭（Frolic，1997：46—67）。且就全球角度观之，过去20多年来，各种私有化、分权化、去垄断化、去管制化以及各种"外包"制度的盛行，在各种治理发展议题中，市场、非政府组织与社会网络成为与国家并立的力量，但尽管如此，国家依然是各种政策的主导者，而官僚的"国家性"（stateness）是毋庸置疑的（Oszlak，2005：482—505；Nordlinger，1987：353—390）。就此观察中国内地，由于党国体制依然强大，虽然目前已出现各种社会部门与组织，但国家确实仍有无可取代的宰制地位，也因此仍必须严肃看待国家的影响力。

我们认为，当前中国国家角色面对客观环境的转变，正在调适国家能力，一方面强化基础权力，避免过度依赖专制权力；另一方面也多处寻求与社会部门形成协作关系。这种趋势从近年来中共中央所提出的政策，包括"和谐社会"、"科学发展观"、"以人为本"、"加强党的执政能力"以及"加强与创新社会管理"等可看出端倪。然而，在政策的制订与实践上仍存在着困境，此困境来自"国家"本身。

中国政府不是一个完整的实体，而是由许多拥有不同程度自主权的机构所组成，是一种"分立结构"，科层机构在功能上相互分割，出现高度的府际与部际利益冲突，此种现象在改革开放后更加明显，中国改革不仅使得经济社会发生巨大变迁，国家能力与权力结构亦在"条块切割"下发生重大改变，透过利益网络，干部成为资本精英，而官僚部门则成为名副其实的"独立王国"（Baum and Shevchenko，1999：333—360）。正是这种"分裂式的威权主义"（fragmented authoritarianism）(Lieberthal，1988：1-30；Mertha，2009：995-1012)，导致国家与社会关系中正式制度的规范与实际运作间存在巨大的落差，也使得国家基础能力难以强化与施展。以下将以当前中国社会群体事件与国家的回应，特别是"社会管理创新"为例来说明。

三、对群体性事件的分析

本研究的群体性事件资料来自于作者对公开媒体资料的搜集，在此必须说明的是，在无法取得"权威资料"的情况下，这种透过媒体的分析虽有偏差，但本研究透过交叉比对，进一步找出了相对合适的资料。而这也是从事"中国研究"所受到的相关限制下，较为安全且相对完整的做法。这部分的叙述统计分析所呈现的是2007年至2011年，共计1117份资料。以下将按"国家社会关系"的框架，简单区分群体性事件的总体现象、群体事件主体与动员机制以及国家反应等进行说明。

一、总体现象

首先，在规模方面，出现千人以上规模的群体性事件占总数的35.5%（见表1），万人以上的占4.7%，其中几件包含"城管"执法不当、地方政府拆迁以及环保群体事件所造成的冲突等，多属关于执法与民众产生冲突的"突发事件"，而未见具组织性的群体事件。这部分以下将继续论述。

表1 群体性事件规模

规模（人）	比例（%）
100以下	17.6
100—1000	46.9
1000—10000	30.8
10000以上	4.7

其次,在矛盾发生地点方面,在本研究所搜集的资料中,前10名的省份分别是广东省、北京市、四川省、湖北省、浙江省、上海市、湖南省、江苏省、广西壮族自治区与山东省等(见表2)。广东省位居第一,除了因接近香港与媒体(如南方报系)较为发达,导致讯息较易被披露外,其多为劳力密集的加工产业,导致较多的劳资纠纷也是主因;北京则是因为首都,其他省份上访民众在此集体上访发生冲突所致。其他可看出,群体事件发生地点多以沿海经济较发达省份,以及中部地区的工业大省为主。就此而言,经济快速发展导致社会变迁是高频率群体事件发生的主因。

表2 群体性事件发生地点

排序	地点	次数	比例(%)
1	广东省	214	19.2
2	北京市	123	11.0
3	四川省	96	8.6
4	湖北省	83	7.4
5	浙江省	54	4.8
6	上海市	53	4.7
7	湖南省	46	4.1
8	江苏省	36	3.2
9	广西壮族自治区	36	3.2
10	山东省	34	3.1

而在发生区域方面,大多数事件发生于城市,高达76.7%,仅有18.4%的群体事件发生于农村,比例偏低,受资料搜集的限制,农村事件的讯息由于地方政府的封锁,多无法见诸报端,导致资料上的偏差。此外,囿于当前中国政治制度的因素,多数农村民众的不满无法在当地或乡镇获得解决,因而越级上访,进而在城市造成冲突,本研究另再分类"农村转城市"的资料,这部分占总体资料的4.9%(见表3)。

表3 群体性事件发生区域（城乡）

区域	比例（%）
农村	18.4
城市	76.7
农村转城市	4.9

二、主体与动员机制

从事件的事由看来，工人群体事件在本研究所搜集的资料比例中占最高（24.4%），农民群体事件（包括暴力拆迁、土地补偿问题）占21.7%，这两部分即占了近一半（46.1%）。在城市，业主、白领、商户、退伍军人、教师、学生等属中产阶级不满的占17.1%。群众群体事件来自于地方政府执法不当（含城管打人）者也占了9.1%，属环境污染与居住安全等议题近年来也逐步攀高（见表4）。

表4 群体事件原因

事由	比例（%）
政府执法（行为）失当（含城管打人）	9.1
城市业主、白领、商户、退伍军人、教师、学生等不满	17.1
工人群体事件（农民工维权、出租车司机）	24.4
农民运动（暴力拆迁、土地补偿问题）	21.7
突发事件（短期）、冲突、车祸	2.8
环境污染、居住安全	5.6
种族群体事件、仇外	2.2
自由民主人权（含司法公正）	4.6
其他特殊事件（有针对性或长期）、无法归类者	12.5

总体而言，就主体看来，属于"中上阶层"的中产阶级与个体户或商户等的群体事件仅占20.2%，多数仍以农、工等劳动阶层为主，可见当前中国内地中上阶层参与社会群体事件的仍很少（见表5），这与现代化理论者的期待可能有所差距（Lipset, 1959: 69-105; Moore, 1966;

Huntington，1968；Rueschemeyer，Stephens，1992）。而与此类似的是，从群体事件的诉求来看，属与温饱、生存权有关的"物质主义"（materialism），占整体资料的81.5%，而环境主义、女权、和平与民权运动等维护社会正义的"后物质主义"（post materialism）倾向之"新社会运动"（Inglehart，1997）仅占18.5%（见表6）。

表5 群体事件主体（阶层）

群体事件阶层	比例（%）
中上阶层	20.2
中下阶层	79.8

表6 群体事件性质

群体事件性质	比例（%）
物质主义	81.5
后物质主义	18.5

在群体事件方式方面，本研究将之区分为"非暴力"、"非暴力转暴力"以及"暴力"等，其中"非暴力"占总体资料的68.5%。而冲突、围堵、恐怖攻击、自焚等暴力群体事件为19.6%。值得注意的是，亦有示威游行、下跪、绝食抗议、罢工、罢驶、罢课等"非暴力"诉求无法得到回应，进而采取暴力方式的为11.9%（见表7），可见此种"非暴力转暴力"的主要起源还是来自于地方政府的应对方式。

表7 群体事件方式

群体事件方式	比例（%）
非暴力	68.5
非暴力转暴力	11.9
暴力	19.6

除此之外，根据前述"资源动员"理论，群体事件之所以发生，不能化约为心理状态的表现，与其说是不满与悲惨所造成，不如说是这些问题经过有效组织动员；然而，按照所搜集的资料，仅有1.2%出现"有组织

的抗议动员"（见表8）[3]，就此看来，目前大陆社会群体事件多属"突发事件"，目前官方与学界也在积极探讨为何这些"非利害关系人"会被卷入。若再配合前述"非暴力转暴力"，此即为何近年来中央要求各级干部积极研读《突发事件应对法》并做好思想准备的原因。值得一提的是，在所有事件中，有5.1%的动员是通过网络手机等资讯科技，而这部分的比例也有逐年攀升的趋势。

表8 动员形式

动员形式	比例（%）
成立群体事件组织	1.2
使用网络手机	5.1

接下来，我们将分别讨论行政部门、公检法、国营企业或集体企业、非政府部门，以及从非政府部门转向政府等。其中若将行政部门、公检法、国营企业或集体企业，以及从非政府部门转向政府等皆归为"公部门"，则抗议对象为"公部门"的比例高达82.7%（见表9）。一般而言，在社会抗议运动中，出现极强的政治化色彩，其主要肇因有两方面：一是威权政府对于社会运动的排斥与压制，而作为"压力型体制"下的地方政府更是如此，这使得群体事件对象极容易移转至政府身上；二是涉及中国内地地方政府的"发展主义"，这种以经济成长为中心的发展模式，导致地方政府过度卷入经济社会生活，也使得群体事件者有共同的取向。

表9 群体事件对象

群体事件对象		比例（%）	合计
政府部门	行政部门	52.1	82.7%
	公检法军	15.7	
	国营企业、集体企业	8.1	
	非政府转政府	6.8	
非政府部门	非政府部门	17.1	17.3%
	非政府	17.3	

三、国家反应

在本研究所搜集的资料中,政府压制群体事件的比例为47.9%,这种高比例一方面来自地方政府"怕出事"导致"先镇压再说"的逻辑;另一方面则是来自体制本身的"一把手负责制","一把手"可调动所有行政区内的资源,且自由裁量权极大,导致"压制"的决定缺乏制约。常见的方式为"警察强制驱散或拘留"、"透过黑社会介入"、"截访"、"暴力相对"或"秋后算账"等。值得一提的是,在本研究所搜集的资料中,仅有16.8%为政府介入协调成功,此外,有高达35.3%是政府漠视或无结果(表10)。

表10　国家反应

国家反应	比例(%)
压制	47.9
协调	16.8
漠视或无结果	35.3

综合表9与表10我们发现,群体事件群众多针对政府(特别是地方政府),而政府的回应多是"压制"、"漠视"或无结果,相对于群体事件民众采取"非暴力"的比例(19.6%),政府显然过于依赖压制权力。从国家社会关系的角度而言,除了国家与群体事件者的互动外,国家部门至少还得区分中央政府与地方政府两个层次。近年来,中央提出"和谐社会"、"以人为本"与"科学发展观"等政策,对地方政府而言,其被迫从"建设型政府"转变成"服务型政府",而对群体事件者而言,这是在政治"结构"未改变的状况下所出现的政治"机会"。

如前所述,由于中国"压力型体制"与地方发展主义的缘故,社会弱势者的不同怨恨均会指向同一对象(地方政府),也为不同"框架"(framing)的联合创造了机会,如土地、环保、官员贪腐、对上访的轻蔑与压制行动等。此即为何地方政府往往是群体事件的对象,且不论是"依法群体事件"或"以法群体事件",所依持的均是中央政府的政策与法令(李连江,2003:281—298;于建嵘,2003;应星,2007:1—23)。

而近来的诸多研究亦显示,民众(不论城镇或农村)对各级政府的信任存在一种明显的"差序信任",亦即从中央、省一直到省以下的各级政府,信任程度逐步降低(Shi,2001:401—419;Li,2004:228—258;胡荣、胡康、温莹莹,2011:96—117)。在2008年的"中国调查"(China Survey)中,测量社会信任与政治信任的问题是:"请问您对以下这几类人是'非常信任'、'比较信任'、'不太信任',还是'非常不信任'?"该问题涉及"中央领导"、"省领导"和"县/市领导",其结果如表11所示,亦呈现"差序政府信任"的状况。

表11 对三级政府领导的信任度(%)

	中央领导	省领导	县/市领导
非常信任	44.6	24.3	17.1
比较信任	40.5	51.9	50.0
不太信任	11.3	18.1	24.6
非常不信任	3.6	5.7	8.2

资料来源:李连江:《差序政府信任》,发表于大陆社会发展与稳定研讨会,台湾政治大学、财团法人资策会主办,2011年4月16日于台北。

由此而言,一般民众对地方政府的信任程度远不如中央政府,中共所强调的"以人为本"、"和谐社会",确实是正确的方向,但却造成两种"副作用",一方面是开启民众群体事件的政治机会,提高老百姓的期望;另一方面,则是将地方政府"妖魔化"。中国内地行政层级共分为中央、省、地、县、乡镇与村等,过长的委托代理链(principle-agent chain),对中央而言意味着每一级政府都是一道"防火墙",然而,对地方政府而言,层级愈高的政府,"道德主义"愈强,距离实际政策执行愈远。这也是为何多数底层群体事件只反地方不反中央,亦或是"依法群体事件"或"以法群体事件"。

因此，观察中国社会稳定，除了社会部门的动态外，也必须了解国家内部"发生了什么事"。我们认为当前国家权力依旧强大，但多是依赖压制来维持基本的社会稳定。近年来我们也发现，中央政策朝向强化"基础权力"前进，但从一些迹象也看得出来，国家能力的不足导致政策大打折扣，而削弱国家能力的力量不是来自社会，而是来自国家本身。以下将就近年来所提出的"加强和创新社会管理"为例说明之。

四、"社会管理创新"的提出与分析

关于"社会管理"早在2004年6月的中共十六届四中全会就提出要"加强社会建设和管理，推进社会管理体制创新"，而"完善社会管理"这一概念，则出自2007年党的十七大报告，社会管理由此列入中国政治的最高议程。2010年底以来，面对外部国际情势的变化，中国共产党认为以往过于强调"压制"或"被动反应"的社会控制必须有所调整，故"社会管理创新"政策浮上台面。

一、"社会管理创新"的内涵

1. "党委领导、政府负责、社会协同、公众参与"的社会管理格局

胡锦涛于2011年2月在社会管理体系研讨班讲话，指出"扎实提高社会管理科学化水平，建构中国特色的管理体系"，反映在党和政府主导的维护群众权益机制、基层社会管理和服务体系、公共安全体系、社会组织管理、网络管理等面向（胡锦涛，2012）。继这段讲话之后，周永康主张要"适应经济社会发展情势，加强和创新社会管理"，建立社会分类发展、分类管理体制，主动依法维护群众权益，努力把矛盾纠纷化解在萌芽状态（周永康，2012）。2011年5月30日，中共中央政治局召开会议，"研究加强和创新社会管理问题"成为主要讨论议题，胡锦涛提及"当前我国既处于发展的重要战略机遇期，又处于社会矛盾凸显期，社会管理任务更为艰巨繁重"（人民网，2012）。"七一讲话"则提及"要加强和创新

社会管理，完善党委领导、政府负责、社会协同、公众参与的社会管理格局"。同年7月5日，中共中央、国务院印发《关于加强和创新社会管理的意见》，进一步确立加强和创新社会管理的指导思想、基本原则、目标任务和主要措施。在中央的指示下，2011年以来各地陆续推进社会管理创新试点，因此2011年被称做中国的"社会管理创新元年"（顾远，2012）。

2. 加大培育社会组织的力度

根据民政部的资料显示，截至2011年年底，中国社会组织数量超过45万个，其中社会团体25.3万个，民办非企业单位20.2万个，基金会2510个（中华人民共和国民政部，2011）。然而，这些组织多是与政府关系密切的GONGO（Government Organized NGO），目前在结构和数量上并不能满足社会的需求，而且多数政府组织仅是公部门的另一块招牌，服务社会的能力远远不及。而根据学者的研究，实际上社会组织远比官方公布的多10倍（王绍光、何建宇，2004：71—77；王信贤、李宗义，2008：113—145；李凡，2011），许多是在政府的控制之外。因此，社会组织成为"社会管理"的重要对象。近来民政部已授权部分地区"创新"，以突破"双重管理体制"，民政部部长李立国曾表示，民政部门对公益慈善类、社会福利类、社会服务类社会组织，履行登记管理和业务主管一体化职能（新华网，2011）。这意味着上述三类社会组织将可直接登记，改变之前的双重管理门槛。此外，各地亦多有"创新"的举措。

三、维稳：从"治安"到"管理"

如本文所提，近年来中国社会群体事件在规模与频率上都不断扩大，且群体事件的源头多指向"政府"，包括各级地方政府、人大、司法、警察与城管等，这也是为何胡锦涛在前述社会管理及其创新专题研讨班上提及"加强和完善党和政府主导的维护群众权益机制"与"坚决纠正损害群众利益的不正之风"之故。值得一提的是，2011年9月16日，中央社会管理综合治理委员会第一次全体会议在京召开，会议决定将"中央社会治安综合治理委员会"更名为"中央社会管理综合治理委员会"（郑巧，2012）。由"治安"改为"管理"，似乎预示社会治理由过去单一强力控制向社会综合协调转变。

四、网络新管理的创升

随着近年网际网络兴起，新兴公共领域于焉产生，网络成为舆论反映的重要平台。根据中国互联网络信息中心最新统计数据显示，截至2011年12月底，中国网民规模达到5.13亿，互联网普及率达到38.3%，手机网民规模达到3.56亿。网民剧增和微网志（微博）兴起，促使网民透过网络表达对社会时政的针砭意见，改变过往公民意见的表达方式。除了网络议论的舆论空间，网民亦采取实际行动。对此，官方一方面正视网络舆论影响，促使各级政府官员建立网站与民沟通，形成"网络问政"。而在2011年7月23日"温州动车事件"以及9月27日上海地铁十号线撞车事件中，我们都可看到网络传播的力量。胡锦涛就曾提出要"进一步加强和完善信息网络管理，提高对虚拟社会的管理水准，健全网上舆论引导机制"。

因为政务微博具有即时、便捷、开放、贴近群众的特点，故在"微博"上开一口子让民众宣泄也有助于减轻民怨，且网民亦可成为中央获知地方"民情"的重要管道，符合社会管理创新。

除了强化党的领导与对社会组织、群体事件以及网络的管理外，"社会管理创新"还包括"加强和完善流动人口和特殊人群管理和服务"、"加强和完善基层社会管理和服务体系"、"加强和完善公共安全体系"以及"加强和完善思想道德建设"等。然而，任何政策的产出与执行都是国家统治者、代理人与被统治者间交易与议价的结果，其关乎国家能力的施展（Levi，1981：431—465）。

五、"社会管理创新"评析

从意识形态上来看，"社会管理创新"不仅是顺应当前中国国内外客观环境的变化而出现的，也是和谐社会、科学发展观、加强党的执政能力等思路的延伸。整体而言，社会管理"创新"的目标即是强化国家能力，涉及两方面的发展：一是原本以党国为核心的"治安"，转变成以"党委领导、政府负责"为核心，加入"社会协同、公众参与"的"管理"；二是强化以"专制权力"为后盾的"基础权力"。针对此，本文的评析如下：

1. "社会管理创新"涉及政治体制改革

如前所述，社会管理创新是"党委领导、政府负责、社会协同、公众参与"，"党委领导，关键是要发挥党委总揽全局、协调各方的领导核心作用。政府负责，关键是要更加注重发挥政府的主导作用，落实好各部门的职责"。所以关键是党与政府，也因此，"党建"和"政府职能转变"成为"社会管理创新"的重要联系与必然逻辑。既然由党委主导，要改革的议题与对象也都涉及"政治"。近年来官方文件不断提及推动多种所有制经济共同发展并打破垄断、深化价格改革、深化收入分配制度改革、推进事业单位分类改革、加快推进政府改革与加强廉政建设，这些均是解决社会民生问题的基础，但无一不涉及政治改革。

改革的难度在于，现有考核机制下地方以做大GDP总量为主要目标，以上重大工业项目为主要任务，以土地批租为主要特点，以行政干预为主要手段，部门利益、行业利益、地方利益的形成已具普遍性，一旦需要利益调整，便会遭受极大阻力。按此，地方的社会管理创新试点，显然并未真正触及问题核心。不论从"国家－社会"关系或是"国家"自身来看，当前中国"社会管理"改革与创新的关键不在社会，而是政治，包括官员贪腐以及政策执行受到以官僚部门为核心的分利集团，和条条块块间的竞争所阻碍，光从经济与社会层面着手能否解决真正的问题，不无疑问。而此亦是下文的分析重点。

2. "社会管理"部门"各取所需"

就改革的自然规律看来，既然要改革就会受到既得利益者的挡路。在中国，既得利益者当然来自国家本身，中国的分裂权威结构与官僚竞争不仅出现在经济社会等"低阶政治"（low politics）议题，也出现在"社会稳定"这种富有政治意涵的"高阶政治"（high politics）议题上；且不仅出现在中央政府部门间、地方政府间，也出现在党政部门间。特别是当"社会管理创新"真正的内涵尚未确定时，各部门将会出现各取所需的状况。如前所言，民政部门针对"社会管理创新"一直力推"双重管理体制"松绑，也取得成效。

此外，我们似乎也可看出，近年来在强化社会稳定过程中，一些特定部门得到强化和发展，比如公安系统的加强。首先，公安部门从改革开放初期的经费开支占整个GDP的不到4%发展到目前的7%；其次，从警力编制的发展来看，中国国家正规编制干警数量已经由改革初期约60万的水准发展到140万左右，另外还有约40万地方编制的干警，2004年被中央一次性转化为国家编制。再者，基层派出所的数量也从20世纪80年代末的37000个左右发展到后来的52000个左右（樊鹏，2009：54－67；樊鹏、汪卫华、王绍光，2009：33－43）。最后，近年来各省公安厅长（通常由政法委书记或副书记兼任）进入党委的比例直线增加亦然。

3. "维稳创新"对地方治理的影响

作为处于社会稳定第一线的中国地方政府，向来介入各种经济社会生活甚深，其作为直接处理矛盾的公权力主体，也可能是诱发矛盾的主因、群体事件的对象，在这种"由下而上"的"维权"需求以及"由上而下"的"维稳"要求下，"社会管理创新"对地方政府的意义不言可喻。但正如本文所强调的，地方政府往往是民众群体事件的源头，管理体制的"创新"等于将改革的矛头针对自己，且各种政策从中央到各级地方政府，经过一层层的政策扭曲，难免大打折扣。此外，各种"维稳创新"目前出现以下问题：

（1）为"维稳"疲于奔命：近年来大陆地方政府的工作重心似乎发生了质的变化，主要是因为"维稳"成为一票否决指标的效应逐步扩大，让"发展是第一要务"变成了"发展是第一要务，维稳是第一责任"，使得压力维稳成为常态，地方干部不得不疲于奔命于和"维稳"相关的事项，进而出现目标与手段的错置，该负的职责反而忽略。

（2）"维稳创新"成为政策失误的避风港：由于"维稳"与"创新"定义太宽，越来越多地方政府把几乎所有难办的事项都纳入其中，以此解决施政困境，"维稳"甚至成了一些地方的官方辩解。如2010年2月份湖南金浩茶油就被查出致癌物超标，但是消息一直没有公之于众，地方质检官员事后称是出于维稳需要；此外，河南商城县蜱虫疫情亦然。

（3）社会管理创新无法"一刀切"：中国区域发展差异极大，各地社会发展程度也不一，无法用同样一套维稳或创新的标准衡量，但对广大的群众而言，某一地区的"创新"却有"示范效应"。

4. 缺乏有效社会参与的"社会管理"

如前所述，当前"社会管理创新"虽加入了"社会协同"与"公众参与"，但由于在"党委领导"与"政府负责"的大框架下，真正的"社会"注定受到忽略。一般而言，各类民生、社会议题的解决，仅透过政府部门依然有限，也必须与民间力量进行结合。而所谓"社会创新"原是政府、企业、NGO和普通公民，在公共参与式的社会治理机制下，通过跨界合作，用创新的方法系统性地解决诸多社会问题。但在中国，"社会管理创新"却是党国体制政府主导下的社会治理模式，公私协力与参与式治理都被限制在党国体制的政治框架中，社会组织和公民个人参与社会变革和社会创新的行动尚未得到足够的支持。既然如此，所谓"创新"便深受一党专政所局限，公民社会、政治改革、民主化等，显然不在此考量之内；即便有，亦为被限缩的党国体制附庸产品，而非相称的角色分量。

如本文的第二部分所述，在新国家论的笔下，现代国家的强弱取决于两个特征：一是基础权力的强化，另一则是有无能力与社会部门合作。就此而言，当前中国内地确实意图强化国家基础能力，但这种愿望往往被条条、块块等分利集团所切割而大打折扣；此外，在与社会部门合作方面，党国体制向来"集权"的惯性以及对社会部门的不信任，再加上民间部门本身实力过弱，都导致"真正的"官民协作极为困难。就此看来，这种强化国家能力的企图与现实仍有一段差距。

五、结论

本文透过理论对话与实证资料分析,说明当前中国内地社会群体事件的特征以及国家的反应。本文认为当前诸多社会群体事件的理论多关注"社会"而少关注"国家",因而针对当前国家理论的发展趋势,特别是"国家能力"进行分析,并说明当前中国国家能力的变化。综观目前关于中国社会群体事件的研究,囿于资料的敏感与稀缺,甚少出现系统性的归纳与分析,为弥补这种研究上的缺陷,作者长期搜集各种公开资料,虽仍有研究上的限制,但至少能将中国社会群体事件的面貌建构一初步的图像;目前群体事件主体多是社会弱势,群体事件因素多属生存权、缺少组织性反对以及群体事件对象多针对地方政府等,而相对于民众的非暴力群体事件,政府则多采取"镇压"或不回应。

面对各类矛盾的不断涌现,中共中央一再提出各类政策,近来最明显的则是"加强与创新社会管理"的提出。然而,其一方面可能为各种条块力量所切割;另一方面,在现实的状况下仍是以党国为核心,社会部门的参与仍有限。且更棘手的是,当前中国各类社会问题均环环相扣,且具有"牵一发而动全身"的问题特质。本文最后认为,目前各种社会问题虽不至于成为影响中共政权稳定的直接因素,但却可能成为政府内部"相互竞权的议题"。换言之,国家所面对的问题虽来自社会部门,但会对其造成挑战的却是"国家本身",因为国家机器不是铁板一块,而政府亦非凝固的整体。

【注释】

[1] 亦有持相反观点者,如怀默霆(2009:96-120)。
[2] 极权主义的典型包括:(1)有一官定意识形态;(2)由一魅力型领袖所领导的群体性政党;(3)恐怖的秘密警察控制;(4)国家垄断所有的大众媒体;(5)党国对军队的掌控;(6)中央指令性经济。参见(Fitzgerald and Brzeinski, 1963)。

〔3〕这部分的数据可能有所偏差，目前群体事件的"组织性"仍低，但应不至于仅有1.2%，这可能涉及两个原因：一是媒体报道的忽略，二是一些群体事件的"组织性"刻意被隐蔽，因其涉及基层的"正式组织"，如村委会或老人会等。

【参考文献】

（一）中文部分

〔1〕《中共中央政治局召开会议 研究加强和创新社会管理问题》，人民网，http：//politics.people.com.cn/GB/1024/14779718.html，2012年3月11日。

〔2〕《中国学者：2010年18万起抗议事件，中国社会动荡加剧》，多维新闻网，http：//china.dwnews.com/big5/news/2011－09－26/58160315.html，2012年2月15日。

〔3〕《民政事业统计季报》（2011年第四季），中华人民共和国民政部，http：//files2.mca.gov.cn/cws/201202/20120209154838112.htm.

〔4〕《民政部：公益慈善等三类社会组织可直接登记》，新华网，http：//big5.xinhuanet.com/gate/big5/news.xinhuanet.com/2011－07/06/c_121630266.htm，2011年7月6日。

〔5〕《汪洋：现在搞改革要打破既有利益格局的制约》，中国网，http：//big5.china.com.cn/policy/txt/2012－01/05/content_24326106.htm，2012年1月5日。

〔6〕《周本顺：走中国特色社会管理创新之路》，中国共产党新闻网，http：//theory.people.com.cn/GB/14660754.html，2011年5月17日。

〔7〕于建嵘：《利益博弈与群体事件性政治：当代中国社会冲突的政治社会学理解》，载《中国农业大学学报（社会科学版）》，2009年第1期，第16－21页。

〔8〕于建嵘：《集体行动的原动力机制研究：基于H县农民维权群体事件的考察》，载《学海》，2006年第2期，第26－32页。

〔9〕于建嵘：《农民有组织群体事件及其政治风险：湖南省H县调查》，载《战略与管理》，2003年第3期。

〔10〕同上。

〔11〕于建嵘：《底层立场》，上海三联书店2011年版。

〔12〕于建嵘：《群体事件性政治：中国政治社会学基本问题》，人民出版社 2010 年版。

〔13〕王信贤：《西方"中国研究"之新制度典范分析》，载《中国内地研究》第 43 卷第 8 期，2000 年 8 月，第 23—46 页。

〔14〕王信贤：《倾斜的三角：当代中国社会问题与政策困境》，载《中国内地研究》第 51 卷第 3 期，2008 年 9 月，第 37—58 页。

〔15〕王信贤、李宗义：《寻找中国 NGOs：两种路径与困境》，载《社会科学论丛》，第 2 卷第 2 期，2008 年 10 月，第 113—145 页。

〔16〕王绍光、何建宇：《中国的社团革命：勾勒中国人的结社的全景图》，载《浙江学刊》，第 149 期，2004 年 11 月，第 71—77 页。

〔17〕台湾民主基金会编：《2006 年中国人权观察报告》，台北：台湾民主基金会，2007 年。

〔18〕何明修：《社会运动概论》，台北：三民书局 2005 年版，第 115—148 页。

〔19〕李凡：《当代中国的自由民权运动》，台北：巨流图书公司 2011 年版。

〔20〕李连江：《中国农民的国家观与依法群体事件》，见张茂桂、郑永年主编：《两岸社会运动分析》，台北：月旦出版社 2003 年版，第 281—298 页。

〔21〕同上。

〔22〕李汉林、魏钦恭、张彦：《社会变迁过程中的结构紧张》，载《中国社会科学》，2010 年第 2 期，第 121—143 页。

〔23〕周永康：《适应经济社会发展新形势　加强和创新社会管理》，人民网，http：//politics.people.com.cn/GB/1024/13961277.html，2012 年 3 月 10 日。

〔24〕周志家：《环境保护、群体压力还是利益波及厦门居民 PX 环境运动参与行为的动机分析》，载《社会》第 31 卷，2011 年第 1 期，第 1—34 页。

〔25〕林佳龙主编：《未来中国：退化的极权主义》，台北：时报文化出版社 2003 年版。

〔26〕林宗弘、吴晓刚：《中国的制度变迁、阶级结构转型和收入不平等：1978—2005》，载《社会》第 30 卷，2010 年第 6 期，第 1—40 页。

〔27〕胡荣、胡康、温莹莹：《社会资本、政府绩效与城市居民对政府的信任》，载《社会学研究》，2011 年第 1 期，第 96—117 页。

〔28〕胡锦涛：《扎扎实实提高社会管理科学化水准　建设中国特色社会主义社会管理体系》，人民网，http：//politics.people.com.cn/GB/1024/13959222.html，

2012 年 3 月 10 日。

〔29〕冯仕政:《"大力支持,积极参与":组织内部集体群体事件中的高风险人群》,载《学海》,2007 年第 5 期,第 40—50 页。

〔30〕冯仕政:《西方社会运动研究:现状与范式》,载《国外社会科学》,2003 年第 5 期,第 66—70 页。

〔31〕冯仕政:《沉默的大多数:差序格局与环境群体事件》,载《中国人民大学学报》,2007 年第 1 期,第 122—132 页。

〔32〕冯仕政:《单位分割与集体群体事件》,见中国社会科学院社会学所编:《中国社会学》(第六卷),上海人民出版社 2008 年版,第 231—268 页。

〔33〕黄冬娅:《国家如何塑造群体事件政治:关于社会群体事件中国家角色的研究评述》,载《社会学研究》,2011 年第 2 期,第 217—242 页。

〔34〕黄荣贵:《互联网与群体事件行动:理论模型、中国经验及研究进展》,载《社会》第 30 卷,2010 年第 2 期,第 179—197 页。

〔35〕黄荣贵、桂勇:《互联网与业主集体群体事件:一项基于定性比较分析方法的研究》,载《社会学研究》,2009 年第 5 期,第 29—56 页。

〔36〕赵鼎新:《西方社会运动与革命理论发展之述评:站在中国的角度思考》,载《社会学研究》,2005 年第 1 期,第 168—209 页。

〔37〕赵鼎新:《社会运动与革命:理论更新与中国经验》,台北:巨流图书公司 2007 年版。

〔38〕赵鼎新:《社会与政治运动讲义》,社会科学文献出版社 2006 年版。

〔39〕樊鹏:《中国社会结构与社会意识对国家稳定的影响》,载《政治学研究》,2009 年第 2 期,第 54—67 页。

〔40〕樊鹏、汪卫华、王绍光:《中国国家强制能力建设的轨迹与逻辑》,载《经济社会体制比较》,2009 年第 5 期,第 33—43 页。

〔41〕郑巧:《中共执政理念转变 社会管理加码创新》,新京报网,http://www.bjnews.com.cn/news/2012/02/25/184724.html,2012 年 2 月 25 日。

〔42〕应星:《"气"与中国乡村集体行动的再生产》,载《开放时代》,2007 年第 6 期,第 106—120 页。

〔43〕应星:《草根动员与农民群体利益的表达机制:四个个案的比较研究》,载《社会学研究》,2007 年第 2 期,第 1—23 页。

[44] 应星:《大河移民上访的故事》,三联书店2001年版。

[45] 应星:《"气"与群体事件政治:当代中国乡村社会稳定问题研究》,社会科学文献出版社2011年版。

[46] 谢宇:《认识中国的不平等》,载《社会》第30卷,2010年第3期,第1—25页。

[47] 谢岳:《集体行动理论化系谱》,载《上海交通大学学报(哲学社会科学版)》,2009年第3期,第13—20页。

[48] 谢岳:《社会群体事件与民主转型:20世纪70年代以来的威权主义政治》,上海人民出版社2009年版。

[49] 怀默霆(Martin K. Whyte):《中国民众如何看待当前的社会不平等》,载《社会学研究》,2009年第1期,第96—120页。

[50] 顾远:《社会创新:一场已经发生的未来》,见《东方早报》,2012年3月14日A20版。

(二)英文部分

[1] Balzer, Harley, "State and Society in Transitions from Communism: China in A Comparative Perspective," in Peter Hays Gries and Stanley Rosen eds., *State and Society in 21st-Century China: Crisis, Contention, and Legitimation*, New York: Routledge Curzon, 2004, pp. 235—256.

[2] Baum, Richard and Alexei Shevchenko, "The 'State of The State'," in Merle Goldman and Roderick MacFarquhar ed., *The Paradox of China's Post-Mao Reforms*, Cambridge: Harvard University Press, 1999, pp. 333—360.

[3] Cai, Yongshun, "Local Governments and The Suppression of Popular Resistance in China," *The China Quarterly*, No. 193 (2008), pp. 24—42.

[4] Cai, Yongshun, *Collective Resistance in China: Why Popular Protests Succeed or Fail*, Stanford: Stanford University Press, 2010.

[5] David S. Meyer, "Protest and Political Opportunities", *Annual Review of Sociology*, Vol. 30 (2004), pp. 125—145.

[6] Evans, Peter, *Embedded Autonomy: States and Industrial Transformation*, N. J.: Princeton University Press, 1995.

[7] Fitzgerald, Carl and Zbigniew K. Brzezinski, *Totalitarian Dictatorship and Au-*

tocracy, New York: Praeger, 1963.

[8] Frolic, Michael, "State-Led Civil Society," in Timothy Brook and B. Michael Frolic, *Civil Society in China*, Armonk, N. Y.: M. E. Sharpe, 1997, pp. 46—67.

[9] Goodwin, Jeff and James M. Jasper, "Caught in A Winding, Snarling Vine: The Structural Bias of Political Process Theory," *Sociological Forum*, Vol. 14, No. 1 (March 1999), pp. 27—54.

[10] Grimshaw, D., S. Vincent, & H. Willmott, "Going Privately: Partnership and Outsourcing in UK Public Services," *Public Administration*, Vol. 80, No. 3 (2002), pp. 475—502.

[11] Gurr, Ted Robert, *Why Men Rebel*, New Jersey: Princeton University Press, 1970.

[12] Huntington, Samuel, *Political Order in Changing Societies*, New Haven: Yale University Press, 1968.

[13] Huxham, Chris ed., *Creating Collaborative Advantage*, London: Sage Publications, 1996.

[14] Inglehart, Ronald, *The Silent Revolution: Changing Values and Political Styles among Western Publics*, Princeton, N. J.: Princeton University Press, 1997.

[15] Johnson, Chalmers, *Revolutionary Change*, Boston: Little, Brown, 1966.

[16] Levi, Margaret, "The Predatory Theory of Rule," *Politics and Society*, Vol. 10, No. 4 (December 1981), pp. 431—465.

[17] Li, Lianjiang and Kevin O'Brien, "Protest Leadership in Rural China", *The China Quarterly*, No. 193 (March 2008), pp. 1—23.

[18] Li, Lianjiang. "Political Trust in Rural China," *Modern China*, Vol. 30, No. 2 (April 2004), pp. 228—258.

[19] Lieberthal, Kenneth, "Introduction: The 'Fragmented Authoritarianism' Model and Its Limitations," in Kenneth Lieberthal and Michel Oksengerg ed., *Policy Making in China: Leaders, Structures, and Processes*, N. J.: Princeton University Press, 1988, pp. 1—30.

[20] Linz, Juan and Alfred Stepan, *Problems of Democratic Transition and Demo-*

cratic Consolidation: Southern Europe, South America, and Post Communist Europe, Baltimore and London: The Johns Hopkins University Press, 1996.

[21] Linz, Juan, *Totalitarian and Authoritarian Regimes*, Boulder, Colo.: Lynne Rienner Publishers, 2000.

[22] Lipset, Seymour, "Some Social Requisites of Democracy: Economic Development and Political Legitimacy," *American Political Science Review*, Vol. 53 (1959), pp. 69—105.

[23] Liu, Yia-Ling, "The Reform from Below: The Private Economy and Local Politics in Rural Industrialization of Wenzhou," *The China Quarterly*, No. 130 (June 1992), pp. 293—316.

[24] Mancur, Olson, *The Logic of Collective Action: Public Goods and The Theory of Groups*, Cambridge: Harvard University Press, 1971.

[25] Mann, Michael. "Infrastructural Power Revisited," *Studies in Comparative International Development* (SCID), Vol. 43, No. 3—4 (2008), pp. 355—365.

[26] Mann, Michael, *The Sources of Social Power: The Rise of Classes and Nation-States, 1760—1914*, New York: Cambridge University Press, 1993.

[27] Marx, Gary and Douglas McAdam, *Collective Behavior and Social Movement: Process and Structure*, Englewood Cliffs, NJ: Printice Hall, 1994.

[28] McAdam, Doug, Sidney Tarrow and Charles Tilly, *Dynamics of Contention*, Cambridge: Cambridge University Press, 2001.

[29] Mertha, Andrew, " 'Fragmented Authoritarianism 2.0': Political Pluralization in The Chinese Policy Process," *The China Quarterly*, Vol. 200 (December 2009), pp. 995—1012.

[30] Migdal, Joel, *Strong Society and Weak State: State-Society Relations and State Capacities in The Third World*, New Jersey: Princeton University Press, 1988.

[31] Moore, Barrington, *Social Origins of Dictatorship and Democracy*, Boston: Beason, 1966.

[32] Moore, Will, "The Repression of Dissent: A Substitution Model of Government Coercion," *The Journal of Conflict Resolution*, Vol. 44, No. 1 (Feb., 2000),

pp. 107—127.

[33] Nan, Lin and Chih-jou Jay Chen, "Local Elites as Officials and Owners: Shareholding and Property Rights in Daqiuzhuang" in Jean Oi and Andrew Walder ed. *Property Rights and Economic Reform in China*, Stanford: Stanford University Press, 1999, pp. 301—354.

[34] Nordlinger, Eric, "Taking The State Seriously," in Myron Weiner and Samuel Hungtington, ed., *Understanding Political Development*, Boston: Little, Brown and Company, 1987, pp. 353—390.

[35] O'Brien, Kevin and Lianjiang Li, "Popular Contention and Its Impact in Rural China," *Comparative Political Studies*, Vol. 38, No. 3 (April 2005), pp. 235—59.

[36] O'Brien, Kevin and Lianjiang Li, *Rightful Resistance in Rural China* (with Kevin O'Brien), New York: Cambridge University Press, 2006.

[37] Oi, Jean, *Rural China Takes Off*, California: University of California Press, 1999.

[38] Oi, Jean, *State and Peasant in Contemporary China: The Political Economy of Village Government*, California: University of California Press, 1989, pp. 1—12.

[39] Oszlak, Oscar, "State Bureaucracy: Politics and Policies," in Thomas Janoski, Robert Alford, Alexander Hicks, and Mildred Schwarts eds., *The Handbook of Political Sociology: States, Civil Societies, and Globalization*, New York: Cambridge University Press, 2005, pp. 482—505.

[40] Perry, Elezabeth and Mark Selden, *Chinese Society: Change, Conflict, and Resistance*, New York: Routledge, 2000.

[41] Perry, Elezabeth, *Challenging The Mandate of Heaven: Social Protest and State Power in China*, Armonk, N. Y.: M. E. Sharpe, 2002.

[42] Pierre, Jon ed., *Partnerships in Urban Governance: European and American Experiences*, Basingstoke, Hampshire: Macmillan Press, 1997.

[43] Rueschemeyer, Dietrich, Evelyne Huber Stephens, and John D. Stephens, *Capitalist Development and Democracy*, Chicago: University of Chicago Press, 1992.

[44] Saich, Tony, "Negotiating The State: The Development of Social Organizations in China," *The China Quarterly*, No. 161 (March 2001), pp. 124—141.

[45] Saich, Tony, *Governance and Politics of China*, New York: Palgrave Macmil-

lan, 2004, pp. 213—232.

[46] Shi, Tianjian, "Cultural Values and Political Trust: A Comparison of The People's Republic of China and Taiwan," *Comparative Politics*, Vol. 33, No. 4 (Jul., 2001), pp. 401—419.

[47] Skocpol, Theda, "Bringing The State Back In: Strategies of Analysis in Current," in Peter Evans and Theda Skocpol, *Bringing The State Back In*, NY: Cambridge University Press, 1985, pp. 3—37.

[48] Skocpol, Theda. *States and Social Revolutions: A Comparative Analysis of France, Russia, and China*, Cambridge, New York: Cambridge University Press, 1979, pp. 3—43.

[49] Soifer, Hillel, "State Infrastructural Power: Approaches to Conceptualization and Measurement," *Studies in Comparative International Development* (SCID), Vol. 43, No. 3—4 (2008), pp. 231—251.

[50] Tilly, Charles and Sidney Tarrow, *Contentious Politics*, Boulder, Colo.: Paradigm Publishers, 2007.

[51] Tilly, Charles, *From Mobilization to Revolution*, Reading, Mass.: Addison-Wesley, 1978.

[52] Walder, Andrew ed., *Zouping in Transition: The Process of Reform in Rural North China*, Cambridge: Harvard University Press, 1998.

[53] Walder, Andrew, "Local Governments as Industrial Firms: An Organizational Analysis of China's Transitional Economy," *The American Journal of Sociology*, Vol. 101, No. 2 (Sep 1995), pp. 263—301.

[54] Walder, Andrew. "Political Sociology and Social Movements," *Annual Review of Sociology*, Vol. 35 (2009), pp. 393—412.

[55] Walder, Andrew, *Communist Neo-Traditionalism: Work and Authority in Chinese Industry*, Berkeley: University of California Press, 1986.

[56] Wank, David, *Commodifying Communism: Business, Trust, and Politics in A Chinese City*, Cambridge: Cambridge University Press, 1999, pp. 23—40.

[57] Weiss, Linda and John Hobson, *State and Economic Development: A Comparative Historical Analysis*, Cambridge: Polity Press, 1995.

[58] Weiss, Linda, *The Myth of The Powerless State: Governing The Economy in A Global Era*, UK: Polity Press, 1998.

[59] Wright, Teresa, "State Repression and Student Protest in Contemporary China," *The China Quarterly*, No. 157 (1999), pp. 142—172.

（本文作者为台湾政治大学东亚研究所副教授）

Abstract

As far as the literatures on China's social stability are concerned, there are two sensible shortcomings. On the one hand, most researchers prefer to base their analysis on the social movement theories emanated from the west, obsessed with "the society" while ignoring "the state". Thus, most of the current literatures on China's social stability, in the author's view, center on the origin and evolution of social resistance movement, while little attention were paid to the responses from the state. To address this imbalance, the author outlines the general tendency of contemporary state theory with a special focus on relevant arguments around "state capacity". Against this backdrop, the author attempts to grasp the linkages between China's social and economic transformation and the changes of its state capacity. On the other hand, the contemporary literature falls short on the systemic examination on the characteristics and tendencies of social resistance in mainland China. Therefore, by examining a vast amount of materials, the author tries to present a full picture on the social resistance in contemporary mainland China. According to the author, "the strong state" in contemporary China shares two prominent features: one is the consolidation of the state's basic powers, and the other is the state's capacity to cooperate with social sectors. Although facing tremendous difficulties on the ground, "social management innovation", which was endorsed by Chinese Communist Party in recent years, is largely a development towards the above-mentioned tendencies.

Keywords

state capacity; fundamental powers; cooperation of the public and private sectors; mass incidents; social management innovation

中国社会管理体制 30 年

马宝成

摘要：文章回顾了中国社会管理体制 30 年来走过的历程，认为在中国社会主义经济体制的建立和完善的过程中，社会管理体制也在不断调整和完善。应当说，在改革开放后的较长时间里，由于偏重经济建设，中国社会体制改革和社会事业发展相对滞后，带来了相当尖锐的社会矛盾和大量突出的社会问题。伴随着科学发展观的贯彻落实，亟需解决这些影响社会发展和进步的问题，而解决这些问题的现实路径，则体现为真正建立主体多元的社会管理体制，培育科学合理的社会事业筹资机制，健全社会管理体制和工作机制。

关键词：社会管理　公共服务　社会组织　收入分配　体制改革

社会管理体制的内容十分丰富，主要包括公共服务体制、社会安全管理体制、社会组织管理体制、劳动就业体制以及收入分配体制等主要方面。改革开放 30 年来，伴随着社会主义市场经济体制的建立和完善，我国的社会管理体制也经历了一个不断调整和变革的过程。涉及上述这些主要方面的社会管理体制改革取得了巨大成就，社会管理的理念不断创新，社会管理的内涵逐步一致，社会管理的法律制度不断健全，社会管理的机制体制日益完善。同时公共服务、社会安全管理、社会组织管理、劳动就业和收入分配等方面也都取得了巨大成就，有力地推动了我国社会事业的快速发展，为我国政治、经济发展提供了稳定的社会环境。同时，我们也应清醒地看到，改革开放后的较长一段时期，由于我们长期坚持"效率优先、兼顾公平"的发展原则，偏重经济建设，社会管理体制改革相对滞后，使得我国社会事业发展还存在一些不容忽视的问题，由此带来了当前比较尖锐的社会矛盾和社会问题，影响了和谐社会建设进程。随着科学发展观的贯彻落实，经济发展与社会事业"一条腿长、一条腿短"的问题必须尽快解决。

一、我国社会管理体制改革的基本脉络

从整体上看，我国社会管理体制改革大致可以分为以下三个阶段：社会管理体制改革的探索阶段（1978—1992年）、社会管理体制改革的发展阶段（1992——2002年）、社会管理体制改革的完善阶段（2002年至今）。在这三个不同阶段，由于时代背景和具体社会需求不同，社会管理体制改革在改革重点领域、改革理念、改革措施和改革力度上都有所不同。以下以党的有关文件政策和国家有关法律制度为主要线索，大致梳理一下这三个阶段的基本脉络。

（一）社会管理体制改革的探索阶段（1978—1992年）

改革开放以来，党和国家的工作重心转移到以经济建设为中心的社会主义现代化建设上来，开启了建设有中国特色社会主义道路的新的历史时期。在当时的历史背景和现实条件下，经济体制改革是重心中的重心，作为整体意义上的社会管理体制还没有被纳入到改革的重点领域，只是对局部与经济建设和经济体制改革关系密切的社会管理机制进行了局部调整，这些局部调整具有十分明确的具体目标，那就是为经济建设和经济体制改革创造条件。

1982年，党的十二大胜利召开，提出了以计划经济为主，市场调节为辅，要集中资金进行重点建设和改善人民生活，辅助农民发展生产并增加收入，着力解决城镇居民在工资、就业、住宅和公共设施方面的问题。并要求在建设高度物质文明的同时，努力建设高度的社会主义精神文明，重点加强文化建设和思想建设，包括教育、科学、文学艺术、新闻出版、广播电视、卫生体育、图书馆和博物馆等各项事业发展，在1990年之前以多种形式普及基本初等教育。1984年，党的十二届三中全会一致通过了《中共中央关于经济体制改革的决定》，提出商品经济是社会主义发展不可逾越的阶段，我国社会主义经济是公有制基础上的有计划的商品经济，并认为增强企业活力是经济体制改革的中心环节，围绕这个中心环节，主要应该解决好两个方面的关系问题，即确立国家和全民所有制企业之间的正确关系，扩大企业自主权；确立职工和企业之间的正确关系，保证劳动者在企业中的主人翁地位。要求政府实行政企分开和简政放权，集中精力做好城市规划、建设和管理，加强公共设施建设，搞好文教、卫生、社会福利事业，管好社会治安。

1987年，党的十三大科学地提出了社会主义初级阶段理论，并提出了党在社会主义初级阶段的基本路线：领导和团结全国各族人民，以经济建设为中心，坚持四项基本原则，坚持改革开放，自力更生，艰苦创业，为把我国建设成为富强、民主、文明的社会主义现代化国家而奋斗。同时创造性地提出了社会主义现代化的"三步走"战略，提出要在21世纪中叶，人均国民生产总值达到中等发达国家水平，基本实现现代化，要求在全社会加强社会主义精神文明建设，包括教育、科学、文化、艺术、卫生和体育事业，提高整个民族的思想道德素质和科学文化素质。

在这一阶段，社会管理体制的改革与经济体制改革密切相关。因此，在经济体制改革开展的同时，社会建设也初步开始。在教育领域方面，在恢复大学全国统一考试录取制度的基础上，开始在加强中小学教师队伍管理工作、普及中小学教育等方面尝试教育管理体制改革。同时，在医疗卫生领域方面，开始允许个体医生开业行医，以缓解卫生服务资源短缺的现实困难，从而打开了社会力量参与卫生服务有限供给的缺口。从1985年开始，中共中央和国务院相继开展教育体制改革、医疗卫生体制、社会保障体制以及收入分配制度的改革,先后颁布了《关于教育体制改革的决定》、《关于卫生工作若干政策问题的报告》、《关于认真执行改革劳动制度几个规定的通知》和《关于企业职工养老保险制度改革的决定》等等,对深化教育、卫生、社会保障体制改革作出了重要决策部署。这一阶段的社会管理体制改革主要内容涉及以下问题:一是在公共物品的供给上,开始实验打破原来政府包揽一切的做法,允许多种形式的所有制并存,允许、支持社会资金参与公共物品的生产和供给;二是在公共服务的供给上,实行权力下放,注意调动地方政府在公共物品供给上的积极性,实现地方负责、分级管理;三是推进事业单位初步改革,放松对事业单位的管制,扩大经营自主权,激活内部运行机制,在事业单位内部管理上引入竞争机制,实行承包制、责任制。然而,由于这个阶段的社会管理体制改革主要是为经济体制改革配套服务的,政府对社会发展的重视程度还不够,社会发展基本处于经济体制改革的从属地位,而且社会管理体制的行政包办色彩比较浓厚。

(二)社会管理体制改革的发展阶段(1992—2002年)

1992年,党的十四大明确提出了建立社会主义市场经济体制。为此,党的十四大提出要深化分配制度改革和社会保障制度改革,统筹兼顾国家、集体和个人三者利益,理顺国家与企业、中央与地方的分配关系,加快工资制度改革,逐步建立起符合企业、事业单位和机关各自特点的工资制度和正常的工资增长机制,积极建立待业、养老、医疗等社会保障制度。提出重点要把教育摆在优先发展的战略地位,要求积极推进文化体制改革。1993年党的十四届三中全会通过了《中共中央关于建立社会主义市场经济体制若干问题的决定》,其中对收入分配制度、社会保障制度和教育体制进行重点部署。在收入分配问题上,要求推进个人收入的货币化和规范化,允许个人资本等生产要素参与收入分配,依法加强个人所得税征管。在社会保障制度方面,建立多层次的社会保障体系,重点完善企业养老保险制度和失业保险制度,通过强化社会服务功能减轻企业负担。在教育体制方面，继续强调优先发展教育事业的战略地位。在文化体制改革方面，完善文化经济政策，把社会效益放在首位。

1997年党的十五大报告提出建设有中国特色社会主义政治、经济、文化的基本目标和基本政策，把收入分配制度改革、科教兴国战略和可持续发展战略、改善人民生活列为中国特色社会主义经济的基本构成要素，把社会保障制度建设和住房制度建设作为加快国有企业改革的配套措施。强调要努力增加城乡居民实际收入，提高人民群众生活质量，逐步增加公共设施和社会福利设施，提高教育和医疗保健水平，到20世纪末基本解决农村贫困人口的温饱问题。

随着我国社会主义市场经济体制的确立和不断深入推进，与之相适应的行政管理体制改革也加快了进程，公共服务成为政府的一项重要职能，并为之制定了若干制度，采取了许多的具体措施。国有企业改制过程中下岗工人的社会保障问题、城市居民生活保障问题、实行分税制后中央与地方政府的公共服务职责问题、市场化进程中事业单位的分类改革等问题，是这个时期社会管理体制改革的主要具体内容。在教育领域，中央从1993—1999年，相继出台了《中国教育改革和发展纲要》、《面向21世纪教育振兴行动计划》等，全面提出了办学体制、管理体制、投资体制、招生就业体制、学校内部管理体制等方面的改革举措。在社会保障领域，中央从1994—2000年，先后发布了《关于职工医疗制度改革的试点意见》、《关于建立城镇职工基本医疗保险制度的决定》、《关于完善城镇社会保障体系的试点方案》等文件，推进社会保障体制改革，逐步建立健全城镇职工的社会养老、卫生医疗等社会保障体系。此外，1992年，国务院下发《关于深化卫生改革的几点意见》，1997年，国务院作出《关于卫生改革与发展的决定》，对医疗保险制度改革、卫生管理体制改革、城市卫生服务体系改革、卫生机构运行机制改革、药品流通体制改革等作了部署。这一系列政策法规的出台，标志着我国社会管理体制改革进入快速发展阶段。

这一阶段，社会管理体制改革逐步从经济体制改革的从属地位中解放出来，成为整体改革中相对独立的重要部分。社会管理体制改革的重点工作越来越突出和明确。收入分配体制、社会保障体制和教育体制成为双簧管里体制改革的重点领域。同时，尽管社会管理体制改革还带有比较浓厚的行政色彩，但是，市场机制和社会机制开始逐步被引入到社会管理体制改革过程中，市场配置社会资源的体制机制开始确立，社会力量开始通过不同方式参与社会管理，并得到了迅速发展。

（三）社会管理体制改革的完善阶段（2002年至今）

在这个阶段，我国的经济建设取得了举世瞩目的显著成就。与此同时，经济发展与社会发展不协调的问题日趋严重，城乡差距、贫富差距和地区差距有逐步扩大的趋势。解决经济社会发展"一条腿长、一条腿短"的问题迫在眉睫。2002年，党的十六大提出了全面建设小康社会的宏伟目标，包括社会保障体系比较健全、社会就业比较充分、家庭财产普遍增加、人民生活更加富裕、形成比较完善的现代国民教育体系和医疗卫生体系等。2004年，党的十六届四中全会第一次提出构建社会主义和谐社会，注重激发社会活力，促进社会公平和正义，加强社会建设和管理，推进社会管理体制创新。要深入研究社会管理规律，完善社会管理体系和政策法规，整合社会管理资源，建立健全党委领导、政府负责、社会协同、公众参与的社会管理格局。这是我们党第一次对我国社会管理体制改革作出全面部署。2006年，党的十六届六中全会通过了《中共中央关于构建社会主义和谐社会若干重大问题的决定》，要求以解决人民群众最关心、最直接、最现实的利益问题为重点，着力发展社会事业，完善社会管理，推进经济体制、政治体制、文化体制和社会体制的改革创新。同时提出要完善公共财政制度，加大在教育、卫生、文化、就业再就业服务、社会保障、生态环境、公共基础设施、社会治安等方面的公共财政投入，逐步实现基本公共服务均等化。

2007年党的十七大提出加快推进以改善民生为重点的社会建设，努力形成全体人民学有所教、劳有所得、病有所医、老有所养、住有所居的和谐社会，成为我国社会管理体制改革的指导思想。同时，在加快行政管理体制改革的部署中，明确政府的经济调节、市场监管、社会管理和公共服务的职能。党的十七届三中全会通过的《中共中央关于推进农村改革发展若干重大问题的决定》提出了实现"农村人人享有接受良好教育的机会"的历史性任务，对新世纪新阶段农村教育工作进行了全面部署，充分体现了党中央坚持优先发展教育、建设人力资源强国的意志和决心，为农村教育事业的改革和发展指明了前进方向。

紧紧围绕上述重要决策部署，从2003年开始，中央开始把农村基础教育发展作为教育体制改革的重点，先后发布了《关于进一步加强农村教育工作的决定》、《关于进一步推进义务教育均衡发展的若干意见》，要求优先解决好县域内义务教育均衡发展的问题。2005年，国务院颁布了《关于进一步加强就业再就业工作的通知》和《关于完善企业职工基本养老保险制度的决定》。2006年，国务院修订了《农村五保户供养条例》，首次把农村五保户供养列入国家财政支出范围之内。2006年9月，国务院出台《农村卫生服务体系建设与发展规划》、《关于发展城市社区卫生服务的指导意见》，开始将农村和城市社区公共卫生服务体系建设作为改革的重点。2007年，第十届全国人大常委会通过《中华人民共和国劳动合同法》，推动了我国劳动和社会保障体制改革的全面深入。2007年，国务院发出《关于在全国建立农村最低生活保障制度的通知》，2008年，在全国农村普遍建立了最低生活保障制度。2007年，全面推进农村义务教育阶段学生"两免一补"，对农村义务教育阶段学生全部免除学杂费，全部免费提供教科书，对家庭经济困难寄宿学生补助生活费，切实保障了所有农村孩子接受义务教育的权利。这阶段公共服务体制改革的主要内容包括：一是公共服务资源重点向农村地区倾斜，推进城乡基本公共服务均等化问题；二是针对公共服务供给市场化进程中的政府缺位问题，强化政府在基本公共服务供给中的责任，经济调节、市场监管、社会管理与公共服务成为政府的主要职能；三是加大了对农村公共服务的公共财政投入，为农村公共服务提供物质保障。

二、我国社会管理体制改革的主要成就

（一）社会管理体制的理论创新

关于社会管理内涵共识的达成，是社会管理体制理论创新的一个重要前提。经过理论界、学术界的深入探讨，人们在这个问题上基本上取得了共识，认为社会管理的理解有广义和狭义的区分。郑杭生认为，广义的社会管理，是指整个社会的管理，即指包括政治子系统、经济子系统、思想文化子系统和社会生活子系统在内的整个社会大系统的管理。狭义的社会管理，主要是指与政治、经济、思想文化各子系统并列的社会子系统或者社会生活子系统的管理。[1]

关信平认为，广义上的社会管理实际上与人们通常所说的公共管理是同等范畴的概念。狭义上的社会管理，一般是和政治管理、经济管理相对，指的是对社会公共事务中排除掉政治统治事务和经济管理事务的那部分事务的管理与治理。狭义社会管理所涉及的范围一般是社会政策所作用的领域。其基本特征有：(1) 与社会成员具体生活和具体利益的直接相关性；(2) 具有非经济性特征；(3) 作用范围一般只局限于国内；(4) 具有社会性目标，即主要是满足社会成员基本需求、解决社会问题、维护公平正义、保持社会稳定和提升社会福利等。[2]

李程伟认为，广义的社会管理是指政府及非政府公共组织对各类社会公共事务（包括政治的、经济的、文化的和社会的）所实施的管理活动。此时，它与政治统治的概念相对，从属于一定社会的政治统治框架，是实现政治统治的工具。狭义的社会管理，一般与政治管理、经济管理相对，是指对社会公共事务中除了政治统治事务和经济管理事务以外的事务的管理与治理。[3]

此外，还有许多研究从社会管理的主体、手段、对象、方式和产品等角度来认识社会管理的内涵。

李学举认为:"社会管理主要是政府和社会组织为促进社会系统协调运转,对社会系统的组成部分、社会生活的不同领域以及社会发展的各个环节进行组织、协调、服务和控制的过程。"[4]

俞可平认为:"社会管理,就是通过制定社会政策和法规,依法管理和规范社会组织、社会事务,协调社会矛盾,调节收入分配,保障社会公平,维护社会秩序和社会稳定。"[5]

孙炳耀认为:"社会管理是由政府及社会组织通过行政的和社会的机制,重点围绕各种社会问题,对人民的社会生活进行干预。其目标是促进社会生活秩序,解决社会问题,提高社会生活的效率,提高人民生活质量。"[6]

以上从不同角度对社会管理内涵的探讨,成为党和政府制定社会管理领域公共政策的重要参考,为我们社会管理体制改革的理论创新和具体实践奠定了重要基础。

从社会管理体制改革的历程看,在改革的第一阶段(1978—1992年),社会管理是从属于经济建设的,属于经济建设的一个组成部分。在改革的第二阶段(1992—2002年),社会管理的战略地位得到提升,但是,在这个阶段,中国特色社会主义还主要是包括政治、经济和文化,社会还没有单独列出来,仍然内含于政治、经济和文化之中。在改革的第三阶段(2002年至今),随着全面建设小康社会的推进、科学发展观的确立,社会管理的战略地位有了质的飞跃,社会建设与经济建设、政治建设和文化建设摆在了同等位置,社会管理与经济调节、市场监管、公共服务一起成为政府的重要职能。

从内容上看,党和政府有关决策部署和文献论述中所使用的社会管理,其内容是狭义的,主要包括教育、医疗卫生、文化、科技和体育等领域,也包括与上述这些内容密切相关的劳动就业和收入分配领域。从管理主体上看,随着社会管理的市场化、社会化,社会管理主体从政府部门,逐步扩展到事业单位、市场组织和社会组织,形成了党委领导、政府负责、社会协同、公众参与的管理格局。从服务对象上看,社会管理的对象从城镇居民迅速扩大到农民,主要从为政府机关、事业单位和国有企业成员服务,扩展到为全体社会成员服务。

社会管理体制的理论创新非常重要,是我们开展社会管理体制改革的理论基础。

(二)社会管理体制的制度创新

社会管理制度创新主要表现为社会管理的法制建设,主要目标是把社会管理纳入规范化和制度化的轨道,使社会管理在公开、公平、公正的法律框架内运行,提高社会管理的权威性,实现社会管理的价值目标。随着社会管理体制改革不断深入,社会管理各领域都制定了一系列的法律法规。

在教育领域,先后颁布了《中华人民共和国义务教育法》、《中华人民共和国教师法》、《中华人民共和国教育法》、《中华人民共和国职业教育法》、《中华人民共和国高等教育法》、《中华人民共和国民办教育促进法》等,出台《教师资格条例》、《民办教育促进法实施条例》等法规。在劳动就业领域,先后颁布了《中华人民共和国劳动法》、《中华人民共和国劳动合同法》、《中华人民共和国就业促进法》、《中华人民共和国劳动争议调解仲裁法》等,先后出台了《残疾人就业条例》、《劳动保障监察条例》和《职工带薪休假条例》等相关法规。在收入分配领域,颁布了《个人所得税法》,修订了其他相关税法。在社会保障领域,先后制定或修订了《城市居民最低生活保障条例》、《失业保险条例》、《工伤保险条例》和《农村五保供养条例》等,并以国务院通知的形式对城镇企业职工养老保险、城镇职工医疗保险、农村最低生活保障等项目进行了部署和规范。在医疗卫生领域,先后制定了《中华人民共和国红十字会法》、《中华人民共和国卫生检疫法》、《中华人民共和国献血法》、《中华人民共和国执业医师法》、《中华人民共和国职业病防治法》、《中华人民共和国食品卫生法》、《中华人民共和国传染病防治法》以及《中华人民共和国人口与计划生育法》等,先后出台了《医疗器械监督管理条例》、《母婴保健法实施办法》、《计划生育技术服务管理条例》、《乡村医生从业管理条例》、《尘肺病防治条例》、《公共场所卫生管理条例》、《化妆品卫生监督条例》、《艾滋病防治条例》、《血吸虫病防治条例》、《学校卫生工作条例》和《护士条例》等法规。在社会治安领域,除《中华人民共和国刑法》外,还出台了《治安管理处罚条例》法规和下发了《关于加强社会治安综合治理的决定》等文件。在社会组织管理领域,出台了《社会团体登记管理条例》和一些部门规章制度。上述相关法律法规和文件的制定,为开展社会管理提供了强有力的法律依据,有力地提升了社会管理的权威性,推动了社会管理体制改革的进程。

(三) 社会管理体制的主体创新

社会管理主体创新的总趋势主要表现为社会管理主体的多元化,社会生活的丰富性、多样性以及社会系统的复杂性,客观上要求社会管理体制必然是一个多元主体共同治理的网络。社会主义市场经济的深入发展,对政府职能转变提出了越来越高的要求,计划经济时期政府垄断和分配社会成员利益资源的模式已经不能适应新的社会管理的需求。尽管社会管理已经成为政府管理的重要职能,但政府只是多元主体中的一元。面对艰巨复杂的社会管理任务,政府还要注重发挥市场组织和社会组织的作用。"不承认各类利益单元社会管理主体地位,而仍将其单纯看做是客体,潜意识里仍然认为政府无所不能,可以继续包办一切,这不符合现代社会管理的规律及要求。"[7]因此,社会管理体制在组织层面上的创新需要以正确处理政府与社会的关系为准则,发挥好各类社会组织的作用,形成多元管理主体共同治理的局面。

在社会管理主体多元化的趋势下,政府逐步调整并确立了自身社会管理的角色,退出了那些不该管、管不了也管不好的领域,强化社会主义市场经济条件下的政府社会管理新职能,确立了政府在社会管理过程中的主导地位。同时,政府还为其他社会管理主体发挥积极作用提供指导、创造条件。社会管理体制改革进入法制化轨道以后,政府可以在具体的社会管理过程中,大力培育社会组织、中介组织和基层群众自治组织,注重发挥这些组织的自我管理、自我服务的社会管理功能。目前,我国已经普遍形成了门类齐全、覆盖面广的社会组织体系，主要分布在行业中介、教育、科技、文化、卫生、劳动、民政、体育、环境保护、社区和农村专业经济等领域。截止到2007年3月，在民政系统登记的社会组织总数已经达到353139个，其中社会团体190566个，民办非企业单位161430个，基金会1143个。[8]在党委领导、政府负责、社会协同、公众参与的社会管理格局下，很多社会组织在社会管理中发挥了很好的作用。可以预见，随着经济社会的发展进步，今后社会组织的数量还会大量增加，这些社会组织在社会管理中将会发挥更多、更好的作用。

（四）社会管理体制的机制创新

社会管理的目标是要实现社会各方面利益的协调与整合，建设社会主义和谐社会。在具体实践过程中，社会管理不断创新机制体制，有力地保证了各个阶段社会管理体制改革目标的实现。概括起来说，主要体现在以下几个方面：一是基本形成了主要包括义务教育、医疗卫生和社会保障的基本公共服务供给机制，比如在义务教育经费保障机制上，基础设施建设支出、教学办公经费和教师工资全部由财政保证，政府免费为中小学生提供教材，适时实施寄宿制，有效保障了适龄儿童受教育的权利。二是建立了有效的社会利益协调机制。主要是建立了比较顺畅的社会利益表达与沟通机制，使公民、法人、各类组织、群体，以及各方面利益及力量，大都能够向党和政府合理合法而又充分地表达利益，同时，党和政府也能够及时全面地与之进行沟通、磋商和对话；建立了社会利益综合机制，使党和政府公共政策制定能够综合平衡各方面利益，实现社会各个方面的多赢，从整体上实现社会利益。三是强化了人民内部矛盾化解机制，通过综合运用政策、法律、经济、行政等手段和教育、协调、调解等方法，以及完善信访工作责任制等途径，及时有效地处理群众反映的问题，化解各类矛盾。四是优化了群众工作机制，将群众关心的热点和难点问题纳入党和政府工作的重点，通过综合运用说服教育、示范引导、提供服务等方法，做细做实群众工作，凝聚和激励群众共同建设社会和管理社会。五是健全了社会稳定工作机制，重点搞好社会舆情汇集、分析和应对，建立了合理分类基础上的突发公共事件应急机制，加强和改进社会治安综合治理，维护社会稳定。

（五）社会管理体制改革的巨大成就

1. 公共服务体制

改革开放30年来，公共服务发展的总体趋势是建立与社会主义市场经济体制相适应的公共服务体制，确立政府在基本公共服务中的主体责任，同时，注重引入市场机制和社会机制，推进公共服务供给主体多元化，不断提高公共服务水平。公共服务体制改革主要包括教育体制改革、卫生医疗体制改革和社会保障体制改革等重要方面。改革开放30年来，随着社会主义市场经济体制改革与行政管理体制改革的推进，我国公共服务体制改革在上述主要方面取得了巨大成效，特别是党的十六大以来，社会管理和公共服务成为政府的重要职能，我国公共服务建设取得了巨大成就。主要是推进公共服务体制改革，探索公共服务供给的市场化与社会化；逐步加大对公共服务的投入，基本形成中国特色的公共服务体系；明确了新世纪公共服务的发展目标，促进城乡公共服务的均衡化。

（1）社会保障体制改革取得的成就。改革开放30年来，社会保障制度经过改革初步探索阶段、制度框架构建阶段，当前正处在体系全面建设阶段，已经取得了突出进展。在制度设计层面上基本建立了覆盖城乡的社会保障体系。城市居民基本医疗保险制度和农村最低生活保障制度的建立填补了过去的制度空白，农民工工伤保险、医疗保险、养老保险制度的探索，也在逐步完善。在实际工作层面上扩大了社会保障覆盖面，截至2007年，基本养老保险和基本医疗保险都覆盖2亿以上人口，失业和工伤保险覆盖1亿以上职工，生育保险覆盖8000万职工，特别是农村新型合作医疗从2003年的少数地区试点已经迅速扩展到全国，覆盖了7亿农村人口。随着社会保障覆盖面向国有企业职工以外的群体迅速扩展，社会保障基金收支规模和财政社会保障总支出规模也迅速扩大。2006年，全国财政社会保障总支出从 1998 年的 596 亿元增长到 4362 亿元，年均增长 28.3%，大大高于同期 GDP 的增长速度。2007 年，城镇五项社会保险基金总收入首次突破 1 万亿元，达到 10724 亿元。社会保障已经成为关系国计民生的一项重大经济社会制度，在我国剧烈经济转轨和高速经济发展过程中，发挥了安全网和稳定器的重要作用。

（2）教育体制改革取得的成就。改革开放 30 年，我国初等教育、高等教育和职业教育都得到了极大的发展。截至 2006 年底，实现基本普及九年制义务教育和基本扫清青壮年文盲的"两基"验收县、市、区累计达到 2973 个，占全国总县数的 96%，"两基"人口覆盖率达到 98%。小学学龄儿童净入学率达到 99.27%，初中阶段毛入学率为 97%，初中毕业生升学率为 75.7%。包括普通高中、职业高中、中等技校、成人中专等在内的高中阶段在校学生达 4342 万人，高中教育阶段毛入学率为 59.8%。全国各类高等教育在校学生超过 2500 万人，高等教育毛入学率为 22%。我国已经形成了世界上最大规模的基础教育和高等教育体系。30 年来，全国共有近 6000 万高中毕业生参加高考，1000 多万人被高校录取，其中培养出 3 万多名博士生和 30 多万名硕士生，为经济建设、社会发展提供了大量人才。

（3）卫生体制改革取得的成就。改革 30 年来，我国医疗卫生事业也有很大发展。这既包括人民群众的健康水平提高，卫生医疗队伍自身建设，也包括整个卫生资源扩大以及医疗科技水平的发展等。重大疾病防治工作扎实推进，公共卫生服务和保障能力得到提高；社区卫生服务加快发展，新型城市卫生服务体系正在形成；医疗机构管理得到加强，医疗服务更加规范；城镇职工医疗保险覆盖面进一步扩大，城镇居民医疗保险改革展开；新型农村合作医疗制度覆盖面扩大，农村卫生工作得到加强；中医药工作稳步推进，中医药事业得到进一步发展；中央和地方政府卫生投入显著增加。1980 年到 2007 年，卫生机构总数从 18.06 万个上升到 29.89 万个，增长了 65.5%，其中，医院从 9902 个上升到 19847 个，增长了 100.4%。1978 年到 2007 年，医疗卫生从业人员总数从 310.6 万人上升至

590.4万人,增幅达90.1%。1980年到2006年,财政预算卫生支出由51.9亿元增加到1778.9亿元,增长了33.3倍。1991年到2007年,孕产妇死亡率从80/10万下降到36.6/10万,婴儿死亡率从50.2‰下降到15.3‰,新生儿死亡率从33.1‰下降到10.7‰。[9]经过多年的努力,特别是防治"非典"之后,公共卫生监督和疾病预防控制取得了显著成效。目前我国中央、省、地(市)、县四级卫生监督管理网络初步形成,建立了药品食品安全管理体系,地方病和血吸虫病防治工作取得重大进展。

2. 社会安全管理体制

党和政府历来重视社会安全管理工作,在社会公共安全管理方面取得了许多可喜的成果,各项法律制度建设也在逐步完善。在社会利益协调、社会矛盾化解、突发事件应急管理方面,基本上形成了行之有效的工作机制,有效地维护了社会安全。

在社会利益协调和社会矛盾化解方面,一是建立了有效的社会利益协调机制。主要是建立了比较顺畅的社会利益表达与沟通机制,使公民、法人、各类组织、群体,以及各方面利益及力量,大都能够向党和政府合理合法而又充分地表达利益,同时,党和政府也能够及时全面地与之进行沟通、磋商和对话。二是建立了社会利益综合机制,使党和政府公共政策制定能够综合平衡各方面利益,实现社会各个方面的多赢,从整体上实现社会利益。三是强化了社会矛盾化解机制,通过综合运用政策、法律、经济、行政等手段和教育、协调、调解等方法,以及完善信访工作责任制等途径,及时有效地处理群众反映的问题,化解各类矛盾。四是优化了群众工作机制,将群众关心的热点和难点问题纳入党和政府工作的重点,通过综合运用说服教育、示范引导、提供服务等方法,做细做实群众工作,凝聚和激励群众共同建设社会和管理社会。五是健全社会稳定工作机制,重点搞好社会舆情汇集、分析和应对,建立了合理分类基础上的突发公共事件应急机制,加强和改进社会治安综合治理,维护社会稳定。

在突发事件应急管理方面,在较短的时间里形成了一套比较有效的工作机制。一是初步形成了应急预案体系。国家和省、市、县三级政府及其有关部门安全生产应急预案编制工作基本完成。二是逐步建立了应急管理体制机制。至2008年6月有20个省（区、市）成立了安全生产应急指挥机构，另有7个省（区、市）安全监管局成立了应急办（处）；全国333个地级市（不含直辖市的区县及新疆生产建设兵团所属市〔师〕）中已有150个地市成立了安全生产应急管理指挥机构，其中80个地市成立了安全生产应急指挥中心，有70个地市成立了市安全监管局应急办等应急机构。三是初步建立了安全生产应急救援队伍体系。目前由国家级救援基地、骨干救援队伍和企业救援队伍构成的矿山和危险化学品应急救援队伍体系初步形成。比如矿山救援队伍达24522人，危险化学品应急救援队伍达76320人，全国有矿山医疗救护基地18个和矿山医疗救护骨干队伍24支，水上搜救、铁路、民航、电力、核工业等行业（领域）的专职救援队伍达21910人，现役消防队员有120697人。四是注重应急管理法规建设。根据安全生产应急管理和应急救援工作发展的实际需要，组织修订了《矿山救护规程》，制定了8项有关应急管理方面的部门规章、标准和规范性文件。《安全生产应急管理条例》草案已上报国务院法制办。各地和国务院有关部门也都制订出台了一些相关的法规、规章、标准和制度。五是事故救援取得显著效果。近年来，国家安监总局、地方政府、有关部门普遍加强了事故救援的协调指导指挥工作，取得了明显的救援效果。此外，按照"预防与应急并重，常态与非常态相结合"和"险时搞救援，平时搞防范"的原则，加强了事故预防工作。

3. 社会组织管理体制

社会组织又称为民间组织、社会团体、第三部门或非政府组织。改革开放30年来，随着经济社会的不断发展，社会组织也得到了较大发展。为适应这一变革，社会管理体制改革不断深化，政府逐步转变职能，在社会事务管理中坚持依法行政，大幅度减少了社会事业的行政审批事项，大力培育社会组织、中介组织和城乡基层自治组织，使之承担起一定的自我管理和自我服务的社会功能，社会管理的社会化取得了显著进展。在20世纪80年代，社会组织主要指伴随改革开放涌现出的各种社会团体，一般以学会、研究会、协会、基金会等形式出现，虽独立于党政体系之外，但又往往挂靠于各级党政部门。知识分子、农民、个体从业者和离退休党政干部是这些社会组织的主要力量。80年代末，我国政府颁布了相关法规，对社会组织进行规范管理。进入90年代后，随着社会主义市场经济的确立和快速发展，行政管理体制加快了改革的步伐，社会管理体制的改革也提上议事日程。这时期，社会组织开始摆脱原来比较浓厚的行政化色彩，呈现出越来越多的民间性的特征。1998年以后，我国先后修订和颁布了若干重要的法规，社会组织管理的法律制度日臻完善。随着科学发展观和构建和谐社会战略目标的提出，各种社会民间组织更加广泛地参与到政治、经济、文化以及社会建设的各项事业中，充分利用自身的非政府、非营利性、公益性的特点和优势，与政府、企业广泛合作，在推进和谐社会建设中发挥了积极作用。党的十七大报告第一次使用了"社会组织"这个提法，在基层民主政治建设中指出：要"发挥社会组织在扩大群众参与、反映群众诉求方面的积极作用，增强社会自治功能"。社会组织名称的变化，不仅体现了我们的治理理念的变化，而且也意味着社会组织在中国特色社会主义事业发展进程中的地位和作用得到了认可、肯定和重视，这是我国社会组织大发展的一个良好机遇。当前，改革开放进入关键时期，社会主义市场经济日益完善和发展，社会建设和社会管理全面展开，社会组织的作用越来越重要，成为与政府、市场并存的重要社会治理主体，在建设中国特色的社会主义事业中，与政府、市场相互合作、共同发展。

改革开放30年来，我国社会组织的发展表现出了数量庞大、类型齐全、组织形式多样化以及跨区域合作的特点。计划经济的"单位人"逐步转变为市场经济的"社会人"。截至2007年底，在民政部门登记的社会组织总数达386916个，比2006年增长9.18%。其中社会团体211661个，占总数的54.70%；民办非企业单位173915个，占总数的44.95%；基金会1340个，占总数的0.35%。近年来，在社会管理方面，注重培养公众的参与意识，积极拓宽公众参与的渠道，依法规范公民的参与行为，初步形成了党委领导、政府负责、社会协同、公众参与的社会管理新格局。

社会组织在我国经济建设和社会发展中发挥了积极作用。在一些经济比较发达的地区，一些专业化的社会组织有效地将"社会人"从分散的状态组织起来，从而为建立有机社会关联奠定很好的组织基础。从很多地方的具体实践看，社会组织在扩大公民有序参与社会管理方面起到了积极作用，推动了社会主义民主政治建设和社会建设。在多元化的利益格局下，在一些利益矛盾比较集中的领域和地区，社会组织的出现有利于建立社会利益的协调机制和社会矛盾化解机制，维护社会秩序和社会稳定。在更加注重公共服务建设的新时期，社会组织的积极参与，满足不同群体的公共服务需求，对于促进公共服务的多样化和专业化起到重要作用。

4. 劳动就业体制

改革开放以来，我国劳动就业体制发生了显著变化，计划型劳动就业体制被基本废除，与市场经济体制相适应的劳动就业体制初步建立。主要表现为以下方面：一是劳动力市场在劳动力资源配置中的基础性作用不断增强。随着劳动就业体制改革的不断深化，我国劳动力的商品化程度不断提高，与此相适应，劳动力市场从无到有逐步发育起来。截至2007年，我国劳动力的商品化程度已经达到65.7%，劳动力市场化程度也已达到59.4%。[10]这说明，目前我国将近2/3的劳动力资源已经由过去的计划配置转变为市场配置。二是非正规就业迅速扩大。20世纪80年代，我国非正规部门对新增劳动力的吸收率为50%，1995年以后，我国非正规部门吸收劳动力的比例迅速增加，仅1996—1997年度，就达到81%。[11]三是劳动法制不断完善，确保了劳动就业体制改革的顺利进行。《中华人民共和国劳动法》和《中华人民共和国劳动合同法》的颁布实施，为解决市场经济体制下的就业问题提供了强有力的法律保障。四是市场型劳动就业体制的就业促进效应显著，就业总量稳步增长，就业结构不断优化，国有和集体单位就业人员逐渐减少，非公有制单位就业人员不断增加，失业率得到有效控制。

市场取向的劳动就业体制的确立，对于社会主义市场经济的发展具有重要意义,为我国经济发展提供了大量的劳动力。同时,在社会主义市场经济体制确立和发展过程中,劳动就业体制改革比较平稳地解决了大量新生劳动力就业、农村富余劳动力转移和城镇国有、集体企业下岗职工再就业等比较突出的矛盾,城乡就业人员从1978年的4.0152亿人增加到2006年的7.64亿人,增加了3.6248亿人,年均增加近1250万人。[12] 30年来,在劳动力总量供大于求、所有制结构、产业结构剧烈调整的过程中,就业规模不断扩大、就业结构逐步优化、就业渠道逐年拓宽、就业形式日渐灵活,总体上保持了就业形势的基本稳定,体现了劳动就业体制改革的突出成就。特别是近年来,通过培育和完善统一的劳动力市场,城乡就业一体化趋势日益增强,就业服务体系形成并不断完善。政府致力于维护和谐稳定的劳动关系,逐步完善劳动标准体系,新型劳动契约关系初步形成。经过30年的探索和努力,我国基本上建立了与社会主义市场经济体制相适应的、以市场调节劳动力资源为主的劳动就业制度,实现了从政府"统包统配"就业到通过劳动力市场实现就业的深刻变革。

5. 收入分配体制

改革开放30年来,与社会主义市场经济体制改革的不断推进相适应,我国的收入分配体制也不断改革创新。这个过程首先是从突破平均主义;贯彻按劳分配原则到按劳分配为主体、其他分配方式为补充的变革开始的。最初的改革是从农村开始的,以切实有效地贯彻按劳分配原则为开端的。首先是在农村普遍实行家庭联产承包责任制,取得了卓有成效的成就,为城市收入分配体制改革打下了良好基础。但是,由于分配领域存在的平均主义、"大锅饭"现象长期影响,多劳多得还不能够真正体现出来。为了解决收入分配不公的问题,党的十三大报告提出了"社会主义初级阶段的分配方式不可能是单一的,我们必须坚持的原则是以按劳分配为主体,其他分配方式为补充"。这一政策是我国收入分配体制改革的第一次重大突破,使我国公民除了按劳分配获得的收入外,其他一些合法的非劳动收入也得到了允许和保护。从1993年开始,收入分配体制改革把按劳分配和按生产要素分配结合起来,实行按劳分配为主体、多种分配方式并存的分配制度。党的十四大明确提出了建立社会主义市场经济体制的目标，党对我国个人收入分配制度也进行了相应的调整。党的十四届三中全会通过的《关于建立社会主义市场经济体制若干问题的决定》提出：个人收入分配制度要体现效率优先、兼顾公平的原则。1997年党的十五大报告提出："坚持按劳分配为主体，各种分配方式并存的制度。把按劳分配和按生产要素分配结合起来。"2002年党的十六大报告提出："确立劳动、资本、技术和管理等生产要素按贡献参与分配的原则，完善按劳分配为主体，各种分配方式并存的分配制度。"2007年党的十七大报告则提出要深化收入分配制度改革，强调初次分配和再次分配都要处理好效率和公平的关系，让全体人民共享改革发展的成果。

上述一系列的改革探索，初步形成了中国特色社会主义的收入分配体制：一是市场机制在收入分配中的基础性调节作用不断增强；二是行政机关、事业单位和国有企业三者并驾齐驱的工资制度基本形成；三是社会再分配调节体系不断完善。在这一体制下，我国收入分配改革取得了巨大成就。改革开放30年是我国居民收入增长最快、人民群众普遍得到实惠最多的时期。从1978年到2007年，城镇居民家庭人均可支配收入由343.4元增长到13785.8元，农村居民家庭人均可支配收入由133.6元增长到4140.4元，扣除物价因素，都增长6倍以上。城乡居民家庭恩格尔系数由1978年的57.5%和67.7%分别下降为2007年的36.3%和43.1%。农村绝对贫困人口由2.5亿减少到1479万。城镇化水平由17.9%提高到44.9%。30年来，从打破平均主义和"大锅饭"起步，逐步理顺国家、企业与职工的分配关系，初步形成了与社会主义市场经济相适应的以按劳分配为主体、各种生产要素按贡献参与分配的收入分配制度，收入来源渠道日趋拓展，收入再分配体系框架基本建立。收入分配体制改革对促进经济社会发展发挥了举足轻重的作用。[13]

三、我国社会管理体制改革存在的主要问题

改革30年来，社会事业发展方面成绩很大，存在的问题也很多。如

果加以归纳,可以用"总量和规模迅速扩大,结构和关系严重失衡"来概括。例如就业总量、居民收入总量、社会保障资金总量、高等学校规模和毕业生总量、医院规模和医务人员总量以及民间组织的发展规模,都随着经济的高速增长有了长足的进步,但就业结构、分配关系严重失衡,不同人群享有的基本社会保障水平和教育、医疗服务水平差距过大,民间组织与政府的关系失衡。总量和规模问题绝大多数可以依靠加大政府公共投入或吸引社会资金投入来解决,结构和关系问题则必须依靠深化社会体制改革来解决。

在充分肯定我国社会事业发展与社会体制改革取得成就的同时,也应清醒地看到,改革开放后的较长一段实践中,由于长期偏重经济建设,社会体制改革和社会事业发展相对滞后。应当说,在物质财富十分匮乏的情况下,集中精力抓经济建设是必要的,但社会事业发展和社会体制改革长期滞后于经济发展和经济改革,的确带来了相当尖锐的社会矛盾和大量突出的社会问题。近年来,随着科学发展观的树立与落实,经济发展与社会事业"一条腿长、一条腿短"的现象开始得到扭转,然而长期积累的社会矛盾不可能三五年内就根本解决,目前,社会事业、社会体制还存在许多不适应构建社会主义和谐社会要求的弊端,亟待解决,主要表现在以下方面。

(一) 政府的社会管理和公共服务职能有待进一步加强

党的十七大报告明确界定了政府职能范围:经济调节、市场监管、社会管理和公共服务。在全面建设小康社会的进程中,社会管理和公共服务是重要内容。在这样的时代背景下,如何加强政府社会管理职能是我们必须解决的重要课题。但是,由于长期以来GDP至上的政绩取向的影响,各级政府往往简单地把"发展"等同于"经济增长",把"发展是硬道理"狭隘地理解为"经济增长是硬道理",将工作中心基本全部放在经济建设上,相对忽视了社会事业的发展,甚至不惜以牺牲资源、生态环境和社会其他方面的发展为代价。认为经济增长会自动提供社会公共服务,只要搞好经济建设,其他领域的问题就会自然解决。尽管近年来中央一直强调深入学习实践科学发展观,要求将社会发展、环境保护等指标纳入政绩考核的指标体系中,但是很多地方政府还是继续紧紧抓住 GDP 不放,继续以浪费资源和牺牲环境为代价发展地方经济,不仅扭曲了科学发展的要求,而且也忽视了社会管理的具体要求,特别是在劳动保护、社会保障、义务教育、医疗卫生等领域,没有采取有效的加强社会管理和公共服务的政策措施。这种做法导致经济社会发展失衡和社会关系紧张。"近年来,沿海发达地区出现的'民工荒'是农民工在面对权益受损时的自发反应,一些地方因没有妥善处理好被征地农民和拆迁户的利益补偿问题,导致群体性上访甚至暴力冲突,这些都凸显地方政府在社会发展领域的重视程度还远远不够。"[14]由于各级政府将主要资源用于经济建设,导致政府的社会管理和公共服务职能薄弱,政府提供的公共服务的公共财政投入相对较少,一些社会领域的公共财政投入严重不足。以公共财政支出为例,我国"社保、救济、教育和卫生等公共服务性支出只占去 16.1%,而经济建设高达 24%,行政公务费为 17%",而美国联邦政府所有福利项目占其政府财政开支的一半以上,挪威相关支出更高达 65%。[15]

(二) 社会组织发展有待进一步规范与引导

尽管我国社会组织发展取得了很大成就,但是也存在一些不容忽视的问题,影响了社会组织的进一步发展,也影响了社会组织在社会管理中作用的有效发挥。首先,目前,我国大多数社会组织具有比较浓厚的官方色彩,缺乏应有的民间性、自主性。比如,目前我国的行业协会大都是从原来的体制中改制过来的,与原来的政府部门有着难以割断的联系。多数行业协会覆盖面局限于少数几个国有企业,会员企业在全行业企业总数中比例较低,实际上代表的往往只是政府和国有企业的利益,官办色彩和行政气息浓厚。其次,人们对社会组织存在认识上的误区:一是否认除政府、企业外的其他组织在社会发展领域的合法性参与;二是认为社会组织是西方的东西,民间自发的活动就具有颠覆性。[16]再次,许多社会组织由于资金短缺、缺乏固定场所,加之地方对非政府组织注册登记还有一些硬性规定，门槛过高，造成很多社会组织没有能力也没有动力去登记注册，只能以"非法"的形式存在。我国有关社会组织的法律法规存在的问题，也直接限制了社会组织的发展，以至于有人认为"影响中国民间组织生存发展的诸要素中，法律法规不健全、不规范是最具根本性的问题"。[17]有关法律法规存在的问题可归纳为四点：公益机构单行法的缺失、立法权威性的缺失、实体法的缺失、立法内容的缺失。[18]第四，社会组织的自我建设还不完善。多数农村非政府组织内部结构不完善，不能有效地行动，社会组织管理手段还比较落后，特别是专门管理人才匮乏，在社会组织的内部规范上，主要还是依靠传统的宗法血缘关系，依靠熟人社会维持内部团结，不可否认，传统的家族观念是农村非政府组织发展可资利用的有效的"社会资本"，但是总体上看已经不能适应现代社会的发展。第五，缺乏合作能力，一些社会组织的合作观念比较淡薄，缺乏合作能力。特别是在与政府的合作关系中，社会组织表现出的协商对话能力不足。第六，对社会组织的监督不够。监督主要靠自律和他律，自律表现为社会组织内部的节制和监督。过去，对社会组织的监督往往仅凭社会组织领导人的自律，主要是道德自律，但实践表明，道德自律具有很大的不确定性，因此必须变道德自律为制度监督，通过法律制度进行约束。

（三）社会管理法律制度有待进一步健全

尽管我国社会管理法律法规体系建设取得了一些成绩。但是由于社会管理涉及的领域较多，任务繁重，对有关法律法规的需求迅速扩大。与社会管理事业发展的成就相比较，我国有关社会管理的法制建设还显得比较滞后。社会管理领域的立法在我国起步较晚，社会管理法制体系的基本架构与实际的社会需求相比，差距很大，有些领域还存在着一些法律空白。例如，在对社会组织的管理上，我国目前还没有一部专门的社会组织管理的基本法律，只有三个处于行政法规层次上的登记管理条例。与社会组织比较发达的国家和地区相比，我们在如何规范社会组织、社会生活和社会事务方面，还缺乏专门法律法规。从我国社会建设的具体实践看，我们社会管理领域较多且内容十分庞杂,对相关法律法规体系建设要求十分迫切。

(四)政府社会管理手段和方式有待进一步创新

传统的社会管理体制是以"单位制"为主要特征的一元化的高度集中体制。在这样的社会体制之下,社会的自主性较弱,以自我管理、自我服务和自我发展为特征的社会空间狭小。政府主要依靠行政化或强制性手段对社会进行管理甚至全面控制。面对新的社会管理形势,由于传统社会管理的影响,许多政府机关及其行政人员还不习惯于通过新的手段和方式进行社会管理,不习惯于通过官民对话、平等沟通等方式来倾听群众诉求、化解社会矛盾,不习惯于通过依法行政、公正执法、公正司法等法律途径来解决矛盾纠纷。政府运作主要依靠领导批示、重要讲话和红头文件来推动,"执法就是罚款,服务就是收费",出了社会安全事故,往往通过撤职、罚款、取缔、关闭来处理,缺乏新的有效的处理方式和手段。[19]对于大量的社会矛盾和社会纠纷,一些政府部门反应迟钝,不能及时发现和迅速处理,缺乏有效的矛盾调处机制。对于上访、信访,一些地方政府采取拦访、截访的做法,对群体性事件采取强力压制,动辄动用公安机关。这些不正确的做法都与传统的社会管理方式方法有着密切关系,面对快速发展的经济社会,政府机关及其工作人员还不适应新的社会管理手段和方式。所有这些都容易激化社会矛盾,产生更多纠纷,不利于和谐社会目标的实现。

(五)社会管理各领域存在的具体问题

1. 公共服务体制改革存在的问题。回顾改革开放30年,不可否认,我们的公共服务体制改革与市场经济体制改革相比,还存在着一些问题与不足,特别是制约我国公共服务发展的体制、机制障碍还比较突出,影响了我国公共服务建设的进程。

在社会保障体制改革方面,由于长期坚持国有企业改革中心论,政府的注意力主要集中在国有企业职工身上,对城镇其他人员顾及不够,造成城市中不同人群基本保障待遇不平等，也使农村的社会保障制度长期难以进入视野。近年来，在科学发展观的指导下，基本公共服务均等化成为基本社会保障的发展目标，社会保障的覆盖面有了大幅度的提高，但长期积累的基本保障不均等问题依然严重存在。突出表现在城市与农村的关系、农民工与城市职工的关系、企业职工与机关事业单位职工的关系、一般职工与党政领导干部的关系等方面。如何从我国实际出发，在基本保障项目上妥善处理好这些关系，逐步实现基本公共服务均等化，是我国社会保障制度下一阶段改革面临的重大挑战。此外，基本养老保险个人账户基金如何保值增值、基本医疗保险个人账户是否需要调整、社会保障基金怎样加强监管等，也都亟需深化改革。

在教育体制改革方面，教育的不均衡发展已经成了制约教育全面发展的重要障碍。我国教育资源在区域之间、城乡之间、学校之间、阶层之间分布不均等。近年来国家加大了对教育的投入，特别是对贫困学生的资助，但总体看，国家财政性教育经费占 GDP 的比重，长期徘徊在 2%—3%，1993 年政府提出的在 2000 年达到 4% 的目标至今没有实现，我国是世界上政府教育投入最少的国家之一，这与 30 年来我国经济的飞速发展形成巨大反差。另外，教育结构单一、学制僵化、各类教育之间衔接不紧密、教育内容脱离实际、教学难度过高，尤其是教育体制的行政化甚至官本位化等等，都在一定程度上使教育成为社会各界关注的重点。

在卫生医疗体制方面，医疗卫生资源服务的不公平性引人瞩目。2000 年世界卫生组织对 191 个会员国公共卫生投入的公平性进行排位，我国居 188 位。近年来农村新型合作医疗的迅速发展应当大大缓解这一不公平性，但医疗资源分布不均，约 80% 集中在城市，其中 2/3 又集中在大医院，基层卫生服务严重不足，农村卫生资源匮乏的局面并未扭转。从 1980 年到 2006 年，财政预算占卫生总费用的比重由 36.2% 降至 18.1%，同期个人自负比重大幅度攀升，也影响了基本医疗卫生服务的公平性。实行医疗机构管办分开、营利性非营利性分开、药品收入和医务人员收入分开等解决"以药养医"问题的措施，20 世纪 90 年代末国务院文件就明确了,至今没有实质性进展。此外,4000多家药品生产企业、8000多家药品批发企业、12万家药品零售企业大多在低水平上竞争。为使药品挤进各类医院,一些企业采用各种回扣贿赂,使白衣天使蒙尘,医药丑闻频出,成为社会各界批评的焦点。[20]

2. 社会安全管理体制存在的问题。我国的社会安全管理在取得明显成效的同时,还存在一些突出问题和缺陷。主要表现为:一是我国政府还缺少明确的公共安全职能定位,直接影响了社会安全管理的有效性。我国目前还没有制定反恐怖活动和处理大规模群体性事件方面的法律法规,很难适应应对大规模和复杂的公共安全事件和公共危机。而且我国尚缺乏常设性的、专门的、权威的社会安全管理协调机构。各级政府和有关部门公共安全责任之界定不甚明确。二是偏重于突发性公共安全事件的应急处理。偏重于应急处理使得社会安全管理工作处于消极被动甚至穷于应付的境地,既会给群众的生产、生活造成巨大损失,也会影响政府形象,相反,防患于未然才是最为理想的举措。三是政府主导下的社会参与不足。社会参与社会安全管理的环节比较简单,参与规模较小,参与方式比较单一。而且社会参与比较被动,主动性不够,大部分的社会参与是政府通过政治动员和行政动员的方式组织起来的,行政命令占据主导地位。四是社会安全管理技术水平偏低。比如在突发事件的应急管理方面,较低的社会安全管理标准化水平和某些标准的缺失限制了应急处理的速度,影响了应急处理的效果。

3. 劳动就业体制存在的问题。未来5至10年,我国劳动力仍处于供大于求的状态,就业形势依然严峻,特别是大量农村劳动力转移所带来的各种城乡社会问题十分突出,困难群体就业难和本不应该发生的大学生就业难日益显现。就业结构调整的任务繁重,第三产业就业比重过低,此外,长期依靠低技能、低成本劳动力赚取外汇的增长方式已见尽头,劳动力的技术结构亟待提升。更需要关注的是我国劳资冲突加剧,劳动争议案件数量持续大幅上升,2006年全国劳动争议案件数量是1987年的80倍,年均增幅达26%。"黑砖窑"等严重侵害劳动者权益的事件频频见于报刊，因劳资冲突而发生集体上访、罢工、静坐、堵塞交通等群体性事件或极端事件时有发生。这不仅对劳资双方的直接利益造成严重损害，而且影响了整个经济社会的健康稳定发展。主要表现为以下具体方面：一是国有部门劳动就业体制改革不到位，制约着市场在劳动力资源配置中基础性作用的进一步发挥。二是非正规就业问题比较突出，如劳动关系松散，就业极其不稳定；劳动条件恶劣，工资待遇过低，劳动保护较差；职业培训和就业服务缺乏；国家对非正规就业管理不规范。三是政府促进就业的机制不健全，政府促进就业的意识不强，政府促进就业覆盖的目标人群不具有普遍性，政府对促进就业的财政投入严重不足，政府促进就业的措施不够得力。

4. 收入分配体制存在的问题。在社会主义市场经济不断深入发展和社会结构深刻变化的背景下，我国收入分配体制仍然存在一些不容忽视的问题和矛盾，突出表现为：城乡间居民收入差距不断拉大、地区间居民收入差距继续扩大、普通劳动者收入增长缓慢、国有单位收入分配秩序不规范以及再分配调节力度不够等方面。收入分配体制改革存在的这些突出问题和矛盾，直接导致了我国贫富差距问题。从1978年到2007年，我国城乡合计的基尼系数由0.3左右迅速扩大到接近0.5，从一个平均主义盛行的国家转变为全球少数收入分配不平等程度很高的国家。根据世界银行《世界发展报告（2006）》提供的127个国家近年来收入分配不平等状况测量指标，基尼系数低于中国的国家有94个，高于中国的国家只有29个，其中27个是拉丁美洲和非洲国家，亚洲国家只有马来西亚和菲律宾。居民收入分配差距过大，具体表现在城乡差距、行业差距和地区差距上。近两年国家采取多种措施力图缩小居民收入分配差距，但未根本扭转扩大的趋势。特别值得重视的是，劳动报酬占GDP的比重持续下降，从2000年的51%，下降到2006年的40.61%；职工工资总额占GDP的比重也不断下降，从1980年的16.99%持续下降到了2005年的10.76%，2006年上升为11.03%。收入分配差距过大不符合共同富裕的要求，也引起了群众的强烈不满。

四、我国社会管理体制改革的主要方向

（一）真正建立主体多元化的社会管理机制

"党委领导、政府负责、社会协同、公众参与"的社会管理工作机制的建立，需要政府、社会、民众等多元主体的积极参与。主要包括以下主要方面。

1. 建立中央与地方合理分工的社会管理体制。政府是社会管理的主要主体，负有重要的社会管理责任。这是建立多元化社会管理体制的重要基础。根据公共服务多样化、多层次的特点，合理划分中央政府和地方政府以及各级地方政府之间的事权，充分调动各级地方政府社会管理工作积极性，并把社会管理纳入政府绩效评估体系。中央政府主要负责制定社会事业发展的总体规划和基本政策，地方政府主要负责本地公共服务的供给。对于基本公共服务，通过规范的财政转移支付方式，确立中央政府的公共财政投入机制和补偿机制，具体的基本公共服务则由地方政府具体提供。由此建立事权与财权相匹配的社会事业发展长效机制，保证政府在社会管理中的主体作用。

2. 大力培育并充分发挥社会组织在社会管理中的作用。要发挥社会组织在社会管理中的积极作用，首先要大力培育社会组织，使之真正成为社会事业的建设主体。要通过有关体制机制创新，去除社会组织的行政化色彩和官办色彩，使之真正成为自主性的社会组织，独立发挥自身作用。要转变观念，对社会组织的存在有一个理性的认识。社会组织不是政府的对立物，二者的关系是合作和互补关系。要规范社会组织管理，降低登记门槛，放松限制条件，赋予更多的社会组织合法性。要搞好社会组织的自我建设。社会组织必须致力于自身内部制度建设，采纳现代管理方法，积极发展和开拓专门管理人才。要理顺社会组织与政府的关系，增强互信，培养合作观念和合作能力。要完善和强化多元监督体系，加强对社会组织的有效监督管理。

3. 加强社区建设与管理。社区是"社会协调、公众参与"社会管理的重要平台。加强社区建设和管理,就是要探索创新社区发展和管理模式,健全社区管理组织体系,把政府一部分职能交给社区管理。要提高社区的自治水平,发挥城乡基层自治组织在提供社区公共服务、协调社会利益、化解社会矛盾、为群众排忧解难等方面的作用。建立社区居民之间相互信任、相互关怀、相互帮助的关系,增强社区的认同感和凝聚力。加强社区基础设施建设,对于社区事务中弱势群体保护等纯公益福利部分和家庭服务、物业管理等非营利或营利部分,要实行不同政策,予以区别推进,不断丰富社区建设的内容,逐步完善社区服务功能。

(二) 建立科学合理的社会事业筹资机制

社会管理和公共服务具有公共物品和准公共物品的性质,这个特点决定了举办社会事业所需要的经费大部分要由公共财政承担。

1. 建立健全社会事业公共财政投入机制。合理确定社会事业公共财政投入的比例,按照基本公共服务均等化的要求,制订并实施覆盖城乡的基本公共服务标准,按照标准规划建设义务教育、公共卫生及基本医疗、公共文化体育、计划生育、社会保障和公共安全设施。确保公共财政用于社会事业尤其是基本公共服务的支出逐年增加,且增长幅度不低于财政支出增长幅度,形成稳定的社会事业建设投入和经费保障机制。加大中央财政预算内社会事业投资力度,按照规范的财政转移支付方式支持基层政府提供基本公共服务。加强各类财政性资金的整合力度,建立集约的、规范的社会事业发展投资机制,调动省以下政府加大对农村和贫困地区社会事业发展投入的积极性。加强社会事业财政投入的立法工作,把社会事业发展的公共财政支出纳入法制轨道,完善监督和责任追究制度。

2. 发挥市场作用扩大社会事业发展融资渠道。社会建设主体的多元化要求社会事业发展所需资金的筹措渠道的多元化。要结合投融资体制改革,通过公私合营、财政补贴、贴息贷款、财政优惠等具体措施吸引和支持社会力量举办营利和非营利的公共服务项目。改进社会事业发展筹资模式，探索在社会事业发展领域建立政府发展基金、投资公司和利用资本市场融资的办法，为具有产业属性的社会事业提供资金支持。由中央政府和地方政府共同出资并吸引社会资本投资参股，设立创业投资基金，对文化、体育、医疗企业在创业开发阶段给予专项资金支持。

3. 鼓励社会组织兴办社会事业。放宽市场准入并拓宽企业投资社会事业的渠道，凡是法律没有禁止的社会事业领域，都可以鼓励和引导社会资金投资或参与建设。加快推进经营性社会事业的市场化和社会化进程，建立公开、公正、公平的行政审批制度，放宽社会事业市场准入条件和范围，鼓励各类社会资本以兼并、收购、租赁、承包等多种形式进入社会事业发展领域。探索通过资本注入、贴息贷款、财政补贴、优惠政策、特许经营等多种资助或补偿方式支持、鼓励、引导社会力量办好社会事业。完善社会捐赠税收抵扣政策，鼓励个人和企业积极捐赠社会事业。[21]

（三）建立健全社会管理领导体制和工作机制

做好社会管理工作不仅需要多方参与、财政资金支持，而且也需要一个科学合理的领导体制和工作机制，这是做好社会管理具体工作的组织保证。分工合理、权责明确、协调有序、运转高效是社会管理领导体制和工作机制的目标。在这个问题上，要特别注重加强各级党组织对社会管理的领导，可以考虑成立专门的工作机构负责这项重要工作，该专门机构的职能定位是联系各民主党派、工会、共青团、妇联等人民团体，广泛吸纳各类民间组织的利益诉求，整合各种社会组织的利益，协调制定社会政策并监督社会政策的实施。在社会政策制定过程要注重不同社会组织、公民个人的参与，使社会政策真正能够广泛代表不同组织、不同群体的利益。社会政策制定要建立综合决策机制，要通过听证会、座谈会、专家咨询论证会、新闻媒体、互联网等多种途径，使有关部门、组织和个人参与社会政策的讨论和制定，并参与政策实施。这样，可以保证社会政策制定的科学化和民主化。

【注释】

〔1〕 郑杭生:《总论:社会学视野中的社会建设与社会管理》,见郑杭生主编:《走向更讲治理的社会:社会建设与社会管理》(《中国社会发展研究报告2006》),中国人民大学出版社2006年版,第2页。

〔2〕 关信平主编:《社会政策概论》,高等教育出版社2004年版,第14页。

〔3〕 李程伟:《社会管理体制创新:公共管理学视角的解读》,载《中国行政管理》,2005年第5期,第39页。

〔4〕 李学举:《加强社会建设和管理,促进社会和谐发展》,载《求是》,2005年第7期,第16页。

〔5〕 俞可平:《推进社会管理体制的改革创新》,载《学习时报》,2007年4月23日第388期。

〔6〕 孙炳耀:《社会管理和社会工作》,见《加强社会工作人才队伍建设问题专题研究班参考材料》,2007年,第207页。

〔7〕 李程伟:《社会管理体制创新:公共管理学视角的解读》,载《中国行政管理》,2005年第5期。

〔8〕 宋晓梧:《中国社会体制改革30年回顾与展望》,人民出版社2008年版,第301页。

〔9〕 公共服务体制改革成就的有关数据主要参考宋晓梧:《中国社会体制改革30年回顾与展望》,人民出版社2008年版,"绪论部分"。

〔10〕 徐长玉:《中国劳动力市场培育研究》,西北大学博士学位论文,2008年。

〔11〕 罗斯基:《中国:充分就业前景展望》,载《管理世界》,1999年第3期。

〔12〕 参见宋晓梧:《中国社会体制改革30年回顾与展望》,人民出版社2008年版,第3页。

〔13〕 同上书,第4页。

〔14〕 同上书,第307页。

〔15〕 何增科:《社会管理与社会体制》,中国社会出版社2008年版,第13页。

〔16〕 毛刚强:《中国可以走有自己特色的民间组织道路》,http://www.ngocn.org/ 2006年3月17日。

〔17〕 安蓉泉等:《发达地区新兴民间组织发展及其党建工作研究》,杭州出版社2004年版,第8页。

〔18〕周志忍、陈庆云主编:《自律与他律——第三部门监督机制个案研究》,浙江人民出版社 1999 年版,第 78—80 页。

〔19〕何增科:《社会管理与社会体制》,中国社会出版社 2008 年版,第 16 页。

〔20〕参见宋晓梧:《中国社会体制改革 30 年回顾与展望》,人民出版社 2008 年版,"绪论部分"。

〔21〕同上书,第 19 页。

(本文作者为国家行政学院研究员)

Abstract

The article reviews the history of China's social management system in the past 30 years. The author argues that China's social management system has experienced noticeable adjustment and perfection in the past 30 years when China has been heading for the establishment of a sound market economy. However, China's social system reform and social development has been largely neglected during a certain period after the reform and opening up given economic growth has dominated the government's agenda. This gave rise to a lot of tense social conflicts and outstanding social problems. To resolve those social problems is an integral part of "Scientific Outlook for Development", which has been endorsed and advocated by the central authorities in recent years. According to the author, a plural structure, an effective and reasonable fund-raising mechanism and sound institutional arrangement are the priorities of China's social management system reform.

Keywords

social management; public service; social organizations; income distribution; institutional reform

海外来稿 | Articles from Overseas

王道思想与世界秩序重组

朱云汉

摘要：本文指出，以美国为核心的单极世界体系的松动、全球意识形态场域的多元化、以西方国家核心价值与利益为基础的全球治理体制变革，毫无疑义地指向了非西方世界的全面崛起。非西方世界的全面崛起意味着人类社会将再次迎来一次全球性的秩序建构。中国的王道思想有着超越西方现代主权国家体系的维度，可以为实现更公正的全球秩序这一重组过程提供一套新的指导思维。

关键词：世界体系　全球秩序　重组　王道思想

历史巨变时代的到来

历史的脚步在21世纪走得特别快，世界政治经济格局在很短时间内出现急遽变化。从"9·11"事件、金砖五国兴起、全球金融海啸、G20跃登历史舞台、哥本哈根联合国气候变迁会议破局、欧元区国债危机全面爆发，到美国主权信用评级下调，一连串对人类社会未来发展具有重大意义的历史事件，在我们眼前惊心动魄地展开，让世人几乎没有喘息的机会。

我们面对这些石破天惊的历史事件时，必须要有一种宏观的视野，要认识到当前人类社会正处于一个百年难遇的历史分水岭。我在三年前一篇主题演讲中，把这个重要历史关头称为"巨变时代"，这是我们熟悉的历史坐标迅速消失的时代，也是我们视为当然的历史趋势出现转折的时代。这个历史大趋势的转折在上个世纪最后十年已经看到一些端倪，但一直到21世纪的开端才以波涛汹涌之势全面展开。这个大趋势的变化主轴就是非西方世界的全面崛起，以及西方世界的相对衰败与式微。

最近几年，不少敏锐的观察家都不约而同地指出，我们正处于一场历史大变局的开端。美国《新闻周刊》前任总编辑Fareed Zakaria在2008年出版的《后美国时代的世界》（*Post American World*）这本书中就指出，当前的历史变局是过去500来人类历史第三次重要的结构性转移。第一次是西欧的崛起，第二次是美国的崛起，第三次是非西方世界的崛起。[1] 从亚洲的角度来看，这是一个300年来历史趋势的大反转。在18世纪初期，中国、印度与伊斯兰教世界仍与西方分享世界舞台，但是随着工业革命以及殖民主义的扩张，亚洲各民族一一沦为西方列强的宰制对象，西方国家主导了人类历史长达300年。然而，正如李光耀公共政策学院院长Kishore Mahbubani教授在其新书《新亚洲半球》中所言，进入21世纪，世界权力的重心明显向亚洲移动，亚洲将成为人类历史舞台上的要角。"新亚洲半球"崛起，可以跟20世纪崛起的西半球一样撑起半边天。在世界舞台上西方国家独占鳌头的时代已经告一段落。[2]

尤其在过去半个世纪里，全球的生产活动重心加速向非西方世界移转，我们可以用一个很简单的数字来说明，在不到40年的时间里，全球经济实力与财富如何进行快速的重新分配。第一次石油危机时，也就是1973年，用购买力等值（PPP）计算，西方国家（西欧、美国、加拿大、新西兰、澳大利亚）的GDP占全球GDP的比重约为51%，所有其他国家只占49%；经过30年，到了2003年，西方国家的比重已经下降到40.4%，非西方国家的比重上升到59.6%。2030年左右，西方国家的比重会进一步下降到32%，而非西方国家会继续上升到68%，其中印度与中国内地合计将占到34%以上。这意味着我们过去熟悉的世界即将出现翻天覆地的改变。这是根据麦迪逊教授（Angus Maddison）2007年的预测，现在看来他的估计对于非西方国家还过于保守，对西方国家的经济成长动力反而过于乐观。在2008年全球金融海啸爆发之后，Paul Kedrosky等已经将他的估计值进行修正，西方国家的经济成长速度将比他预估的更低，而拉丁美洲与非洲的后势要比他预估的更好，因而2030年非西方世界的比重将超过他的预估。[3]

我们在思考这个历史大变局时，需要一个更宽广的视野、更长的历史坐标，一个类似麦迪逊教授"世界千年经济史"这样一个宏大的架构。麦迪逊的长程历史观点告诉我们，如果我们把历史的跨度拉长为1000年的话，西方国家独占人类历史舞台可能是1000年里面一个特殊的而不是一个常态的时期。根据麦迪逊的估算，在公元1400年前后（明成祖派郑和下西洋的年代），以购买力等值估计，当时中国与印度两国的国内生产毛额占全世界GDP的75％。虽然此后比重逐步下降，但迟至公元1700年，印度和中国合计仍占有世界GDP的46％左右，各自都比今日美国在世界经济的21％的份额略高一些。[4]所以，从这个角度来看，今日中国、印度与伊斯兰教世界的崛起，严格说起来不是"崛起"，而是这三大文明板块"恢复"它们历史上享有的地位。亚洲的复兴也会带动拉丁美洲以及非洲的崛起，全球的权力与财富分配结构将逐渐回复到西方兴起之前更长时期的历史常态。这对全世界人类来讲，也是一个更公平、合理的经济资源配置结构。

人类社会生产力与财富的差距会逐步回归千年历史常态，因为二次世界大战后西方列强已无法再用殖民手段掠夺第三世界的资源，也无法采用"战争发财"（或者说以"战争金融"）的模式来推动资本积累。[5]而且尽管西方国家努力设法维持科技的领先与金融体系的支配地位，以及用智慧财产权与科技保护主义阻挡非西方国家的模仿，但毕竟无法真正阻止非西方国家的学习、自主创新与勤奋劳动。同时西方国家在战后婴儿潮中的新生代陆续迈入退休年龄后，也不再享有人口红利。所以，在过去半个世纪，西方国家的经济竞争力跟非西方国家的差距在不断缩小，西方国家能在科技和产业竞争力上保持优势的领域越来越有限,不仅东亚国家全面快速追赶,中东、南亚与拉丁美洲也急起直追。新兴工业化国家的庞大原材料与能源需求也为靠农业与工矿出口的贫穷开发中国家带来翻身的机会,他们不再需要以廉价的原物料出口换取西方国家昂贵的工业产品。

伴随着全球生产力以及财富重新分配而来的是全球战略格局、意识形态场域以及全球治理体制的结构重组,这是无可避免的。所以非西方世界全面崛起的大趋势中还同时包涵了三个层次的历史结构重组:第一层的结构重组是全球战略格局的巨变,以美国为核心的单极体系开始全面松动,多极体系正破茧而出;第二层的结构重组是全球意识形态场域的多元化,"一元现代性"(singular modernity)的历史框架松动了,以"民主"与"市场"为崇拜对象的西方信仰体系出现动摇;第三层的结构重组是全球治理体制的调整与变革,由西方国家一手建构的,并以西方国家核心价值与利益为基础的现存全球治理体制,正面临功能失调与合法性不足的双重挑战。

多重的历史结构重组

单极世界的陨落

最具影响力的纽约外交关系协会(Council on Foreign Relations)会长 Richard Haass 在 2008 年 4 月号《外交事务》撰文表示,"美国主导的单极世界已经结束,21 世纪将是一个无极世界"。他的"无极世界"预测是否准确,还可以商榷,但单极世界已经结束这一宣告,非常具有代表性。

以美国为核心的单极体系形成于后冷战时期开端,到目前为止不过 20 年左右,所以是一个很短暂的历史周期。上世纪 90 年代波斯湾战争结束后,美国被公认为唯一的超级强权,一手主导苏联瓦解后的新国际秩序。为什么这个单极体系维持不到 20 年就面临式微?美国作为唯一霸主的局面为什么没有办法持续？从近因来看，"9·11事件"的爆发和美国进军阿富汗与伊拉克，全盘打乱了美国的战略布局与资源配置，反恐战争与占领两个伊斯兰教世界国家严重拖累美国国力，加速了美国整体的颓势。最近爆发的"次贷危机"则是压垮骆驼的最后一根稻草。但除此之外还有更根本的原因，从远因来看大概可以归纳成以下几点：

第一，经济实力的长期下滑。美国的经济结构长期面临严重的"产业空洞化"，在制造业领域美国享有科技领先和产业竞争优势的领域越来越有限，即使是出口导向产业也是将主要生产基地外移。美国过去20年的经济繁荣，主要是依靠"虚拟经济"在支撑。美国的高生活水准以及每年3%—4%的增长率其实很大一部分是靠海外转包生产以及虚拟财富，也就是靠中国与印度的廉价劳力以及金融资产泡沫。事实上，美国社会早已面临中产阶级萎缩、工薪阶层实际所得停滞增长的问题，联邦储备委员会长期刻意维持宽松的信用政策，来支撑资产价格的泡沫与国内消费能力，让美国中产阶级享受财富增长的假象。在本质上，这等于是向未来透支以及不断向国外借贷来支撑它的繁荣。[6]

美国的生产不足与过度消费也让全球经济一直处于结构性失衡状态，美国拼命消费，亚洲拼命生产。美国印制美元购买进口商品，世界各国向美国提供商品而获得美元，再用美元购买美国国债和企业证券充做本国外汇储备，从而支撑了美国的消费能力。哈佛大学经济史学家尼尔·弗格森（Niall Ferguson）曾一语道破了天机，"这就像现代经济史上最大的免费午餐"。[7]

但天下没有白吃的午餐。从1985年开始，美国就由净债权国变为净债务国，到了2007年外国机构与个人对美国的净债权总额已经超过美国的经济规模。美国私人部门的整体负债，也从1978年GDP的118%增加到2008年的290%。美国联邦政府的负债总额在2007年底就已经达到了GDP的65.5%，经过了2008年的金融危机之后，联邦负债更是直线上升，2009年第一季度已经达到11兆美元，而美国的GDP大约是14.2兆，所以很快就要逼近GDP的100%大关。然而，这个数字还不能反映美国国债真正的规模，根据美国彼得·G. 彼得森基金会（The Peter G. Peterson Foundation）执行长 David Walker（曾经担任美国的财政部次长）的估计，如果将美国政府的各种隐形负债（例如对国民社会保险以及退伍军人抚恤的支付义务）累加起来，到 2007 年 9 月雷曼兄弟倒闭、美国金融危机急速恶化前，已经高达 53 兆美元，接近 2007 年全球 GDP 54.3 兆的规模。[8] 所以说，到了今天，美国的三大赤字：国债、贸易赤字和私人借债赤字都已经累积到了极限，难以为继。

美国的国债危机更是一个无解方程式，2007 年年底美国国会预算局做过一个预测模型，随着战后婴儿潮出生的这一代进入退休高峰期，到了 2025 年保健支出将上升到 GDP 的 25%，届时美国联邦政府的收入仅够支付国债利息以及政府承担的医疗费用，没有任何经费可以用于其他政务项目，包括国防、教育、科技或交通建设。这个预测模型对于美国未来 15 年经济成长率的假设现在看来还过于乐观，也就是说，除非美国能够采取激进手段压制保健支出的增长，否则美国几乎无法避免财政崩溃的结局。

第二，美国政治体制的严重失灵，这个体制已经逐渐失去了为绝大多数民众谋求福祉的最基本功能。美国宪政的设计原理是让由多数民意产生的政府受到多重的权力制衡，让代表少数民意的政治力量有多重机会行使否决权。这样一种制度设计，讲求的是协商手段与妥协精神。如果社会的主流价值十分趋同，主要政党之间的意识形态差距很小，还可以维持平顺运作；如果社会内部出现严重的价值分歧，主要政党的基本立场南辕北辙，这个体制很容易陷入僵局。

从里根时代开始，新保守主义在美国社会意识形态领域取得主导地位，并在美国社会掀起前所未有的价值冲突与对立，共和党完全由鼓吹"政府无用、市场万能"的极右派所主导，共和党民主党的政治妥协空间日益压缩，社会两极对立日益严重。如果美国基本上仍处于国力鼎盛、经济健康、社会昌平的时期，政治僵局还不至于带来严重后果。可是，今日美国正处于由盛转衰的历史关头，美国经济正滑向长期衰退的深渊，美国政府债信危机蓄势待发，社会贫富差距日益悬殊，地方政府财政枯竭，基础建设更是普遍年久失修。政治僵局将让美国社会失去方向与动力，错过扭转颓势的黄金时机。

美国财政赤字失控的主要原因之一是，美国的医疗总支出高出西欧国家一倍以上，几乎是多数东亚国家三倍左右，但在当前美国政治体制下，大幅压减保健支出的可能性微乎其微，因为与医疗有关的产业早已超越传统的军工产业与石油能源产业，能与华尔街等量齐观，成为政坛上呼风唤雨的超级利益集团，可以在国会阻挡任何妨碍其利益的体制改革。最不可思议的是，仍有众多的美国民众仍然深信美国的医疗体制是全世界最好的，对于任何强化政府管制成本与限制市场定价的改革都心存怀疑，这种根深蒂固的偏见让茶党有很大的动员能力，也让奥巴马的医疗改革计划受到严重折损。

第三，美国的软实力在过去十几年受到严重削弱。小布什政府的单边主义与独断独行，让美国在全球领导地位的道德基础受到严重削弱。美国更倚赖军事投射力量或先发制人手段来压制对手。美国对俄罗斯和中国的安全围堵，也使它陷入了 Paul Kennedy 与 Chalmers Johnson 所说的"帝国过度扩张"（imperial overreach）[9]陷阱。美国在单极体系下不断扩张海外军事基地，试图支配所有地区的安全结构与秩序，并试图对于它未来所有可能潜在的对手作严密的围堵防范，当然也让它力量分散，到一个临界点就出现捉襟见肘。奥巴马上台之后，虽然试图修正小布什的单边主义路线，并开始从伊拉克撤军，重新将焦点移到亚洲，但世界战略格局已经出现根本性的变化。

同时，长期以来美国一直以双重标准来处理国际经济秩序。美国要求其他国家遵守自由贸易规范，但经常片面立法违反 WTO 规章（例如 301 条款）。美国通过 IMF 要求其他国家遵守财政纪律与维持长期国际收支平衡，但自己却未能遵守国际储备货币发行国应有的财政纪律与宏观经济均衡，相反，美国经常为了稀释债务或筹集国外军事行动费用，而滥用其铸币特权，让美元在全球泛滥成灾。尤其，最近十年美国松散的金融监管与松弛的财政纪律，让美元币值信用与金融体系系统性风险成为威胁全球经济体系的不定时炸弹。

再者,美国主导的全球经济秩序是以一种极端的经济自由主义为核心思想,学者称之为"华盛顿共识"。根据这种极端的经济自由主义思想建立的市场游戏规则导致"贫者越贫、富者越富",而且让弱势群体暴露在高度的经济风险之下,因此在过去十年,"华盛顿共识"开始退潮,世界各地都出现反对新自由主义经济政策的社会运动。尤其在拉丁美洲左翼政治势力一一兴起,对于美国主导的美洲自由贸易区计划进行抵制。纽约"外交协会"在2008年发表一篇政策分析报告,这篇针对美国与拉丁美洲关系的报告,由 Charlene Barshefsky 与 James T. Hill 主持,报告的结论是"美国在拉丁美洲的霸权已经告终"。同年年底第一届拉美与加勒比海国家首脑会议在巴西举行,有36个国家参加,这次会议跟以往所有拉丁美洲首脑会议最大的不同是,美国没有被邀请,古巴被邀请了。这是拉丁美洲向"门罗主义"挑战的一个起点。拉丁美洲已经开始寻求挣脱美国在西半球的独霸,而这是美国的后院,这清晰地说明美国单极体系的颓势。

意识形态场域的多元化

非西方世界的全面崛起对人类社会发展的意义十分深远。这意味着"一元现代性"(singular modernity)的历史框架松动了,取而代之的是"多元现代性"(multiple modernities)的格局[10]。过去在一元现代性框架下,衡量"进步"与"落后"的坐标是明确的,现在这个我们熟悉的历史坐标开始受到质疑。这也意味着,非西方社会在面对社会制度与价值体系之选择时,享有更大的思维想象空间,与西方文明接轨未必是"进步",与自己文化传承重新接轨未必是"落伍",非西方世界更有条件开展费孝通所提倡的"文化自觉"[11],因为西方世界加诸非西方世界的意识形态制约条件将越来越缺乏说服力。这跟冷战结束后的头十年完全不同,在当时所有非西方社会都面临"选项的压缩"(narrowing of options)的困境,选举式民主与美国式资本主义,似乎是唯一的道路。

当时这种预期是建立在20世纪最后20年所发生的剧烈的、席卷全球的社会经济与政治变化之上。这个变化的主轴是民主化与市场化。当时西方一些志得意满的知识分子甚至预言,人类正走向历史演进的终点,也是文明的极致——即人类最后的、最高的社会体制,不存在超越这种体制的其他可能性,而尚未出现这种体制的社会,也无可避免地要向它靠拢与接近。福山(Francis Fukuyama)在他的《历史的终结与最后的人》一书中曾大胆地断言:自由主义的民主,构成了人类意识形态演化的终点,也是人类政府的终极形式,没有其他体制可能超越西方的自由民主体制。[12]在这种视野框架之下,西方知识分子有这样一种假设:民主可以带来和平,民主可以带来善治;经济自由化与全球化可以带来持续发展与共同富裕;人类社会可以享受美国盛世下的太平(Pax Americana),全世界也会心平气和地接受美国的领导,因为美国是打造世界经济自由化与政治民主化的龙头。

接下来的发展,与当时的乐观预期几乎是南辕北辙。"历史终结论"今日回头来看十分肤浅,连福山自己都不敢再提。在21世纪的开端,美国盛世下的"天下不太平"的征兆已经昭然若现:首先,美国的民主本身逐渐陷入体制运作失灵危机,而许多新兴民主国家纷纷涌现严峻的治理危机,政治乱象丛生,甚至民不聊生。在全球各个角落,市场万能、自由化万灵的神话开始在消退。经济全球化在世界各地遭遇劳工、农民、环保团体以及其他经济弱势群体的强烈反弹。极度异常的气候与巨型天然灾害频频爆发,让许多第三世界最弱势的群体饱尝流离失所的痛苦,也让全球粮食安全亮起了警灯。美国在伊拉克所点燃的中东战火,只是让这个原本已经不平静的世界,显得更为荒谬与血腥。美国金融体系的腐败与溃烂,更让美国鼓吹的市场万能的神话彻底破灭。

民主与市场的神话开始褪色,因为"民主"与"市场",这两个被很多政治领袖与知识分子定义为架构21世纪人类社会生活的两大支柱,遭遇严重的变形与退化。在许多第三世界国家,民主与市场之实际运作不但未能达到人民之期许,两者反而成为21世纪世界秩序动荡的来源。扭曲市场与民主的根本力量,是美国过去30年来打造的新自由主义世界秩序,这个新秩序让美国式资本主义所向无敌，让跨国资本在全球范围取得前所未有的主宰地位，民主与市场两者都成为全球资本主义的俘虏。全球资本主义使得极少数跨国企业精英取得影响国家政策、支配社会基本游戏规则的无敌权力。金融全球化，使得资本可以自由流动到任何一个给他们最大优惠的地方，让资本家不再需要迁就其他阶级的基本需求与政治权利。美式资本主义瓦解了国家的社会凝聚力，冲击了欧洲国家调和民主与资本主义的基本设计，例如福利国家与劳工权利保障。全球资本主义宰制下的民主向资本家利益严重倾斜，并导致国家机构经济社会职能减缩与维护公共福祉能力的退化。不仅如此，全球资本主义宰制下的市场机制，诱导与鼓励无止境的享乐与无节制的贪婪，对人类社会与自然环境更带来严重的破坏和巨大的风险。

在美国社会意识形态领域取得主导地位的新保守主义，试图将这种围绕全球资本主义逻辑运作的"变形民主"与"变形市场"移植到全世界，并试图将这种赋予跨国资本无上权力的宰制结构永久化。美国的民主本身，就成为这场新保守主义革命的受害者，社会两极对立日益严重，民主秩序遭遇扭曲，劳工与中产阶级的政治影响力被大幅削弱。过去30年，美国民主所隐含的阶级偏差已经积重难返。最近，美国加州大学皮尔森（Paul Pierson）教授与耶鲁大学哈克尔（Jacob Hacker）教授在《胜者全得的政治：华府如何让富者更富并背离中产阶级》一书中深刻地论证了美国社会"富者更富、中产趋贫、贫者更贫"大趋势。导致社会财富高度集中于极少数群体的原因，很大程度上是最富裕阶层操控政治的能力不断上升，通过利益游说、金权政治与操控媒体，他们主导了社会基本游戏规则的重新制订，并将过去维护中产阶级的租税体制、管制规则、保障体制逐一侵蚀，让美国民主逐步沦为"富豪政治"（plutocracy）。[13]

正如诺贝尔经济学奖得主斯蒂格利茨（Joseph Stiglitz）所形容的，美国民主已经早已背离林肯的"民有、民治、民享"的理想，实质上美国民主已经变形为"百分之一所有，百分之一所治，百分之一所享"[14]。过去经常给发展中国家开经济处方的知名经济学家萨克斯（Jeffrey Sachs）最近也沉重地指出:"美国政客已沦为企业的傀儡,而广大选民则被漫天的广告包围和催眠。"[15]

美国民主政治的退化具有感染性,甚至成为全球民主品质退化的最大感染源。这对所有新兴民主国家而言,都是一个巨大的陷阱。因为,一方面在意识形态领域西方式民主依然被树立为普世价值,或是唯一的选项(the only game in town);另一方面美国的这种"变形民主"又被普遍模仿,而且在模仿过程中经常是变本加厉,其结果是让多数新兴民主国家陷入劣质民主的困境。因为,如果劣质民主的源头仍在进行错误示范,其他国家的民主体制更难产生自我矫正的改革动能,人民只能逆来顺受民主包装下的恶质政治,因为民主似乎无可替代。

许多第三波民主国家,从东欧到拉美,许多民选政治人物为拉选票,挑动选民的情绪,掩饰执政的缺失,刻意操纵认同、宗教与族群议题,制造仇恨、两极对立与社会分裂,甚至引发种族暴动与内战。而且在许多新兴民主国家,争夺执政地位与维护党派利益压倒一切,宪法的权威遭到践踏,选举过程遭到扭曲,司法沦为政治斗争工具,政权变成职位分赃体系,贪污腐化横行。此外,大多数新兴民主国家的现代国家建设(modern state-building)过程不充分,官僚体系缺乏治理能力和独立性,军队与司法也无法超越党派,所以不具备做一个法治国家的条件。在国家机制不健全的情况下推行民主,就像在一个地基不稳的基础上盖房子。在许多第三世界国家党派间的恶性竞争,更加削弱国家机构的治理机能、独立性与公平性,剥夺了人民享有良好治理的可能性。

《民主季刊》(Journal of Democracy)的主编拉里·戴蒙德(Larry Diamond),在2008年5月《外交事务》发表文章,首度提出全球进入民主萧条期(democratic recession)的警告。他认为在很多新兴民主国家,民主政治正处于不进则退的状态,民主越来越退化为一种表象,人民必须忍受各种形态的劣质治理,许多国家的司法机构与军队滥权,很多寡头精英透过民主程序完成权力的独占,这些偏离民主法治常态的严重缺失非常普遍。许多新兴民主国家可能还勉强支撑民主的门面,但民主的内涵很大程度上已经被腐蚀或掏空。这种现象在第三世界新兴民主国家很普遍。[16]

如果挖得更深一点，拉里·戴蒙德所谈的这些现象，实际上还忽略掉了"第三波民主"的两个结构性障碍。第一道结构性障碍是，美国作为推动民主的唯一超级大国，却不能提供一个良好治理民主的示范。而且美国本身也干预其他国家的政治，美国在干预的过程中，当然有的时候是从人权民主的角度，更多的时候是从战略利益出发，也就是说基本上是扶持亲美的而打击反美的政治力量。在这个过程里面，亲美政权就算是做票赢得选举，美国也会纵容它；反美的力量即使真正符合民意的需求上台，美国也会制裁它，甚至试图推翻它。这样美国就不可能帮助这些国家的民主走上正轨。而且很多中小型的国家都面临这样一个困境，也就是说多党竞争反而提供外来强权一种干预机会。也因为国内的竞争团体各自有后台老板，它们也更不愿意进行妥协，所以它们的斗争更加剧而且会深化社会内部的分裂。这是大时代的环境所造成的民主困境。

第二个结构性障碍是第三波民主被新自由主义的意识形态所绑架。市场化与民主化结合成一个连体婴儿。彻底市场化、彻底私有化、彻底自由化让广大的经济弱势群体不可能透过民主真正改变他们的不对等的经济地位，反而无法阻止自己经济地位的下滑，无法制止富裕与特权阶层的巧取豪夺。20世纪90年代的民主化是伴随着市场体制改革而来。经济与政治是自由秩序的一体之两面。在经济层面，出现了很多令人感叹的现象。俄罗斯的"市场改革"，在90年代导致少数人鲸吞全民资产，进行历史上罕见的大规模财富重新分配，至少有4000亿美元的资金被席卷到国外。这些攫取国有资产的大亨，用低廉的价格把资产卖给跨国企业，现金则透过地下管道拼命移往海外。在英国，不少上亿美金的古堡豪宅，甚至连英国的职业足球队，也被俄罗斯大亨买走。这些逃亡海外的资金，是全体俄罗斯人民几十年来辛勤劳动的结果。从社会层面来看，俄罗斯的"市场改革"，把俄罗斯打回到几乎比第三世界国家还落后的状态。由于医疗保障体系崩解，再加上俄罗斯中年人大量失业以及酗酒，男人的平均寿命剧降十岁，仿佛回到第二次世界大战。这是俄罗斯人重新渴望强人政治与恢复战略产业国有化的历史背景,也是"普京现象"出现的根源。

在全球资本主义的宰制下,民主日渐成为一个空壳子,既无法维护公民的福祉,也无力回应公民的需求。今日我们所熟悉的"民主",只是一个以"国家"为范畴的政治体制,而全球资本主义体制下的主要权力行使者,却可以逃脱任何单一"国家"的管辖与节制。今日对我们的生活方式、经济安全、社会秩序、环境品质可以产生巨大影响力的决策者,往往不是民主程序产生的政府,而是一些几乎完全不受民主机制监督的跨国权力行使主体,例如跨国企业集团、跨国媒体集团、资讯科技王国、华尔街投资银行、避险基金、信用评级机构、大会计公司、国际货币基金、美国联邦储备理事会。全球化的资本主义,颠覆了国家层级的民主体制的基本目的与职能,经济全球化一步步掏空"国家机构",让国家层次的民主政体,成为经济巨人阴影下的政治侏儒。[17]

欧洲国家早已面临这样的困境,所以试图在更大的范围进行政策协调,推进经济与社会立法的统一,以及货币政策的整合,但是由于各国仍在相当程度上保有独立主权、各自为政的财政体制与银行监管体制,欧洲各国无法挣脱全球资本主义的束缚与侵蚀,各国政府所能做的,就是尽可能协助弱势团体抵御全球化的社会风险,延缓中产阶级贫穷化现象的蔓延,但没有真正有效的对策。欧洲的跨国企业与金融机构纷纷模仿美国式资本主义的营利模式,把短期股价表现作为唯一绩效指标,而背离对自己的员工与社区的义务。

更由于政党体制的中介功能逐渐萎缩,在大众媒体与网络媒体发达的时代,政治人物凭借民粹诉求与媒体操作就可以骗取选票,这导致民选政治人物的决策都倾向短期操作,为了眼前的政治利益与可分配资源极大化,他们都选择向未来透支,将痛苦的决策隐藏或不断延后,竞相滥开选举支票,其结果必然导致财政结构迅速恶化或外债高筑。多数选民总是喜欢政客给他们灌迷汤,选民不喜欢听到坏消息,政客也不敢引导选民面对真相,直到问题日积月累,危机一发不可收拾为止。这种选民的短视与政客的投机倾向,即使在成熟的民主国家也很难避免,这是希腊、葡萄牙、西班牙、意大利——爆发国债危机的原因之一。

这次起源于美国的金融危机，让美国主导的新自由主义思想面临破产；欧洲陷入第二次世界大战以来前所未见的经济困境，也给西方引以为傲的代议民主蒙上阴影。代际正义与福利国家间的尖锐冲突正肢解欧洲社会的内部共识，欧洲年轻一代面对的是一个没有希望的未来，这势将成为社会动乱与偏激政治路线的滋生温床，颇让人担心1930年政治动乱的历史重演。这也意味着，西方社会正从非西方世界知识分子景仰的目标逐渐转换为反思的对象。第一个面临严格检视的对象就是新自由主义模式。这个流行了30年的模式强调小政府、取消管制、彻底私有化和低税收，现在这个模式已经走到历史尽头，非西方国家社会精英必须重新思考如何在市场经济、政府角色、社会正义以及永续发展四者之间找到均衡点。同样的，西方引以为傲的民主体制也迟早会成为反思的对象。[18]非西方国家社会精英也必须重新思考如何让民主参与机制能真正确保良好治理与增进社会福祉，如何不让"民治"与"民享"脱钩。

面对这些21世纪人类社会出路的根本问题，西方知识界普遍缺乏创新与超越的思维，这是因为西方知识分子无法跳出"西方中心"的世界观，无法心平气和地去理解与欣赏非西方文明的丰富历史经验。如果问到西方学者，那些陷入劣质民主的国家（例如菲律宾）如何才能挣脱劣质政治的困境，天真的西方学者只能给出"民主的弊病要靠更多的民主来治"或是"要大力发展市民社会"或是"要先强化法治"等答案。但是任何有良知的知识分子都知道，将这种教科书的标准化答案放在那些民主体制严重失灵国家的现实条件下，是没有实质意义的，所以最多只是一种搪塞敷衍之词。[19]这种思想上的苍白，正好显示出西方知识界的封闭与贫乏。在西方思想界里，共产主义早已被宣告破产，经济民主思想尘封已久，民主社会主义也失去与时俱进的活力，自由民主又被全球资本主义绑架，社群主义被局限在象牙塔里，不具社会实践能量[20]，所谓"第三条道路"（The Third Way）又缺乏成功的范例[21]，西方批判思维只剩下反理性的相对主义与缺乏行动纲领的沟通理论，这是当下西方知识界最大的悲哀。

这也是为何"占领华尔街"运动可以发出悲愤的怒吼，但却提不出改造西方社会体制的思路与对策的原因。

在这层意义上，中国发展模式的突出表现，震惊了西方主流经济学，也撼动了国际发展机构对于经济发展与经济治理的话语权，让许多第三世界国家思考如何在社会公正、可持续发展以及自由市场竞争效率之间取得平衡，有一个更宽阔的思考与选择空间。中国的发展经验几乎打破所有西方经济学教科书的定律，尤其在全球遭逢百年不遇的金融危机之际，中国所特有的计划经济与市场经济混合体制，在抵御金融海啸的致命性破坏力上，以及稳定市场参与者的投资与消费信心上，特别能彰显其应对外部风险的优势。过去，中国内地领导者一直坚持经济体制改革有底线，战略性经济部门将长期维持国有。这个底线曾经是许多自由派经济学家诟病的对象，也不断被西方媒体嘲弄为落伍的计划经济遗迹。但是在金融海啸的肆虐下，中国政府因为直接掌控垄断性资本密集产业与大型金融机构，要比欧美国家政府更有能力防止国内投资规模与信用市场流动性的急剧萎缩。

中国政治模式的实践经验也十分突出，在引导社会追求最佳公共选择上有其明显的功效。过去，西方的观察家根据自己的政治经验，很难理解一个政治体制不具备"民治"的程序，却有可能达成"民享"的实质结果。但是他们面对中国内地在改革开放30年中所取得的具体成果，共产党政权在处理汶川地震灾难、应付全球金融海啸等重大挑战时展现的统筹兼顾的能力，的确令西方国家政府难以望其项背。因此，最近几年也有西方观察家开始承认中国内地的政治体制也有局部的优越性。

例如，不久之前《纽约时报》专栏作家弗利曼（Thomas Friedman）在他的新书里，有一章的标题是"让我们做一天中国"（*Let's be China for a day*）。他在这章里谈到跟通用电器（GE）公司执行官Jeffrey Immelt的对谈，Immelt谈了很多关于下一任美国总统应该推动哪些立法以及采取哪些措施，来引导美国社会节能减碳以及摆脱对进口石油的倚赖。弗利曼听他讲完这些理想的方案后，很坦白地对Immelt说：你的这些构想我都很赞成，但这些东西在美国现有的政治体制中都做不到，因为美国的利益团体的游说政治一定会否决你的这些政策。除非"让我们做一天中国"才有可能一步到位,把这些理想中的法律与政策在一天内搞定,然后第二天开始又恢复美国的体制[22]。当然,这是弗利曼半认真半开玩笑的话,但是透露出,他承认中国的政治体制比美国体制更有可能达成"社会最佳选择"。

现在少数有反省能力的西方学者,也感觉到必须重新检讨"民主"与"非民主"政体的传统二分法,应该用广义的"有效政治秩序"与"良好治理"指标,以及用能否有效达成"社会最佳选择"作为评判标准,来比较各种政体的表现以及正当性基础[23]。当我们使用这些本质性的指标来比较不同政治模式的优劣时,我们才会对于政治体制的"程序"、"能力"与"结果"三者予以同等的重视[24]。从宽广的历史角度,多种政治体制的并存与相互竞争,对于人类文明可以产生推进力量。如果西方代议民主确实变成唯一的选项,在很多发展中国家,人民恐怕只能长期忍受或迁就品质低下的代议民主,因为其他道路都被堵死。

整体而言,非西方世界的全面崛起,将加速一元现代性框架的式微,加速多元现代性框架的确立。未来,西方历史经验将不再是唯一的参考架构,也不能用简单的形式化指标来界定文明的"先进"与"落后"。在多元秩序格局的世界里没有先验的"普世价值",任何制度与价值体系都必须在不同的社会土壤、不同历史条件下经过实践的检验,经过时间的粹炼才能取得其特定时空下的正当性。未来非西方社会在面对社会制度与价值体系选择时,将享有更大的自主的思维与想象空间,也有机会摆脱"西方中心"的世界观,也会开始意识到有必要重新联结自己文化传统中值得保存与发扬的理念与价值观,并从更包容与多元的角度理解不同文明体系的内涵与特质。

全球治理机制的变革

最近在华府引发巨大反响的一本警世之作,是彼得森国际经济研究所(Peterson Institute for International Economics)学者萨博拉曼尼亚

（Arvind Subramanian）在 2011 年 9 月出版的新书《日蚀：生活在中国经济主导地位的阴影下》[25]。这本书以一个噩梦的场景揭开序幕："2021 年的某一天，美国总统跑去距离白宫不远的国际货币基金，签署一份与该组织的中国籍总裁商讨达成的救助贷款一揽子协定。"这本书在华府引发热烈的讨论，因为他所描绘的美国噩梦已经不是杞人忧天的幻想，而是可以想像的模拟情境。

Subramanian 所担忧的，也是加州柏克莱大学国际研究中心主任伟伯（Steven Weber）与另外两位年轻同事所担忧的，他们早在 2007 年就开始提出"没有西方的世界"（A World Without The West）的课题，他们想要回答在非西方世界全面崛起之后，对全球秩序将会带来什么样的改变？现有的全球治理机制可能被迫做出何种调整？[26] 他们忧虑非西方世界会根据不同的世界观与价值观另外建构一套国际交往的规则，然后把西方国家建构的国际规范摆在一边。他们也担心混乱与冲突将由此而生，甚至担心人类文明因此倒退，这种忧虑本身还是西方中心思维下的一种自然反射。

多数现存的全球治理机制都是由西方国家长期把持的，这些规范与制度安排都是根据西方国家的理念所建构的，其本质是维护西方核心利益与主导地位。最明显的例子就是过去 60 年来世界银行总裁一向由美国指定、IMF 总裁一向由欧洲人出任的不成文惯例。西方国家在面对非西方世界全面崛起时，一方面试图以既有的体制来引导与吸纳新兴经济体，一方面尽可能维持自己的主导地位不受动摇。但他们也意识到，非西方世界全面崛起，现存全球秩序很难不受冲击，全球治理机制也必须做出相应的调整。2008 年金融危机之后，西方国家不得不接纳非西方大国参与全球经济管理，因为此时西方国家陷入最险恶的金融危机，必须依赖新兴国家的储蓄来挽救财政危机，必须仰赖新兴国家的投资与消费带动世界经济复苏。

所以在 2009 年 G20 伦敦高峰会议上，G20 的地位正式获得确认，在功能上 G20 取代了过去富国俱乐部 G8 的角色，立刻成为最重要的全球议题定期协商机制。在伦敦 G20 会议上，美国与西欧也同意启动国际货币基金（IMF）改革计划，一方面大幅增加可贷资金规模，同时重新安排 IMF

投票权,让金砖四国取得更大的份额,四国的投票权比例总和可以超过15％。西方国家也首度表示,愿意就IMF的宗旨与任务、决策机制、经济治理哲学以及最高层人事的改革进行探讨。不过,到目前为止,美国仍不愿意放弃它的否决权(也就是让自己的投票权从17％降低到15％以下),欧洲也仍未准备放弃对于IMF高层人事的独占。

在面对西方国家建构的全球秩序以及相应的全球治理机制时,未来非西方国家的社会精英无可回避的两个核心问题是:

第一,西方国家所建构的秩序与制度,以及其背后的核心理念,是否公正?是否合理?是否可持续?

第二,非西方国家是否能提出一套新的理念以及具体主张,能更合理、更公平、更有效地处理全球治理与人类永续发展课题?

对于第一个问题,其答案已经呼之欲出。当前西方国家所建构的秩序与制度,并不公正,也不合理,无法真正回应地球上70亿人的生存与发展需求,在非西方世界全面崛起后也必然无法持续。对于第二个问题,其答案仍然晦涩不明,因为非西方世界的知识精英还没有做好思想准备。非西方国家的知识精英过去对整个世界的理解,对于全球事务应该遵循什么样的秩序与规则来进行管理时,不自觉地会陷入西方中心的窠臼,一旦西方中心思维正逐渐被质疑或被迫调整的时候,接下来可能是一个什么样的世界,还没有全盘的思路。

当前全球秩序的基本内涵是美国支配的霸权体系与西欧推动的法治体系的混合体,这个混合体本身充满着矛盾与伪善,因为美国的霸权体制与法治体系是高度不相容的,所以在安全事务领域美国依然独行独霸,它可以掌控安理会时就打着联合国的旗号进行经济制裁或军事干预,安理会不顺其意志时就自行组织制裁或干预同盟,把联合国彻底架空。西欧国家领袖经常对发展中国家维持死刑问题指指点点,但对于美国发动伊拉克战争带来60万无辜平民死亡的惨剧却视若无睹。当前全球有10亿人口处于饥馑边缘,美国有4000万人在贫困线下挣扎,可是美国占领伊拉克一个月的花费是40亿美元,占领阿富汗的一个月的花费是19亿美元,过去三年美国政府救援金融体系的花费至少2.3兆美元。

这个以西方个人主义理念为基础、以西方富裕阶层利益为核心的全球秩序正面临重大难题与危机。在这个秩序之下"天下很不太平",宗教、文明与族群冲突不断;威胁人类社会的毁灭性武器仍然在增长与扩散;全球环境与生态失衡的危机在持续恶化,能源、粮食与水资源的争夺成为国际冲突的新焦点。全球经济结构失衡越来越严重,世界经济也缺乏稳定的全球货币,金融危机不但频频爆发,而且对实体经济的摧毁力量愈来愈可怕。

美国主导的全球经济秩序自由化,让美国式资本主义扩散全球,导致所有国家社会两极分化越来越严重,无论在一个国家或全球范围之内,全球化的利益与风险之分配极度不均,贫富差距不断扩大、弱势群体被不断边缘化并暴露在巨大的经济与环境风险下,富豪阶层与跨国企业拥有制定社会游戏规则的最终权力,主权国家的利益协调与保护职能日益空洞化。美国在过去30年一手打造的金融全球化,让每一个国家都开放资本市场,然后让跨国金融资本快速自由流动兴风作浪,更让各种所谓"金融创新"工具无止境地加以扩充。在很短的时间内,全球金融市场创造的虚拟经济快速增长达到一种难以想像的规模,过去10年内每年全球金融商品交易总量将近全球GDP的35倍到50倍,在这个过程中资产泡沫不断膨胀。金融投机创造纸面财富的速度远超过从事生产的实体经济。投资银行与避险基金的信用极度扩张,以有限的资本从事几十倍的衍生性金融商品交易,构成绑架全球实体经济的定时炸弹。在这超级规模的大赌场里面,所有国家的命脉、企业的生存、社会的枯荣、百姓的安危都成为投机家的赌本。

建构这个全球金融游戏规则的幕后推手就是华尔街,因为华尔街可以操控美国财政部,而美国财政部又可以操控国际货币基金,国际货币基金不但掌控迫使许多国家就范的救援工具,更掌握金融政策思想的话语权,可以轻易打开各国的资本市场与金融管制大门。这个由高杠杆所撑起的虚拟经济活动对于实体经济活动构成严重的威胁,当资产破灭时所有金融机构与避险基金都被迫进行去杠杆化（de-leveraging），必然产生巨大的金融摧毁力量。所以过去30年美国主导的金融全球化，等于在纵容华尔街巨鳄在全球范围经营"老鼠会"经济（Ponzi economy），其滋生的暴利早已透过分红落入金融资本家口袋，而泡沫破裂后的巨大社会成本却由所有纳税人以及所有参与实体经济的人买单。

在全球金融危机之后，美联储陆续推出定量宽松政策，更形同无限制地向金融体系灌注美元，顿时让美元沦为"劣币"。这些新增的流动货币纷纷溢出美国国境，让全球金融体系都变成巨大的印钞机构，尤其是设法让本国货币钉住美元的亚洲国家，被迫将美联储的超级宽松货币政策加以放大。各国中央银行大量发行本地货币买进美元来限制汇率的升值幅度，其结果是助长资产价格泡沫，以及全球性通货膨胀。这一波由美元泛滥引发的全球性通货膨胀，等于是对世界各地绝大多数家庭辛苦积累的银行储蓄进行无情的价值摧毁，让他们的实质财富大幅缩水。最近粮食与能源价格的飙涨，更让发展中国家许多低收入民众陷入饥寒交迫，在北非、中东与南亚甚至引发社会暴动与政权倒台。所以美国主导的全球货币金融体制已经到了非改革不可的地步，发展中国家已经普遍意识到这个体制不但不公平、不合理，而且更不稳定。

王道思想与全球秩序重组

对于当前全球秩序与治理机制的不公正、不合理与不可持续的基本缺失，非西方国家的知识精英以及少数具有正义感的西方知识分子已经有所觉悟，并且触发许多反思与改革的提议。

例如，发展中国家领袖终于觉醒到，在全球暖化与温室气体排放问题上，他们必须建构自主的"全球碳正义"话语权，不能再让西方国家主导全球气候变迁公约。在2008年哥本哈根会议上，在中国、印度、巴西、南非等"基础四国"（BASIC）的领导下，发展中国家整合了77国集团代表的意见，提出了"哥本哈根协议"草案，来对抗英国、美国与丹麦等国代表秘密草拟的"丹麦文本"(Danish text),让西方国家利用重新分配温室气体排放压缩发展中国家成长空间的密谋功败垂成。

又例如 2009 年联合国大会成立的"国际货币及金融体系改革委员会",提出了一系列相当激进的改革建议。这个委员会的专家小组主席是由诺贝尔经济学奖得主斯蒂格利茨(Joseph Stiglitz)出任,他一向认为 IMF 过去在处理亚洲金融危机时严重失职,这才导致亚洲国家在过去十年间大量囤积外汇,并加速了全球经济的结构性失衡。斯蒂格利茨主张,中国与其他新兴经济体未必需要积极回应欧美所提 IMF 增资的要求,他们应该考虑在 IMF 架构外成立一个新的国际货币储备体系。在此之前,他们可以先扩大区域性的货币基金,例如"清迈协定"所倡导建立的亚洲区域外汇储备基金,或是由委内瑞拉等七个南美洲国家组成的"拉丁美洲外汇储备基金"(FLAR),让这些区域性机制扮演短期融资与稳定区域金融的功能[27]。这些大胆的提议现在纷纷出笼,因为许多国家都意识到,美国已经不再是一个负责任的全球经济管理者,必须建立一套新的机制来限制美国滥用其铸币特权。

2012 年 4 月份在三亚举行的"金砖四国高峰会"更为重新塑造 21 世纪的全球治理体制揭开了序幕。在这次会议上,金砖四国的领袖公开宣示将携手所有发展中国家,建立一个更公正、更民主的国际政治经济新秩序。金砖四国的领导人特别将他们的矛头指向滥用其全球铸币权的美国,提出建设公平、公正、包容、有序的国际货币金融体系,增加新兴市场国家和发展中国家在国际货币金融体系中的发言权和代表性,推动本国货币结算贸易等主张。这意味着他们决心要撼动美元的霸权地位。

在思维层次,非西方世界知识分子已经意识到,他们的发展道路不能重蹈西方物质文明的覆辙,因为地球无法承担,广大非西方世界必须另辟蹊径。尤其是中国与印度的知识精英更是责无旁贷,因为他们认识到,本国人口和经济规模使得自身的经济崛起对地球生态平衡的潜在冲击将远大于西方先进工业化国家遗留的历史包袱,因此中国与印度根本无法回避自己的发展模式对全球带来的潜在负面外部性问题。

也有学者意识到，国家层次的民主治理已经不能适应人类发展的需要，亟需在全球层次建立新的民主治理机制，让所有利害与共的群体都有机会参与全球事务的管理，才能彻底控制资本主义的风险与破坏性，才能有效驾驭全球资本主义的两极分化倾向，才能全面建构市场与社会、文化、环境共生的规则。也只有用全球范围的民主管理机制，才能改造当前全球权力运作场域的不合理宰制关系，让主导资讯、知识、意识形态生产的机构回应人类社会最大多数人的生存发展需求。[28]

不过，这些反思与改革提议还未真正触及当前全球失序与全球治理体制失灵的根源。问题的根源在于建构现存全球秩序的指导理念，这些指导理念在过去造就了西方的富强，也是急于想追赶西方的后起之秀奉为圭臬的指导思想，但这些指导理念也是导致人类社会冲突、失序与极度缺乏公平正义的根源。有三个指导思想是西方国家建构当前全球秩序的基础：一是现实主义，二是自由主义、三是西方中心主义。

西方中心主义相信西方历史经验与价值体系的普世性与先进性，但也正因为如此，西方国家倾向区分我族与异类，歧视与排斥异类文明，人为制造正义与邪恶的对立，并勇于教训与改造他人，这是导致文明与宗教冲突的根源。

现实主义主张国家利益极大化，突出国际体系利益冲突的本质，主张武力为贯彻国家意志与解决争议的最后手段，接受强者支配弱者是自然秩序。在现实主义思想指导下，美国建构的霸权体系追求绝对的安全与压倒性军备优势，处处防范潜在威胁者，时时压制与围堵潜在挑战者，甚至主动制造敌人并先发制人，这种思维导致所有主要国家都陷入安全困局（security dilemma）与军备竞赛的恶性循环，无法自拔。

自由主义虽然一方面强调国际社会互利合作的可能性，主张透过规范与制度的建构来化解冲突与引导合作；但另一方面主张个人自由与利益极大化，并鼓吹民主神话与市场万能。经济自由主义思维掩饰资本主义的掠夺与剥削本质，纵容物欲横流的消费主义，合理化财富两极化分配。政治自由主义强调人与人、国与国之间形式上的权利平等，但刻意忽视实质上的不对等与不平等。在政治自由主义指导下的民选政治逻辑必然阻碍国际社会的合作。因为民选政治的逻辑必然强化狭隘的国家利益本位思想,也必然引导各国领袖追逐短期目标。最常见的情况是:各扫门前雪、以邻为壑的主张一定有政治市场;顾全大局、反求诸己的政治主张很难伸张;居安思危、未雨绸缪的主张更是曲高和寡,所以各国政府很难齐心协力来有效处理全球议题,更难真诚合作化解全球经济危机。

相较之下,中国的王道思想可以为21世纪全球秩序的重组提供一套新的指导思维,因为王道思想正好可济西方核心思想之穷。最近中国社会科学研究院哲学所赵汀阳提出的"天下体系"得到了许多知名的欧洲与印度社会思想家与政治哲学家之高度评价。他的理论一针见血地指出,在西方思想中国家已经是最大的政治单位了,世界只是一个空洞的地理空间,然而从国家利益出发不可能看到并定义属于世界的长久利益、价值和责任,当然也不可能发展出世界的公正秩序。在西方历史上,帝国模式是其政治思想的极限,然而其核心仍然不过是基于国家理论的"一国统治世界",是强国追求自身利益最大化的结果。[29]

而在中国有着几千年传统的"天下"思想则有着超越国家的维度,表达了关于世界秩序的一种理想。"天下"理论首先要求把世界视为"无外"的整体。假如把世界看做是给定的分裂模式(比如西方所习惯的敌/我、国内/国外、信徒/异教徒等基本政治区分),那么世界的完整性就只能通过征服他者或"普遍化"自己来获得。而"无外"原则保证了天下的完整性只能依靠内在的多样性和谐来维持。赵汀阳的理论建构对重新建立中国自己的思想框架和基本观念,重新创造中国自己的世界观、价值观和方法论,以及重新思考中国思想文化对于建构世界秩序的意义而言,都是一项重要的尝试。

传统的西方思想将国家视为最大的利益共同体,国家之上的规范与制度仍是以国家自愿遵守为前提,自由主义又将国家利益化约为个人利益的总和,政治人物必须以讨好个别选民为依归。而王道思想则揭示"无我、无私、无外"原则,主张个人的生存意义在于增进群体的福祉,必须承担对群体的责任。"天下"为最高的利益共同体,乃是个人最大的关怀对象与最高的道德责任。天下高于国家、国高于家、家高于个人。这与西方的个人主义与国族主义正好形成强烈的对照。

王道思想为个人的道德责任提供明确实践准则,循序渐进,由内而外,由近而远,修身、齐家、治国、平天下。同时,王道思想也为群体间的互动准则设定三层不同的境界。第一层是先做到"反求诸己、推己及人、讲信修睦、己所不欲勿施于人";行有余力则"济弱扶倾、己立立人、己达达人";最后是以"大道之行,天下为公"为最高的实践目标。个人根据自己的资材、德行、知识与客观条件,尽其所能,进退有据,但求无愧。王道思想也强调中道,要执两用中,不偏不倚,要在本质上有矛盾与冲突的事理中求取平衡,要处理不同层次群体间的利益连结与协调,既要顾全大局也要照顾个体需求;处理事务要因地制宜、审时度势、兼容并蓄。这种思维方式,与西方理性主义所习惯的从少数抽象先验原则出发,然后针对个案演绎出合理的结论,非常不同。

王道思想所提倡的天下体系与西方国家所建构的现代主权国家体系最大的不同是:王道思想认为国际社会中本来就存在强弱与尊卑间的不对等,对此不能视而不见,反而要正视其道德意涵。因此王道思想强调,对强者、居上位者应该课予更高的道德责任,居上位者要修德文、以大事小、多予少取、济弱扶倾。反观西方历史经验孕育的主权国家原则早已背离其孕育的西欧历史情境。在18世纪的西欧,主张以主权国家作为国际社会的基本单元,彼此平等、相互独立,有其客观的合理性,因为西欧国际体系的主要成员在国力上大致等量齐观。但是当主权国家有强大如美国者,有微小如土瓦鲁(人口21000人)者,主权国家原则就成为斯坦福大学Stephen Krasner所称的:"用组织堆砌的虚伪"(organized hypocrisy)[30]。虚伪的平等掩饰了强凌弱的真实,国家利益至上的原则让强者可以名正言顺地追求自我利益极大化、可以己所不欲施于人、可以规避对提携贫弱者齐头并进的扶持义务、可以摆脱对维护人类社会共同利益的道德责任。

王道思想倡导局部与全体是有机的联系，无法分割；追求局部利益不能危害全体。此外，王道思想认为多元与差异本为自然状态，不但要包容差异，还要视其为理所当然，"多元一体、和而不同、休戚与共"才是合理的自然秩序。王道思想主张在多元中追求和谐共生，反对刻意压制差异或打造齐一，异族并非"外者"，而是与我共生的整体的一个部分，彼此命运相关连。唯有这种观念才可以化解人类社会的文明与宗教冲突于无形。

结论

非西方世界的全面崛起，为21世纪带来改造全球秩序与治理机制的契机。不过，非西方社会是否能掌握这个契机则系于知识精英的文化自觉。非西方社会的知识精英必须认真回顾自己的文化脉络，以及从多元文化的视野汲取不同文明历史发展经验的精髓，来试图摸索出超越与替代现存的西方中心世界观与世界秩序。来自非西方社会的知识精英是无法回避全球社会的公平正义和人类和谐共生议题的，尤其是中国与印度的知识社群更是责无旁贷，因为他们的人口和经济规模让他们无法回避自己的发展模式对地球带来的负面外部性问题。西方传统的国族体制下国家利益极大化的思考逻辑对中国与印度知识精英而言是完全不可取的。

非西方世界的全面崛起也让很多第三世界知识分子看得更清楚：西方国家的发展经验，尤其是西方基于功利主义与个人自由的物质文明，是没有办法在全球范围复制的。全球人类发展的格局、地球脆弱的生态条件都不允许非西方国家复制西方国家的资本累积模式，也不允许他们全盘移植西方物质文明背后的价值体系，尤其是美国的消费主义是不能复制的；因为复制的话，我们需要六个地球，而不是一个地球。中国与印度没有其他选择，他们必须寻找一条不同于过去西方国家的发展道路与社会发展模式，他们也不得不提出一套追求超越国家利益极大化逻辑的全球和谐共生思路与治理机制安排，来解决地球上绝大多数人的生存问题、社会公正问题以及可持续发展的问题。

21世纪要比过去200年的任何时期都更需要创新的规范性国际关系理论,非西方世界的全面崛起为重新塑造现存全球政治经济秩序创造了必要条件。两岸政治学者如能善用共享的文化资产,进一步展开王道思想体系的当代意涵,是绝对有机会在规范性国际关系理论领域作出重大贡献,也有机会为打造一个更合理、更公义的21世纪全球秩序作出贡献。

总之,非西方世界的全面崛起意味着,人类社会将同时面临两种可能的历史发展情境,一方面全球秩序可能进入一个较长的崩解与重组时期,在这期间一定程度的失序与混乱很难避免,许多全球层次的公共治理议题可能出现巨大的真空;另一方面,我们也可能迎接一个更公正的全球秩序之来临。一个更符合对等与互惠原则的国际经济交换模式,一个更尊重文化与宗教多元性的全球公共论述领域;一个更能统筹兼顾地球上绝大多数群体的可持续性发展需要,以及一个更能体现"休戚与共"及"和而不同"理念的全球秩序。

【注释】

[1] Fareed Zakaria, *The Post-American World*, W. W. Norton, 2008.

[2] Kishore Mahbuban, *The New Asian Hemisphere: The Irresistible Shift of Global Power to The East*, Public Affairs, 2008.

[3] 参见 Angus Maddison, *Contours of The World Economy 1—2030: Essays in Macro-Economic History*, Oxford University Press, 2007;也参见 Paul Kedrosky, "The World in 2030: The Poor Own The Place," October 24, 2010, accessible at http://paul.kedrosky.com/archives/2010/10/the_world_in_20_2.html。

[4] Angus Maddison, *The World Economy: A Millennial Perspective*, Paris: OECD Development Centre, 2001.

[5] 典型的战争金融模式就是,举债发动战争,然后用战利品(割地赔款)还债,这是西方列强在二次世界大战前资本累积的重要手段,参见韩毓海:《五百年来

谁著史：1500年以来的中国与世界》，九州出版社2009年版。

[6] Raghuram G. Rajan, *Fault Lines：How Hidden Fractures Still Threaten The World Economy*, Princeton University Press, 2011.

[7] Niall Ferguson, "A Greek Crisis Is Coming to America," *Financial Times*, Thursday, Feb 11, 2010.

[8] Interview David Walker, http://www.pbs.org/wgbh/pages/frontline/tentrillion/interviews/walker.html.

[9] Chalmers Johnson, *Blowback：The Costs and Consequences of American Empire*, New York：Henry Hotl & Co., 2000.

[10] S. E. Eisenstadt, "Multiple Modernities," *Daedalus*, 129, 1 (Winter 2001): 1—29.

[11] 费孝通：《从反思到文化自觉和交流》，载《读书》，1998年第11期。

[12] Francis Fukuyama, *The End of History and Last Man*, Harper Perennial, 1993.

[13] *Winner-Take-All Politics：How Washington Made The Rich Richer—and Turned Its Back on The Middle Class*, Simon & Schuster, 2010.

[14] Joseph E. Stiglitz, "Inequality: Of The 1%, by The 1% and for The 1%," Vanity Fair (May 2011). Accessible at：http://www.vanityfair.com/society/features/2011/05/top-one-percent—201105.

[15] Jeffrey Sachs, *The Price of Civilization：Reawakening American Virtue and Prosperity*, Random House, 2011.

[16] Larry Diamond, "The Democratic Rollback: The Resurgence of The Predatory State," *Foreign Affairs*, April/May 2008.

[17] 更完整的论述，请见朱云汉：《对民主与市场的反思：一个政治学者在21世纪开端的沉痛思考》，载《思想》，2006年第3期，第75—92页。

[18] Nancy Birdsall and Francis Fukuyama, "The Post-Washington Consensus: Development After The Crisis," *Foreign Affairs*, Volume 90, Number 2, March-April, 2011.

[19] 朱云汉：《东亚民主困境与当代思维陷阱》，载《台湾社会研究季刊》，2007年3月第65期，第249—256页。

[20] 社群主义与中国传统王道思想有互动之处，但在欧美知识界是非主流，对实际

政治更缺乏影响力，在美国只有加州大学伯克利分校 Amitai Etzioni 教授试图设立 The Communitarian Network 网络通讯站向知识界推广。

〔21〕 Bill Jordan, *Why The Third Way Failed: Economics, Morality and The Origins of The Big Society*, Policy Press, 2010.

〔22〕 Thomas Friedman, *Hot, Flat, and Crowded: Why We Need A Green Revolution—and How It Can Renew America.* New York: Farrar, Straus and Giroux, 2008.

〔23〕 例如福山的近作, Francis Fukuyama, *The Origins of Political Order: from Prehuman Times to The French Revolution*, Farrar, Straus and Giroux, 2011.

〔24〕 可以参考福山与张维为的对话, 参见 "The China Model: A Dialogue between Francis Fukuyama and Zhang Weiwei," *New Perspectives Quarterly*, Volume 28, Issue 4 (Fall 2011), pages 40－67. Article first published online: 16 Nov 2011 and accessible at: http://onlinelibrary.wiley.com/doi/10.1111/j.1540－5842.2011.01287.x/abstract。

〔25〕 Arvind Subra-manian, *Eclipse: Living in The Shadow of China's Economic Dominance*, Institute of International Economics, 2001.

〔26〕 Naazneen Barma, Ely Ratner and Steven Weber, "The World without The West," *National Interest*, Jul/Aug 2007.

〔27〕 The Report of The Commission of Experts of The President of The UN General Assembly on Reforms of The International Monetary and Financial System, September 2009, which is accessible at: http://www.un.org/ga/econcrisissummit/docs/FinalReport_CoE.pdf.

〔28〕 *Democratizing The Global Economy*, Report issued by The Centre for The Study of Globalisation and Regionalisation, University of Warwick, June 2004.

〔29〕 赵汀阳：《天下体系：世界制度哲学道论》，江苏教育出版社 2005 年版。

〔30〕 Stephen D. Krasner, *Sovereignty: Organized Hypocrisy*, Princeton University Press, 1999.

(本文作者为台湾大学政治学系教授)

Abstract

This article presents a scenario of an emerging non-west world, against the background of shaking America-dominated unipolar world system, the diversification of global ideologies as well as changes in the pro-west global governance institutions. According to the author, the emergence of non-west world brings the possibility for restructuring the global order. Distinguishing itself from the sovereign state system created by the west, Chinese notion of "Benevolent Government" (wangdao) can become the guiding principle for the formation of a new and more just global order.

Keywords

world system; global order; restructuring; notion of "benevolent government"

环境威权主义的到来[*]

马克·比森（Mark Beeson）著　冉冉 译

摘要：总体而言，东亚地区和威权统治是长期联系在一起的，这在东南亚地区表现得特别明显。本文认为，一系列环境问题的凸显意味着威权统治可能在未来的东亚地区更为普遍。那些国家能力十分有限的国家将艰难地应对人口增长、经济发展和与此相关的环境恶化。现有环境问题的严重程度会使威权统治的回头变得更有可能性。虽然威权主义政体可能不受欢迎，但一个令人沮丧的现实可能是：在东亚地区，威权主义政体甚至可能被证明比一些民主政体更有能力应对这个区域复杂的政治和环境压力。

关键词：威权主义　环境　东南亚　中国　发展　路径依赖

导论

环境问题已经成了我们这个时代突出的公共政策问题。一方面，如何从政治的角度应对环境挑战将决定地球的健康状况；另一方面，持续的环境恶化也可能会影响到政治系统。

---

[*] 本文原文发表在《环境政治》（*Environmental Politics*）2010年3月第2期。

在世界的某些区域，环境问题的压力最大，但这些国家应对环境挑战的能力却最弱。因此，政治系统与环境问题的这种互动关系可能变得特别突出。环境恶化可能导致的一个结果就是威权统治的发展和加强，因为政治精英认为维护政权和内部稳定比政治自由化更加重要。应对环境挑战的努力可能涉及个人自由的减少，因为政府试图转变人们那些对环境不友好的行为。结果就是，在这个对未来预期越来越悲观的时代，"环境威权主义"可能成为越来越普遍的选择，以应对气候变化带来的消极作用。

在最近的全球经济危机对英美模式的经济组织造成如此剧烈冲击之前，世界范围内就很明显地存在着对其他经济发展模式和政治组织模式的追捧。各种形式的非自由资本主义的崛起和"民主的倒退"有力地提醒着人们，"西方"的政治和经济模式及其价值的胜利不是必然的（Zakaria，2003；Diamond，2008）。一些东亚国家经济成功的原因在于国家主导的资本主义发展模式，这可能成为其他一些国家效仿的模式[1]。检视东亚的经济发展及其产生的环境问题有利于突出强调那些相关的、范围广泛的趋势。

首先要强调的一点是，与欧洲和北美一些相对富裕的国家相比，世界上一些贫穷地区的人民和政府可能有不同的发展重点。因此，他们对政府作用的期待和要求也有很大不同（Mahbubani，2008）。东亚的政治和经济精英或许对政治、经济和环境持不同看法的可能性应该得到重视。这些观念时常和"西方"最有影响的关于环境政治和政治发展的学术研究成果有很大不同。因此，本文在简要梳理东亚的发展之后，将重点讨论那些西方最有影响的环境和政治理论与东亚地区的现实之间的脱节。

在总体考察东亚发展经验时，一个主要的观点认为：强势，甚至是威权的政府是其经济发展奇迹的核心要素，因此这个地区的经济和政治发展轨迹强化了早就存在的威权主义倾向（Haggard，1990）。下文中，我预测：这一地区不断恶化的环境挑战，以及资源密集型的经济发展模式的不可持续性，将可能强化或鼓励威权统治在东亚地区一些国家的抬头。不但环境意识的觉醒，而且政治能人、有效的公民社会也可以转变环境实践，减少由不确定的经济发展和不平等带来的负面作用。而且，在一个被各种难以解决的问题所困扰的地区，经济和环境困境也可能使威权得到进一步巩固。

结果是，在越来越多的政治、经济特别是环境问题的挑战下，民主的潮流如果不能席卷全球也至少会在东亚地区盛行的情况（Acharya，1999）可能很难继续。本文的第二部分将思考这些挑战，并详细讨论一些势力可能会从环境恶化中获得好处，从而进一步有利于威权主义的发展。可悲的是，很多东南亚国家可能不仅仅已经错过了民主的浪潮，还错过了广泛和可持续发展的历史机遇。人类已经发现了经济发展的前提条件（Collier，2007），支撑"西方崛起"的独特发展范式根本不适合东亚和世界其他一些地方数以亿万计的穷人，这些地方也不具备这样的条件（Diamond，2005）。

路径依赖

在考虑一个区域的环境问题及其削弱民主的可能性之前，将这一区域放在一个整体的历史和概念情景下来考察非常重要。虽然东北亚和东南亚在历史经历、国家能力和物质条件等方面有所不同（Beeson，2007a），东南亚的印尼、菲律宾和中国还是存在很多共同问题。东南亚的发展经验和面临的挑战，使得这些国家更容易采取威权主义的统治方式，环境危机更会加强这种威权主义。主流的国际关系理论和环境政治理论常常认识不到偶然的、历史决定的物质现实对这一地区所造成的不同政治后果。

历史的遗产

认识东亚的历史经验很重要，因为这突出体现了由于欧洲和美国介入这一地区而产生的一些治理、发展和可持续性问题上路径依赖的本质。现有国际政治和经济秩序体系中所产生的一些结构性变化对整个地区都有持续的长期影响。西方政治和经济发展经验的输入导致东南亚国家原有社会秩序的转型,尽管西方帝国主义也要视当地的现实而有所调整(Elson,1992)。人口的变化,特别是人口的扩张和流动劳动力的出现,对东南亚国家的国内政治和自然环境都产生了巨大的影响(Tarling,2001)。当然,其中的很多变化不是这一地区独有的,而是"现代化"过程造成的人口增长和经济发展给全球环境带来的压力。东南亚的不同之处在于其现代化发生的地缘政治背景和国内倡导的政治秩序。虽然在表面上提倡民主和经济改革,但是和前苏联地缘政治竞争的紧迫性使得美国容忍甚至鼓励威权政治联盟的发展,这也有利于威权统治在非资本主义的东亚地区的巩固(Schaller,1990;Woo-Cumings,2005)。冷战结束之后的很长时期内,历史不断以不同的方式表明政治自由主义遭到的困境。在上世纪90年代,当我们期待改革压力在东南亚地区增加的时候,东南亚的成功奇迹和绩效合法性延误了政治变革的时机。尽管苏哈托下了台,民主转型是否能够巩固和加强还是个未知数。从一个方面来看,印尼的改革内容是需要质疑的(Robison and Hadiz,2004)。从另一个方面来看,民主改革和善治的威胁来自于不断恶化的安全形势和与"反恐战争"相关的处理复杂的战略和政治紧张关系的困难(Beeson,2004)。对于一个有很多穆斯林人口的国家来说,地缘政治的限制本来已经很难应对,不断恶化的环境问题和食品安全进一步阻碍了这一地区的民主改革成果的可能性(Adam,2008)。

但是,进一步的跨区域发展很有可能回到威权模式,而不是相反。即便当美国的影响力达到高峰的时候,也没能保障东南亚经济或政治的自由化。其中的部分原因归根于东南亚发展模式的特点:强大的、干预主义的政府(Stubbs,2005)。东南亚国家普遍缺乏东北亚国家那样强大的国家能力,更大规模的民主化尝试进一步削弱而非加强了行政能力。在政府的压力越来越大的情况下,这点非常重要,因为这些国家表现出的经济、政治和环境管理方面的成功模式给未来施加了不断增长的、直接的物质层面的影响。这一模式与东亚一直以来的国家中心主义、威权主义的传统也是完全吻合的。

"中国的崛起"已经对地区经济的整体结构有了深刻的影响,这也很有可能对这一地区的政治精英发展和治理理念有同样的影响(Gill and Huang,2006)。中国奇迹般的崛起有可能为完全不同的经济组织模式提供合法性支持。更重要的是,中国的崛起正是对威权和非民主模式利用的结果。中国"实用主义"的发展模式,包括"北京共识"的提出(Ramo,2004),被认为是建立在对自然环境破坏之基础上的,政府也做好了压制各种由环境恶化导致的不断增加的抗议的准备(Mallet,2007)。[2]

很难说清楚中国各类环境问题的严重程度,但是根据一位值得尊敬的观察者的研究,这些环境问题"有可能导致经济发展的巨大失败"(Economy,2004:25)。中国和东南亚其他国家在经济和制度上联系愈发紧密,中国影响力的扩大可能会加强非自由的经济和政治发展模式。但是,在考察哪些具体的物质状况可能鼓励转向实用主义的北京共识模式之前,我想评论一下很多西方研究的不足:没能认识到世界一些地区(比如东南亚)的长期趋势,缺乏现实的、替代性的改革方案。

外部的观念 变化的现实

一个最值得注意的现象是,人们常常通过在其他地方发展的理论模型和概念来认识和分析"亚洲发展模式",这些概念和理论模型都是建立在"西方"历史经验基础上的(Acharya and Buzan,2007)。发展到最极端和最抽象的是,主流的国际关系理论连西方的经验也很少反映,更谈不上世界的其他地方。各种对现实主义和新现实主义学派的批评已经很多,无需赘述(例如 Legro and Moravcsik,1999)。但应强调的是,很多西方国际关系理论中那些普适性的论断、抽象和假设在解释诸如东亚这样完全不同的历史背景的地区时帮助甚微。很多国际关系理论在讨论环境问题及其可能的政治后果时存在明显的欧洲中心主义。

很多试图解释和解决环境问题的理论努力在政治结构、实践和规范价值方面提出启发性的观点。但也时常与世界上大多数为生存而绝望的那些人们的日常生活经验相距甚远。例如，Linklater（1998：8）建议："至少对于那些同样面临各种严重跨国问题的国家来说，在威斯特伐利亚国际体系的社会，设想新型的政治共同体、新的公民权概念以便将次国家组织、国家、跨国政府组织和它们的支持者连接起来已经不再是什么乌托邦了。"但是，在应对现在的危机中，东亚地区很少采用上面的建议。事实上，亚洲一些具备"同样想法的国家"已经表现出了发展跨国组织结构的兴趣，但它们审慎地设计区域机制以应对其他地方自由化的压力，加强各国自己的主权，而非进行集体行动（Beeson，2009）。正如 Campell（2005：229）指出的，"环境地区主义可能潜在地增加一个国家对政治上更多民主和透明的环境政策的需求，但也有可能提高政府对于主权衰弱的担忧，一些政府不愿意将更多主权交给地区组织。"

无论我们如何评价亚洲的威权主义政权，我们都需要认识到这些通常是和这些地方发展的历史模式（通常是成功的）联系在一起的。这种赋予经济发展而非政治民主优先权的模式可能会继续表现出吸引力和效能（Beeson，2007b）。一些学者已经认识到：无论好坏，国家在环境管理中很可能处于中心地位。但是，即便那些最精细的关于国家作用的分析也看起来非常的欧洲中心主义，非常抽象，对于解释和预测东南亚国家的未来政治和环境结果帮助不大。例如，Eckersley 认为，"有活力的公共领域和创新性的讨论程序可以促进人们打破地区边界的束缚，形成民意和民主的意愿"（2004：178）。这种观点显然和东南亚国家的历史经验不合拍。事实上，菲律宾的公民社会是东南亚国家中最具活力的，但环境问题也是最突出的（Fahn，2003：117）。

即便是在一些拥有长期政治多元主义传统和有效公民社会的"发达"民主国家，"绿色"机构的有效行动也存在很多问题，不得不面临动员、组织和集体行动等根本性难题。对传统政治、等级秩序和政治权威的怀疑常常导致绿党在政治上缺乏效率，虽然这是可以理解的（Goodin，1992）。即便我们认识到很多西方社会在社会结构和意识层面的变化（Carter，2007），但是这和很多东南亚国家和中国的现实还是非常不同。一些人认为协商民主是解决围绕着环境展开的政治冲突的一个方法。但是，在考虑协商民主的有效性时，这些司空见惯的现实情况尤为重要。

尽管协商民主已经被视为"在环境主义思维中，是目前通往民主的一个霸权性的路径"（Arias-Maldonado，2007：245），但这与东亚的情况没有明显的关联性。协商民主的核心观点受到极大推崇（参见 Bohman，1998），但是这些理论背后的预设情况与北美和西欧之外的世界其他地方的政治现实严重不符。强调这一点是因为对一些学者来说，理性的、明达的讨论和对话对于可持续的环境管理和解决围绕环境问题产生的利益冲突至关重要（Hamilton and Wills-Toker，2006）。但是，正如有限的关于威权政府的环境政治研究告诉我们的，威权国家的情况非常不一样，政治进步的前景有限（Doyle and Simpson，2006）。即便我们假设那里的政治形势允许就复杂事物进行充分而明达的沟通讨论，就像 Arias-Maldonado 指出的那样（2007：248），"相信公民在充分参与讨论的情况下，能够自发地产生生态观念启蒙，促进更加绿色的决策的观点对人性的看法过于乐观和幼稚，这些乐观和幼稚的想法常常体现在乌托邦式的政治运动中。"

对东亚大多数地方的人民来说，参加这种讨论可能是一种奢侈品，因为这些地方还没建立起来有效的民主制度，这为协商民主的发展带来了不小的障碍。长期而言，更麻烦的是没有充分的证据表明任何形式的民主必然会带来好的环境质量。相反，有证据显示在民主化的初期阶段，"民主化可能对国民收入的影响间接造成环境破坏"（Li and Reuveny，2006：953）。换句话说，即便民主化成功，人民生活水平提高，长期来说也可能带来不可持续的环境影响。在这样的情况下，那些想要重新构建社会模式，减少对自然环境破坏的努力可能无法获得足够支持。正如 Lieberman（2002：709）指出的，"某一观念开始流行，不只是因为这一观念本身多么有说服力，还是因为得到了有利的政治条件的支持"。大多数东南亚国家，支持环保的力量相对薄弱，无法与那些支持继续开发自然资源的强大利益集团抗衡。

简而言之，西方关于"浓厚的世界主义"（thick cosmopolitanism）的关切,希望与自然环境建立"新陈代谢"关系以便将我们和陌生人连接起来的希望(Dobson 2006:177),看起来和那些气候变化已经深刻削弱了国家框架下社区关系的地区的现实经验非常不符(Raleigh and Urdal, 2007)。不夸张的事实是,"随着全球人口的增长和环境破坏的继续,政策制定者能够干预环境恶化带来的严重社会衰败(包括冲突)的能力越来越小"(Homer-Dixon,1991:79)。

环境威权主义的先决条件

接下来的讨论中得出的一些结论是印象性的、推断性的,甚至是令人沮丧的。相反的是,这些推论依赖的经验性证明却越来越直接而有说服力。毋庸置疑,任何地方的自然环境都在面临着强大、不可恢复的压力。东南亚一些地方的问题更加突出,因为环境的破坏程度比西方大多数地方更加严重(参见Jasparro and Taylor,2008)。一个值得怀疑的问题是回应这些危机的方式。问题的严重程度,毫不留情的环境破坏,国家有限的行动能力和这一地区糟糕的合作和环境管理历史,无法使我们信心百倍。结果是,以威权的方式来回应环境危机变得很有可能,因为现有的物质基础不能再维持生计,更不用说为民主国家提供合法性支持的"好的生活"。

环境恶化带来的灾难性结果非常多。对于长期关注这一问题的人们来说,情况变得越来越糟。目前,有所不同的是,我们不但看到了污染、全球变暖、物种消亡和其他各种由于地球不堪重负而导致的现象,而且这些环境变化可能导致的灾难性结果的观念已经成了主流的政治话语。《斯特恩报告》(Stern Review,2007)和政府间气候变化专门委员会(IPCC,2007)转变了环境问题讨论的性质,环境问题在世界各地都成了公共政策议题,尽管其对公共政策实践的真正影响还很难确定。环境恶化问题越来越受到重视,这里只强调一些东亚的经验就够了。正如Lee和So观察到的那样(1999:25),一开始应该强调的是,"环境意识在东亚社会不断提高,但政府依然坚持发展优先的意识形态,结果导致这些地区的环境愈发恶化。"这种状况在近年来没有明显改观。相反,"成功"的中国发展模式也意味着环境文化的增加,尽管对待环境问题的方式有些变化（Heggelund,2007；Cha,2008）。[3]

应该记住的是,尽管"亚洲奇迹"引人注目,但东南亚地区的很多人还生活在贫困之中,以农业为生。根据1997年的数据,菲律宾、越南和老挝有超过一半的农村人口仍生活在贫困线以下（东盟,2001：16）。2002年,45%的东盟国家人口每天的支出少于2美元。[4]人口压力造成基本生活保障面临挑战。更根本性的问题是,食品安全问题影响1.6亿人,这大概是亚太地区人口的15%,尽管粮食产量在增加。（联合国粮农组织,2006）破坏性的捕鱼和渔业面临的崩溃,可能成为威胁这一地区的重要营养来源之一。气候变化和西方对"可持续的"生物能源的需求加重了上述环境问题,导致全球农产品价格上涨,破坏了一些地区原有的社会秩序（Minder,2008）。

如Elliott指出的那样（2009：252）,对于自然资源不加节制的开发的结果是"资源破坏和环境污染已经破坏到一定程度,以至于所谓的可再生资源和环境,比如清洁的空气和水也像不可再生资源一样被消耗殆尽"。考虑到破坏自然和环境的灾难性影响及其对社会稳定的破坏,应该思考一下这些地区有哪些能力去应对这些挑战。

竞争和掠夺的逻辑

东南亚地区人口的持续增长和与之相伴的城市化过程为政治、经济和社会变化提供了两方面动力。城市是经济增长和生活水平提高的来源,但是,也带来对公共服务预期和要求的提升,比如医疗、教育和水电。一些地方政府难以满足这些需求（Roberts and Kanaley,2006）。当这些需求无法得到满足,生活质量不能提高的时候,城市也可能成为爆发社会不稳定和大规模骚乱的地方。著名的"环境现实主义者"Homer-Dixon（2006：75）认为,"对于今天的超大型城市来说,能源问题就像阿喀琉斯的脚后跟……当未来这些供给受到限制的时候……我们会发现拥有如此大人口规模的超大型城市会成为炸药桶"。同样麻烦的是，尽管年轻人的失业率已经很高，不断增长，而且跨境劳动力流动导致的地区紧张关系不断增加，但是，这些地方政府必须试图为新生的劳动力提供工作机会（Aglionby，2009）。

和中国一样，东南亚国家的政府争取维系政府的"绩效合法性"，看起来可以为威权统治变化，突破在高速经济增长期的瓶颈。和其他国家不同的是，中国在过去几十年里一直把人口控制放在优先地位。很多东南亚国家面临人口膨胀带来的政治压力（Urdal，2006）。困扰东南亚政治精英的是，中国建立在对自然资源掠夺基础上的发展模式时至今日可能已经不可行了，无法再提供合法性支持。

除非在食品和能源供应方面取得国际合作上的突破（这将是史无前例和不太可能存在的），世界和地区将面临对剩下的自然资源的激烈争夺。中国通过外交手段加强其经济实力的意图也愈发明显（Shirk，2007）。这是新一轮的"大棋局"，这种对物质资源的掠夺竞争，只有那些大国才有可能参与角力。对于东南亚地区的单个国家来说，即便它们成了有效的集体行动者（这种可能性很低），也不可能真正影响这场斗争的结局。这点很值得在国家和跨国两个层面阐释清楚。

在国家层面，开发自然环境的冲动似乎无法避免。不只是人口扩张和农业过度开发正在改变这一地区的生态环境，商业剥削的逻辑更加重了环境的压力。东南亚快速减少的热带雨林已经被广泛认为是这一地区参与全球政治经济体系的结果。不管这个过程的驱动力是对木材的需求还是种植棕榈树的破坏性开发，最终的结果都是一样的：森林的乱砍乱伐和环境不可避免的进一步恶化（Elliott，2009）。应该重点强调的是国家和跨国层面的互动造成了这一不可持续的后果。

例如，在印度尼西亚，非法采伐被一些强大的、复杂的利益网络控制，它们通常和军人或政治权势集团联系紧密，这样可以让它们逃脱法律责任（Smith et al.，2003）。缺乏有效的国家能力和控制非法采伐是东南亚国家区别于东北亚国家的主要特点（参见 Beeson，2007）。有些反讽的是，日本强大的国家能力提高了日本公司在这一地区的扩张能力，但却造成了严重的环境影响。Dauvergne（1997）的研究揭示了日本的跨国公司如何在东南亚进行无情的森林资源掠夺，为这个地区带来了"生态阴影"。虽然这可能会满足日本的市场需求，保护了日本国内的自然资源（Diamond，2005），但却是以东南亚的环境为代价的。无情的掠夺看起来还会随着中国的崛起和其不断增长的木材产品的需求而持续下去（Zhang and Gan，2007）。这样，在外部商业利益集团和内部经济政治行动者之间就有一个强大的交易关系，这使得可持续的资源管理模式遥不可及。一些研究预测，这种对资源无节制的开发带来的结果是印尼的森林资源到 2020 年将被消耗殆尽（Shimmamoto et al.，2004）。菲律宾也有同样的情况，原始森林只剩下 7%，导致洪灾频发。

考虑到这些对自然环境造成的负面、不可持续的影响，可能造成的社会不稳定及其政府在应对这些问题上的无能为力，我们或许会盼望国际组织来处理这些跨国问题。但是，这种前景更加悲观。阴霾天气的问题一方面告诉我们东南亚地区环境恶化的程度，一方面说明了政府在这个问题上的无能。阴霾是为了种植棕榈树和生产棕榈油而进行的伐木清地活动造成的不良环境后果之一，这表明在当代国际秩序中，东南亚国家长期的附属和被剥夺地位再次被强化了。更大规模地种植棕榈树是为了满足对所谓环境可持续的生物能源的需求（MacKinnon，2007）。后果是，这一地区的原始森林可能在 15 年左右全部消失；政府不得不承担因为伐木清地活动带来的各种污染。东盟已经完全无法应对这一地区紧迫的公共政策问题，因为其众所周知的制度缺陷，以及不愿涉及国家主权和成员国内部事物的态度（Beeson，2009）。

转向威权主义

东盟对其成员国内部事务的纵容态度遭致严厉的批评（Jones and

Smith，2007）。这些批评认为，东盟的原则、规范和外交实践助长了这一地区的威权主义，并为其提供了合法性。这种批评性的观点非常重要，特别是考虑到很多西方关注观念和规范的影响的学术研究都假设这种观念的影响可能是"进步的"和满意的。但是，同样有可能的是：关于什么是适当的行为规范和理念，可能反映的是不具吸引力的价值。特别是当俄罗斯和其他非自由民主国家在世界舞台上的影响更大的时候（Gat，2007）。

东盟在缅甸问题上的无所作为不断提醒我们这个组织效能的匮乏及其观念影响的有限性；东盟已经完全不能改变缅甸统治者的行为，或者让缅甸领导人接受东盟精英希望的那些正当行为（Burton and Kazmin，2007）。非但缅甸的领导人没有受到规范的压力，缅甸的经历也提醒人们自然资源在保护威权政府免受外界批评方面的作用有多大。考虑到中国对中南亚地区不断增长的影响力，中国在处理本国的环境危机及其产生的抗议运动采用了压制的手段（Kahn et al.，2007）[5]。有观点认为，中国不断增长的影响力加上目前东南亚很多地方存在的对"威权的怀旧"可能"导致地区环境更倾向于支持非民主体制"（Chang et al.，2007）。

中国的经验也证明了经济和政治的交叉关系。即便中国人的生活水平快速提高，不断壮大的资本阶层没有给政府施加政治方面的要求和压力。现在关于中国政治发展的很多文献，从西方的视角看起来很奇怪。不仅中国正在壮大的中产阶级对快速的民主化没有什么兴趣，而且新兴的资本家阶层愿意和共产党合作（Chen，2002；Dickson，2003；Tsai，2007）。事实上，有充分的证据表明政权变得更加强大而非相反，因为政府掌握对经济的有力控制（Huang，2008）。另外，面对经济危机可能对政府权威和合法性的影响，中国政府已经开始降低对环境保护的要求（Cha，2008；Anderlini，2009）。当然政府完全有可能无力对付复杂的政治、经济和人口压力，但是，如果因此而产生内部危机，中国的历史经验告诉人们，向民主转型不太可能。

一些观察人士认为，在东南亚的很多地方，人们倾向于等级差别，文化上更能接受威权主义。或者出于现实考虑，为了经济发展而放弃政治权利(Pye，1985)。但是，人们认为在中国和东南亚地区，威权主义可能持续下去或卷土重来：环境危机的威胁程度之深可能破坏民主和政治多元主义发展的条件。不仅政府要面对环境危机带来的不断增长的社会不稳定(Vidal，2006)，发展和巩固民主的阶级和社会结构基础有可能因为经济发展的失败而削弱。在很多民主化理论中处于核心问题的政治民主化与经济发展的关系(Przeworski et al.，2000)，可能无法实现，因为环境恶化阻碍经济的发展，而经济发展又是政治进步的可能条件之一。简而言之，因为物质和资源对经济发展的限制，威权主义有可能会持续下去。

这种可能性对中国和东南亚国家来说都是特别艰难的挑战。毕竟，政治合法性是建立在经济发展和提高人民生活水平的愿景之上的。这也给更广泛的国际秩序带来了问题，东南亚国家是这种国际秩序的一部分，正如Diamond(2005：496)质疑的那样，"当第三世界国家的人们最终发现他们不可能过上像现在第一世界国家人民那样的生活，而第一世界国家的人民又不愿放弃现在的生活水平的时候，该怎么办？"在这些无力解决的压力面前，一些东亚国家的领导人可能转向到冷战时期的地缘政治思维，这种思维鼓励了威权主义：任何形式的秩序可能都比无秩序更有吸引力，西方世界更能再次停止对民主的推广——这次可能是永久性的。

大规模的环境恶化，权威的下降，加上国家能力的有限性，使得前景看起来非常暗淡。对于Kaplan而言(2000：22)，"世界环境压力要让人们在极权主义、法西斯倾向的小国和公路战士文化之间作出选择"。应该对这种可能的反面乌托邦和灰暗前景重视起来。事实上，这些没有严肃的科学顾问以无可挑剔的环境证据描绘的景象更有警醒作用(Fuller，2006)。然而，这对那些有资源去应对环境危机的西方国家的政府产生的影响很小，对中国和印度的政府的影响也很小，这些政府正在不断地造成各种环境问题。简而言之，民主巩固的前景不甚光明。

结论

尽管对环境恶化和全球变暖证据的质疑已经越来越少，它们可能导致的政治后果却处于不断的争论之中。虽然上面的一些分析更多是猜测性和推断性的,中国和东南亚国家的经历凸显了一些具有全球意义的问题。这个讨论中的核心问题是:民主是否能够在这一地区——或其他相关的地方——维持下去,考虑到我们必须集体面对的这些前所未有的挑战。事实上,在如此紧急的环境危机面前,有人早已提醒我们,"人类不得不将自由让位给更紧迫的生存问题"(Shearman and Smith,2007:4)。在这样的情况下,能够禁止环境不可持续行为的"好"的威权主义的形式可能变得不仅具备合法性,更对人类的生存至关重要。这样的观念很难接受,特别是对长期拥有自由主义、个人主义、自由选择和个人发展优先的传统的社会来说。美国就是这样的国家,国家认同和生活方式都建立在自由价值观之上。这种价值观念被认为是和环境的可持续性相矛盾的(Ophuls,1997)。美国也是造成最多全球性环境问题的国家,比如气候变化。但直到现在,美国也没能在政治上解决这些问题(Stephens,2007)。相反,在中国,政府采取的处理环境问题的措施比其他任何国家的政府都多:如果没有20世纪70年代开始提出的计划生育政策,据估计,地球上会多出40亿中国人(Dickie,2008),中国的环境问题会更加糟糕。对世界上中国以外的人口来说,幸运的是中国人没有过上像美国人那样的生活。也很难想象大多数的中国人将来会按照美国人那样的生活标准生活。地球的承载能力有限(Cohen,1995)。中国发展的真正悲剧所在不是没能快速民主化,而是人类看起来已经找到如何大规模发展经济的方法,但这显然是不可持续的。至少不可能60亿人都过上西方的生活方式,有观点认为90亿－120亿是人类人口发展的极限。[6]

然而,中国政府看起来相对强大,至少还在控制之中。在环境恶化和对经济发展预期下降的情况下,威权政治很有可能持续下去(如果不是强化的话)。东南亚国家的情况有点复杂。泰国已经屈服于军人干政和非民主的势力,但是印尼的民主表现出令人吃惊的韧性。动摇的民主是否有能力应对自由脆弱的经济、人口压力和环境恶化带来的不可避免的挑战是问题的关键。尽管受到此次经济危机的影响(Bradsher,2009),印尼的状况看起来比菲律宾好很多：在这里，一个"有效的"能够控制全国秩序的威权体制已经超过了地方精英的能力范围（Beeson and Bellamy，2008）。或许有些令人沮丧的事实可能是这一地区都有可能倒退回威权体制，这是最坏的一种可能性。

【参考文献】

［1］Acharya, A., 1999. Southeast Asia's Democratic Moment. *Asian Survey*, 39 (3), 418—432.

［2］Acharya, A. and Buzan, B., 2007. Conclusion: on The Possibility of A Non-Western IR Theory in Asia. *International Relations of The Asia Pacific*, 7 (3), 427—438.

［3］Adam, D., 2008. Food Price Rises Threaten Global Security-UN ［online］. *The Guardian*, 9 April. Available from: http://www.guardian.co.uk/environment/2008/apr/09/food.unitednations ［Accessed 11 February 2010］.

［4］Aglionby, J., 2009. Asia's Migrant Workers Face Uncertainty ［online］. *Financial Times*, 5 February. Available from: http://www.ft.com/cms/s/0/9e41ddfc-f3a9—11dd—9c4b—0000779fd2ac.html ［Accessed 11 February 2010］.

［5］Anderlini, J., 2009. Beijing Moves to Stifle Reform Calls ［online］. *Financial Times*, 2 January. Available from: http://www.ft.com/cms/s/0/4234a402—d8fd—11dd—ab5f—000077b07658.html ［Accessed 11 February 2010］.

［6］Arias-Maldonado, M., 2007. An Imaginary Solution? The Green Defence of Deliberative Democracy. *Environmental Values*, 16 (2), 233—252.
ASEAN, 2002. *ASEAN Report to The World Summit on Sustainable Development*. Jakarta: ASEAN.

［7］Back, H. and Hadenius, A., 2008. Democracy and State Capacity: Exploring A J-Shaped Relationship. *Governance*, 21 (1), 1—24.

［8］Beeson, M., 2004. US Hegemony and Southeast Asia: The Impact of, and Limits to, American Power and Influence. *Critical Asian Studies*, 36 (3), 323—354.

［9］Beeson, M., 2007a. *Regionalism, Globalization and East Asia: Politics, Security and Economic Development*. Basingstoke: Palgrave.

[10] Beeson, M., 2007b. The Political-Economy of Security: Geo-politics and Capitalist Development in The Asia-Pacific. in: A. Burke and M. McDonald, eds. *Critical Security in The Asia Pacific*. Manchester: Manchester University Press, 56—71.

[11] Beeson, M., 2009. *Institutions of The Asia-Pacific: ASEAN, APEC and beyond*. London: Routledge.

[12] Beeson, M. and Bellamy, A., 2008. *Securing Southeast Asia: The Politics of Security Sector Reform*. London: Routledge.

[13] Bohman, J., 1998. Survey Article: The Coming of Age of Deliberative Democracy. *Journal of Political Philosophy*, 6 (4), 400—425.

[14] Bradsher, K., 2009. Manufacturing Slump Sends Fear across Asia [online]. *International Herald Tribune*, 22 January. Available from: http://www.iht.com/articles/2009/01/21/business/rupiah.1—412505.php [Accessed 11 February 2010].

[15] Burton, J. and Kazmin, A., 2007. Discomfort Zone: A Divided ASEAN Struggling to Match Dreams with Reality [online]. *Financial Times*, 25 November. Available from: http://www.ft.com/cms/s/0/6c1aba90—9b73—11dc—8aad—0000779fd2ac.html [Accessed 11 February 2010].

[16] Campbell, L. B., 2005. The Political Economy of Environmental Regionalism in Asia. In: T. J. Pempel, ed. *Remapping East Asia: The Construction of A Region*. Ithaca: Cornell University Press, 216—235.

[17] Carter, N., 2007. *The Politics of The Environment*, 2nd ed. Cambridge: Cambridge University Press.

[18] Carter, N. T. and Mol, A. P. J., 2006. China and The Environment: Domestic and Transnational Dynamics of A Future Hegemon. *Environmental Politics*, 15 (2), 330—344.

[19] Cha, A. E., 2008. China's Environmental Retreat [online]. *Washington Post*, 19 November. Available from: http://www.washingtonpost.com/wp-dyn/content/article/2008/11/18/AR2008111803625.html?wpisrc=ewsletter [Accessed 11 February 2010].

[20] Chang, Y.-t., Chu, Y.-h., and Park, C.-M., 2007. Authoritarian Nostal-

gia in Asia. *Journal of Democracy*, 18 (3), 66—80.

[21] Chen, A., 2002. Capitalist Development, Entrepreneurial Class, and Democratization in China. *Political Science Quarterly*, 117 (3), 401—422.

[22] Cohen, J. E., 1995. *How Many People can The Earth Support?* New York: W. W. Norton.

[23] Collier, P., 2007. *The Bottom Billion: Why The Poorest Countries are Failing and What can be Done about It*. Oxford: Oxford University Press.

[24] Dauvergne, P., 1997. *Shadows in The Forest: Japan and The Politics of Timber in Southeast Asia*. Cambridge: MIT Press.

[25] Diamond, J., 2005. *Collapse: How Societies Choose to Fail or Survive*. London: Allen Lane.

[26] Diamond, L., 2008. The Democratic Rollback. *Foreign Affairs*, 87 (2), 36—48.

[27] Dickie, M., 2008. China Mulls 'One-Child' Policy Shift [online]. *Financial Times*, 28 February. Available from: http://search.ft.com/ftArticle?queryText=netchildt policy&y2=&aje—true&=7&id=080228000391&ct=0 [Accessed 11 February 2010].

[28] Dickson, B. J., 2003. *Red Capitalists in China: The Party, Private Entrepreneurs, and The Prospects for Political Change*. Cambridge: Cambridge University Press.

[29] Dinda, S., 2004. Environmental Kuznets Curve Hypothesis: A Survey. *Ecological Economics*, 49 (4), 431—455.

[30] Dobson, A., 2006. Thick Cosmopolitanism. *Political Studies*, 54 (1), 165—184.

[31] Doyle, T. and Simpson, A., 2006. Traversing more than Speed Bumps: Green Politics under Authoritarian Regimes in Burma and Iran. *Environmental Politics*, 15 (5), 750—767.

[32] Eckersley, R., 2004. *The Green State: Rethinking Democracy and Sovereignty*. Cambridge, MA: MIT Press.

[33] Economy, E. C., 2004. *The River Runs Black: The Environmental Challenge to China's Future*. Ithaca, NY: Cornell University Press.

[34] Elliott, L., 2009. Environmental Challenges, Policy Failure and Regional Dy-

namics in Southeast Asia. in: M. Beeson, ed. *Contemporary Southeast Asia: Regional Dynamics, National Differences*, 2nd ed. London: Palgrave, 246—265.

[35] Elson, R., 1992. International Commerce, The State and Society: Economic and Social Change. in: N. Tarling, ed. *The Cambridge History of Southeast Asia (Volume 2): The Nineteenth and Twentieth Centuries*. Cambridge: Cambridge University Press, 131—195.

[36] Fahn, J. D., 2003. *A Land on Fire: The Environmental Consequences of The Southeast Asian Boom*. Boulder, CO: Westview Press.

[37] F A O (Fisheries and Aquaculture Department), 2006. *The State of World Fisheries*. Rome: United Nations.

[38] F A O (Food and Agriculture Organization of The United Nations), 2006. *The State of Food Insecurity in The World 2006*. Rome: United Nations.

[39] Frijns, J., Phuong, P. T., and Arthur, P. J., 2000. Ecological Modernisation Theory and Industrialising Economies: The Case of Viet Nam. *Environmental Politics*, 9 (1), 257—292.

[40] Fuller, T., 2006. For Asia, A Vicious Cycle of Flood and Drought. *International Herald Tribune*, 1 November.

[41] Gat, A., 2007. The Return of Authoritarian Great Powers. *Foreign Affairs*, 86 (4), 59—69.

[42] Gill, B. and Huang, Y., 2006. Sources and Limits of Chinese "Soft Power". *Survival*, 48 (2), 17—36.

[43] Goodin, R. E., 1992. *Green Political Theory*. Cambridge: Polity Press.

[44] Goldstone, J. A., 2001. Demography, Environment, and Security. In: P. F. Diehl and N. P. Gltsch, eds. *Environmental Conflict*. Boulder, CO: Westview Press, 84—108.

[45] Haggard, S., 1990. *Pathways from The Periphery: The Politics of Growth in The Newly Industrializing Countries*. Ithaca, NY: Cornell University Press.

[46] Hale, D., 2004. China's Growing Appetites. *The National Interest*, 76, 137—147.

[47] Hamilton, J. D. and Wills-Toker, C., 2006. Reconceptualizing Dialogue in Environmental Public Participation. *Policy Studies Journal*, 34 (4), 755—775.

[48] Heggelund, G., 2007. China's Climate Change Policy: Domestic and International Developments. *Asian Perspective*, 31 (2), 155—191.

[49] Homer-Dixon, T., 1991. On The Threshold: Environmental Changes as Causes of Conflict. *International Security*, 16 (2), 76—116.

[50] Homer-Dixon, T., 2006. *The Upside of Down: Catastrophe, Creativity, and The Renewal of Civilization*. Washington, DC: Island Press.

[51] Huang, Y., 2008. *Capitalism with Chinese Characteristics: Entrepreneurship and The State*. Cambridge: Cambridge University Press.

[52] IPCC (Intergovernmental Panel on Climate Change), 2007. *Climate Change 2007: The Physical Science Basis*. Geneva: IPCC Secretariat.

[53] Jasparro, C. and Taylor, J., 2008. Climate Change and Regional Vulnerability to Transnational Security Threats in Southeast Asia. *Geopolitics*, 13 (2), 232—256.

[54] Jones, D. M. and Smith, M. L. R., 2007. Making Process, Not Progress: ASEAN and The Evolving East Asian Regional Order. *International Security*, 32 (1), 148—184.

[55] Kahn, J., 2007. Chinese Environmental Leader Loses Appeal on Blackmail Charges [online]. *International Herald Tribune*, 5 November. Available from: http://www.iht.com/articles/2007/11/05/asia/china.php?WT.mc_id=ewsalert [Accessed 11 February 2010].

[56] Kaplan, R. D., 2000. *The Coming Anarchy: Shattering The Dreams of The Post-Cold War*. New York: Random House.

[57] Lee, Y. F. and So, A. Y., 1999. Introduction. In: Y. F. Lee and A. Y. So, eds. *Asia's Environmental Movements*. Armonk: M. E. Sharpe, 3—28.

[58] Legro, J. W. and Moravcsik, A., 1999. Is Anybody Still A Realist? *International Security*, 24 (2), 5—55.

[59] Li, Q. and Reuveny, R., 2006. Democracy and Environmental Degradation. *International Studies Quarterly*, 50 (4), 935—956.

[60] Lieberman, R. C., 2002. Ideas, Institutions, and Political Order: Explaining Political Change. *American Political Science Review*, 96 (4), 697—712.

[61] Linklater, A., 1998. *The Transformation of Political Community*. Cambridge: Polity Press.

[62] Lovelock, J., 2006. *The Revenge of Gaia: Why The Earth if Fighting back and How We can Still Save Humanity*. London: Allen Lane.

[63] MacKinnon, I., 2007. Palm Oil: The Biofuel of The Future Driving An Ecological Disaster Now [online]. *Guardian*, April 4. Available from: http://www.guardian.co.uk/indonesia/Story/0, 2049671, 00.html [Accessed 11 February 2010].

[64] Mahbubani, K., 2008. *The New Asian Hemisphere: The Irresistible Shift of Global Power to The East*. New York: Public Affairs.

[65] Mallet, V., 2007. Beijing Nightmare: The Rise of Real Politics [online]. *Financial Times*, September 12. Available from: http://www.ft.com/cms/s/0/e61c8cb4-6159-11dcbf25-0000779fd2ac.html [Accessed 11 February 2010].

[66] Martens, S., 2006. Public Participation with Chinese Characteristics: Citizen Consumers in China's Environmental Management. *Environmental Politics*, 15 (2), 211-230.

[67] MEA (Millennium Ecosystem Assessment), 2005. *Ecosystems and Human Well-Being: Synthesis*. Washington, DC: Island Press.

[68] Meadowcroft, J., 2005. Environmental Political Economy, Technological Transitions and The State. *New Political Economy*, 10 (4), 479-498.

[69] Minder, R., 2008. Foodprices Ringalarm for Asiannations [online]. *Financial Times*, 2 April. Available from: http://www.ft.com/cms/s/0/0a2f0252-00ca-11dd-a0c5-000077b07658.html [Accessed 11 February 2010].

[70] Mol, A. P. J. and Carter, N. T., 2006. China's Environmental Governance in Transition. *Environmental Politics*, 15 (2), 149-170.

[71] Neumayer, E., 2002. Do Democracies Exhibit Stronger International Environmental Commitment? A Cross-Country Analysis. *Journal of Peace Research*, 39 (2), 139-164.

[72] Ophuls, W., 1997. *Requiem for Modern Politics: The Tragedy of The Enlightenment and The Challenge of The New Millennium*. Boulder, CO: Westview Press.

[73] Peel, Q., 2007. China's Path through Dense Jungle of Diplomacy [online]. *Financial Times*, 26 September. Available from: http://www.ft.com/cms/s/0/897f73ce-6c56-11dc-a0cf-0000779fd2ac.html [Accessed 11 February 2010].

[74] Przeworski, A., et al., 2000. *Democracy and Development: Political Institutions and Wellbeing in The World, 1950-1990*. Cambridge: Cambridge University Press.

[75] Pye, L. W., 1985. *Asian Power and Politics: The Cultural Dimensions of Authority*. Cambridge: Belknap Press.

[76] Raleigh, C. and Urdal, H., 2007. Climate Change, Environmental Degradation and Armed Conflict. *Political Geography*, 26 (6), 674-694.

[77] Ramo, J. C., 2004. *The Beijing Consensus*. London: The Foreign Policy Centre.

[78] Roberts, B. and Kanaley, T. eds., 2006. *Urbanization and Ustainability in Asia: Case Studies of Good Practice*. Manila: ADB.

[79] Robison, R. and Hadiz, V. R., 2004. *Reorganising Power in Indonesia: The Politics of Oligarchy in An Age of Markets*. London: Routledge Curzon.

[80] Schaller, M., 1990. *The United States and China in The Twentieth Century*. Oxford: OxfordUniversity Press.

[81] Shearman, D. and Smith, J. W., 2007. *Climate Change Challenge and The Failure of Democracy*. Westport: Praeger.

[82] Shimamoto, M., Ubukata, F., and Seki, Y., 2004. Forest Sustainability and The Free Trade of Forest Products: Cases from Southeast Asia. *Ecological Economics*, 50 (1-2), 23-34.

[83] Shirk, S. L., 2007. *China: Fragile Superpower*. Oxford: Oxford University Press.

[84] Smith, J., et al., 2003. Illegal Logging, Collusive Corruption and Fragmented Governments in Kalimantan, Indonesia. *International Forestry Review*, 5 (3), 293-302.

[85] Stephens, P., 2007. Bush Plays for Time as The Planet Begins to Burn [online]. *Financial Times*, 31 May. Available from: http://www.ft.com/cms/s/531655d0-0fa1-11dc-a66f-000b5df10621.html [Accessed 11 February 2010].

[86] Stern, N., 2007. *The Economics of Climate Change: The Stern Review*. Cambridge: University of Cambridge Press.

〔87〕Stubbs, R., 2005. *Rethinking Asia's Economic Miracle*. Basingstoke: Palgrave.

〔88〕Sutter, R. G., 2005. *China's Rise in Asia: Promises and Perils*. Lanham: Rowman & Littlefield.

〔89〕Tarling, N., 2001. *Imperialism in Southeast Asia*. London: Routledge Curzon.

〔90〕Tsai, K. S., 2007. *Capitalism without Democracy: The Private Sector in Contemporary China*. Ithaca, NY: Cornell University Press.

〔91〕Urdal, H., 2006. A Clash of Generations? Youth Bulges and Political Violence. *International Studies Quarterly*, 50 (3), 607−629.

〔92〕Vidal, J., 2006. Cost of Water Shortage: Civil Unrest, Mass Migration and Economic Collapse. *The Guardian*, August 17.

〔93〕Woo-Cumings, M., 2005. Back to Basics: Ideology, Nationalism, and Asian Values *in* East Asia. In: E. Helleiner and A. Pickel, eds. *Economic Nationalism in A Globalizing World*. Ithaca, NY: Cornell University Press, 91−117.

〔94〕Zakaria, F., 2003. T*he Future of Freedom: Illiberal Democracy at Home and Abroad*. New York: W. W. Norton.

〔95〕Zhang, J. and Gan, J. B., 2007. Who will Meet China's Import Demand for Forest Products? *World Development*, 35 (12), 2150−2160.

(本文作者为西澳大利亚大学政治学与国际关系学系教授)

【注释】

〔1〕本文主要讨论中国和东盟国家，因为它们面临的环境问题最为紧迫。

〔2〕但是一些信号表明中国领导人的注意力开始转向，对力所能及范围内的环境改革更有兴趣。详见 Cater 和 Mol 主编的《环境政治》2006 年 4 月份特刊。

〔3〕事实上，认识到这点很重要：从西方的视角看很有吸引力的治理变革，在实践中可能产生不同的效果。正如 Mol 和 Cater（2006：156）指出的："在中国，地方分权没有自动带来环境保护效果，因为地方政府通常更重视经济发展，而不是环境保护。"

〔4〕相关的西方有影响的观念，比如"生态现代化"，在这样的情况下也存在很大问

题。这方面有限的研究表明，常常缺乏好的环境做法和政策执行，尽管有一些表面上的话语转变。详见 Frijns 等（2000）。

〔5〕有一些证据表明在中国的环境问题上，有"公民社会"的参与，但是这种参与会继续下去还是会受到经济危机的消极影响尚需观察。参见 Martens（2006）。

〔6〕Lovelock 认为不会对自然环境产生颠覆性影响的适宜的人口规模是 0.5 亿—10 亿之间。

Abstract

The East Asian region generally and Southeast Asia in particular have long been associated with authoritarian rule. It is argued that the intensification of a range of environmental problems means that authoritarian rule is likely to become even more commonplace there in the future. Countries with limited state capacity will struggle to deal with the consequences of population expansion, economic development and the environmental degradation with which they are associated. A resurgence of authoritarian rule is made even more likely by China's "successful" developmental example and the extent of the region's existing environmental problems. The dispiriting reality may be that authoritarian regimes-unattractive as they may-be-may even prove more capable of responding to the complex political and environmental pressures in the region than some of its democracies.

Keywords

authoritarianism; environment; Southeast Asia; China; development; path dependency

■ 纪念赵宝煦先生 | In Memory of Prof. Zhao Baoxu

编者按

谈及当代中国政治学的奠基与发展,就不能不提赵宝煦。赵宝煦先生生于1922年,曾担任北京大学国际政治系主任、北京大学亚非研究所所长、北京大学中国国情研究中心主任、中国政治学会副会长和国际政治科学协会(IPSA)执行局委员等职,是我国著名的政治学家。2012年1月21日,赵宝煦先生于北京逝世,享年90岁。

赵宝煦先生一生的学术追求与国家的历史巨变紧密联系在一起。他出生于贫苦家庭,后来考入北京大学工学院应用化学系。1943年,为了逃离日伪的压迫,靠着一路卖书画谋生,南下昆明,进入西南联合大学化学系。1944年,他转入西南联大政治系,开始专攻政治学。建国后,经历了50年代的院系调整、"文革"期间正常教学和研究工作的中断以及70年代末政治学学科的重建。1985年,赵宝煦在北大建立了全国第一个国际政治博士点,开始招收我国第一批政治学和国际政治学博士生。随着我国改革开放进程的加速,赵宝煦大力倡导对于现实问题的研究。1988年,他在北大创办了北京大学中国国情研究中心,该中心成为我国著名的跨学科综合性实证研究及咨询机构。90年代之后,尽管年事已高,但赵宝煦先生仍旧十分关心中国现实政治的发展,他曾担任中国地方政府创新奖第一届、第二届、第三届和第四届"全国选拔委员会"委员,为推动我国地方政府改革创新的研究贡献了宝贵的精力。

赵宝煦先生身上体现了中国知识分子的传统美德,是"道德文章"的典范。他对于中国传统文化的深刻理解，对于"经师""人师"的执著追求，以及晚年对于佛学的研习和对人性的追问，都是对中国知识分子传统美德的承继。与此同时，赵宝煦先生的治学和思想又体现了难得的开放品格，无论是他对思想自由和兼容并蓄的不懈追求，还是对国际学术交流的鼎力推动和身体力行，都体现了他包容性的学术视野和宽阔的世界眼光。

本辑《中国治理评论》决定重刊赵宝煦先生的两篇旧文：《政治学与和谐社会》与《悼念邹谠学长》，同时邀请先生的弟子吴学永博士撰写了一篇对赵宝煦先生《政治学与和谐社会》的书评，以纪念他为中国政治学的发展和中国学术自由的进步所作出的贡献。

谨以此辑纪念赵宝煦先生！

政治学与和谐社会*

赵宝煦

一、政治与政治学

人所共知,"政治"一词,在中国出现很早。在《尚书》、《周礼》、《论语》[1]及先秦诸子的著述中,屡见不鲜。西方使用"政治"(politics)一词,比中国稍晚。始见于柏拉图的《理想国》与亚里士多德的《政治学》。此后2000多年来,中国和西方许多思想家、政治家在治国平天下的理论和策略方面,为我们留下了许多宝贵遗产。但是政治学作为一门集中研究诸种政治现象的独立社会科学,则是晚近的事。自19世纪初开始,历经几个发展阶段[2]才有了现代政治学的规模。

政治学,顾名思义是以人类社会中各种政治现象为研究对象的一门科学。但是由于各国学者对"政治现象"的认知不同,所以至今国内国外还没有一个统一的"政治"和"政治学"的公认定义。国内外有关政治学的著作中,在"什么是政治学"这一问题上,众说纷纭,莫衷一是。因此,对于研究"政治学"的目的和作用,也不可能一致了。

"政治"一词,人们司空见惯。常人的理解,不外两种:一、"政治是

---

* 原载《北京大学学报(哲学社会科学版)》,2005年11月第6期。

管理众人之事";二、"政治是阶级斗争"。有学者已经明确指出:前者"失之于泛",后者"失之于偏"。[3]此说极是。其实这二者是互相矛盾的,又都经不住推敲。说"政治是管理众人之事",有学者问道:"发动大扫除或管理伙食",是否也可说是"政治"?[4]马克思主义经典作家确实多次说过:政治就是阶级斗争。但他们使用"政治"这个词时还说过许许多多与阶级斗争不相干的话。这一点,此处从略,后面还要详谈。

在学术领域内,各国学者对"政治"一词虽说众说纷纭,但概括起来,不外两类。一类是贬义的,认为"政治"就是玩弄权术,是搞阴谋诡计。西方人流行一句话,即:"肮脏的政治"(dirty politics),所以他们把"政客"(politician)与国务活动家(statesman)严格区分开来。人类社会中为什么还需要"阴谋诡计"呢?这是因为无论是个人或是任何一个利益集团,为了生存竞争,为了战胜敌对的一方,都不得不采取"肮脏的政治"这样一种斗争方式。

另一类是褒义的,认为"政治"是解决矛盾、平息纠纷的一种方式。人类社会之所以需要"政治",是因为要维护一定的社会秩序,使人们能够在一个比较稳定的社会里,平安生活并向前发展。

在西方,从希腊、罗马时代起,对于"政治"的不同理解,大体上就是这样分成两类。

强调斗争的,例如:马基雅维里、霍布斯直到摩根索(Hans Morgenthau)都是。他们认为压服比说服更为有效。为了维护个人或者集体的利益,战胜对方是第一要义。因此,可以不择手段,使用阴谋诡计。

另外,强调政治具有"秩序性"的,如柏拉图、洛克、卢梭、康德和黑格尔等。他们认为人是理性的动物,在人类社会中,为了实现共同的利益,人们不但可以互相合作,而且可以遵守共同制定的法律和规章制度[5]。

这种分歧,表现在中国思想史上,也就是儒法之争。儒家说:"政者正也。"[6]《论语·颜渊》强调仁义,说:"子帅以正,孰敢不正?"法家则主张"严刑峻法",说:"法不阿贵,绳不绕曲。治民无常,唯法为治。"[7]如果从哲学的角度探索，还可以追寻到"性善""性恶"问题。

试看马克思主义经典作家谈什么是政治：

马克思、恩格斯认为："一切阶级斗争都是政治斗争。"[8]

恩格斯说过："马克思证明：'过去的全部历史是阶级斗争的历史，在全部纷繁和复杂的政治斗争中，问题的中心始终是社会阶级的社会和政治的统治，即旧的阶级要保持统治，新兴的阶级要争得统治。'"[9]

毛泽东认为："政治，不论革命的和反革命的，都是阶级对阶级的斗争。"

然而毛泽东看得更远一些。他说："但是在人民有了自己的政权以后，这个政权同人民的关系就基本上是人民内部的关系，采用的方法不是压服而是说服。这是一种新的政治关系。"[10]

在马克思主义的政治学经典著作中，之所以少提治理国家的理论和策略，是由于作者所受实践活动的限制。马克思和恩格斯终其一生，没有看见过一个胜利了而能巩固发展的无产阶级政权。列宁领导十月革命成功并掌握了政权，但到他逝世前的短短七年内，内忧外患，他也没有可能总结执政经验。斯大林执政的经验和沉痛教训，至今尚没有得到实事求是的科学总结。毛泽东在解放后发表的两篇光辉著作《论正确处理人民内部矛盾》和《论十大关系》，确实在马克思主义理论武库中在治国方面作出了不可多得的重要贡献。但遗憾的是，在毛泽东有生之年，这两篇著作中阐明的理论并没有付诸实践，而且有时是反其道而行之。

相反，西方学者研究政治时，很少提到阶级斗争和革命。这是他们的一大缺点。革命问题，自然是政治学中一个很重要的组成部分。而在西方所说的"黑暗中世纪"之后，政治学之所以蓬勃发展，大家辈出，也都是在资产阶级革命排山倒海而来，工商业急速发展的形势下催生的。如马基雅维里、斯宾诺莎、霍布斯、洛克、孟德斯鸠以及卢梭等大家，都是适应资产阶级革命需要，作为资产阶级的代言人而崭露头角的。我这里丝毫没有贬低他们的意思，因为资产阶级革命是人类历史发展中的一个重要阶段。他们的理论和学说，不只使政治学得到空前发展，并且在推动历史走向文明与进步方面，起了重要作用。

我们提到马克思主义经典作家强调阶级斗争，前面也列举了一些实例。但须知经典作家并不曾想为"政治"下一学术定义。因此，他们在使用"政治"这个概念时，随着他们所谈问题的需要，而赋予了各不相同的含义。

有学者就列宁使用"政治"一词时的不同含义，做过一些摘录：

一、政治就是各阶级之间的斗争，政治就是反对世界资产阶级而争取解放的无产阶级的关系。

二、列宁认为政治不仅是敌对阶级的阶级斗争，而且还包括无产阶级政党的领导，以及无产阶级同其他劳动阶级之间的关系，甚至是各个民族……之间的关系。

三、政治就是一切阶级和阶层同国家和政府的关系，政治就是参与国事，指导国家，确立国家运动的方式、任务和内容。

四、政治是一门科学，是一种艺术。

五、政治是经济的集中表现，政治和经济相比，不能不占首位。……[11]

如果我们找一本《列宁全集》名目索引，肯定还可以摘录出更多的不同说法来。该文作者还分析列宁的许多话，说明列宁在特定时间和事件中所讲的话，是正确的，但并没有普遍意义。如说"政治是经济的集中表现"，作者写道：不应把"政治是经济的集中表现"理解为政治的最本质特征。

我认为这句话仅仅表明了经济和政治之间的关系，并未揭示出政治本身的内容。根据历史唯物主义的原理，经济是基础，政治是上层建筑，如思想、宗教、文化、教育、文学艺术等等（引者补：[都是上层建筑，它们之间彼此]）有何不同，政治有什么自己的特点则尚有待于人们去说明。[12]

上面我们不厌其烦地反复摘引了许多列宁讲过的话（其他经典作家的语录，也是大同小异），目的在于强调：如果我们是马克思主义者，我们只能根据马克思主义的原理原则去面对新事物，开动脑筋解决新问题。历史在发展,时代在前进。马克思主义必须与时俱进,马克思主义必须发展与创新。

二、政治是摆平矛盾的艺术

列宁在《共产主义运动中的"左派"幼稚病》中说:"政治是一门科学,是一种艺术。"[13]坚持科学性是当前中国政治学发展中的一个重要关键问题,这里且不多谈。政治是一种艺术,是什么艺术呢?我认为政治是一种摆平的艺术。

在阶级社会中,政治主要表现为两个主要对立阶级之间的斗争。这种斗争,从量变到质变,最终导致革命。革命胜利了,"被统治阶级"变成"统治阶级",人民掌握了政权。经过一段发展之后,原有意义的"阶级"消灭了,但社会上不可能从此消灭矛盾。因为不论在任何形态的社会上,都会存在多元的不同利益的集团或群体。他们之间不能没有差别,有差别就会有矛盾,有斗争。矛盾需要统一,斗争需要解决。国家社会不断有矛盾,矛盾又不断获得解决,因此国家与社会得以不断向前发展。

矛盾不但是普遍存在的,也是永恒存在的。矛盾的对立和统一,是万事万物发展的规律。从国家、社会到人类历史,都是这样发展过来的,而且还将这样向未来发展。这里一个重要的问题是:国家社会的矛盾,并不因阶级消灭而消灭。斯大林在1936年宣称"苏联已经消灭了阶级",而"工人,农民和知识分子的和谐一致,是社会主义前进的动力"。他用"和谐一致"来替换了"对立统一规律",从而在政治实践中酿成恶果。因此,毛泽东说"'无冲突论'是形而上学的"[14]。

政治学要研究革命的理论和策略。因为阶级对立的社会里,革命是最终解决矛盾的唯一办法。因此可以说,政治学的功能是在国家社会中解决矛盾、化解冲突。在和平发展的社会中,政治学的功能应该不变,仍然是解决矛盾、化解冲突。由于矛盾的性质不同,所以采取的手段也应有所不同。这时,不是用激烈的暴力手段,而是调和矛盾,使矛盾的各方面均能有所克制，有所妥协，提出大家都可勉强接受的办法，从而化解矛盾。我这里不提"双赢"，因为在通常情况下，矛盾对立的双方，解决矛盾的方法，可以达到"双赢"结果的并不多见，而需要提倡的是妥协精神。在"革命"辞典中，妥协、调和都是坏字眼。"革命"，需要的是"针锋相对"，"以眼还眼，以牙还牙"。但在和平发展时期，则根本不同。例如朝核问题进行的六方会谈，中国起了很大作用，就是政治的作用。而在会谈中，如果各方都坚持己见，不能有所妥协，会谈不会有正面效果。在此意义上，我们是否可以说：政治是解决矛盾、化解冲突的艺术？

三、和谐社会是一个不断克服矛盾的过程

改革开放以来，随着中国经济、社会的迅速发展，建设中国特色社会主义的总体布局已经明确地由强化经济建设、政治建设和文化建设三位一体，发展为经济建设、政治建设、文化建设、社会建设四位一体。构建社会主义和谐社会，正是目前全面建设小康社会的一项重大任务。[15]

构建和谐社会这一重要任务之所以提出，是因为中国自改革开放以来，社会快速发展，特别是经济迅速起飞，这就不能不引起社会上一系列经济、政治、文化等诸多方面发展的不平衡，最主要的是经济利益和政治权力方面的失衡。中国这样一个庞大的国家，在急剧转型的时候，各种各样的矛盾都会凸显出来。这种现代化进程中的"危机"或"阵痛"，在各个发达国家现代化历史上都曾发生过。这种失衡，如果处理不好，极易引起社会动荡和经济倒退，当前提出构建和谐社会的任务是非常及时的。

但是，我们不应该把和谐社会看成是一个十全十美而静止不变的社会形态，好像一旦我们把这种社会构建成功，就可以世世代代一劳永逸了。这是古今中外对和谐社会这一概念的共同误解。

和谐社会原本是古今中外思想家、政治家普遍追求的一种美好理想。不论是柏拉图的《理想国》还是儒家的"大道之行也，天下为公"；从法

国的空想社会主义到康有为的《大同书》，都是在描述这个美好的理想社会。他们把这种"和谐社会"描述得丰富多彩，美丽诱人，使我们从他们的著作中得到很大启发，并且因之获得丰富的想象空间。

但是在这些著作中，有一个共同的不足之处，就是都把这种和谐社会描述成一种至高无上且一成不变的社会形态，即把"和谐社会"描述成静态的，而非动态的。这与客观事物发展规律，与人类历史发展规律，都是不相符的。何况人们在认识上是不断更新、不断深化的，因此，"和谐社会"应该是一个不断发展、不断深化的命题，而不可能是一成不变的。因为世界万物都是在不断克服矛盾中发展前进的，世界上也不存在静止的一成不变的"和谐社会"。和谐社会本身是一个过程，是一个不断克服对抗、摆平矛盾的过程。它是运动着的，不是静止不动的。从孔子、康有为所描写的大同世界到圣西门、傅立叶、欧文等人关于社会主义的空想，都不是从事物发展规律这个高度来看问题的。所以，他们对未来社会的理想都是形而上学的"无冲突论"。我们追求的和谐社会将是一个充满生机和活力、向前发展的生气勃勃的社会。它不可能平静如一潭死水。

再一个问题是：和谐社会不可能一次构建成功。构建和谐社会是一个逐渐向前发展的过程。中国经济改革之所以成功，其重要原因之一是软着陆；政治体制也是采取渐进性改革。而构建和谐社会，则更是如此。这是因为：

（1）我们追求的和谐社会目标，将会随着科技发展与认识深化而不断发展，原有的矛盾解决了，原有的目标达到了，在社会继续向前发展的时候，又会产生新的矛盾，我们又会提出更高一级的目标。所以说，构建和谐社会是一个逐渐发展的过程。在不断向前发展中，中国特色社会主义将向世人展示它一浪高于一浪的美好前景。

（2）我们所要构建的社会主义和谐社会是高水平的，它要求符合马克思、恩格斯提出的公平、正义、自由、民主、法治等社会主义要求。然而，中国并不是像马克思、恩格斯当时所设想的：从一个发达的资本主义社会进入社会主义社会，而是从一个贫穷落后的、有几千年封建历史的半殖民地半封建国家直接进入社会主义。因此我们缺的课太多，需要在实践过程中慢慢补课。

（3）中国幅员广阔，人口众多。各个地区间，各个民族间，差别极大。各个群体间的利益关系，非常复杂。因此在不同人群的思想认识上，自然就是千差万别。在这一关键的社会转型期，各种矛盾竞相暴露，只能慢慢梳理。解决矛盾、缓和对抗的问题，不可能一刀切。所以构建和谐社会，自应是一个渐进的过程。

和谐社会是一个摆平对抗、缓和矛盾的过程。政治就是摆平矛盾的艺术。如何摆平？离不开法治与民主。没有法治与民主的社会，不可能是一个稳定的社会，更不可能是一个和谐社会。而法治与民主，则正是政治学研究中的重要课题。构建和谐社会重要任务的提出，为政治学研究提供了更加广阔的天地。

当前，全国13亿人民，正处在建设小康社会的伟大进程中。我们能否牢牢抓住当前的难得机遇，顺利完成振兴中华的大业，"稳定"是一个至关重要的关键条件。中国人民吃够了动乱的苦，"十年动乱"使中国人民在国力上、在物质生活和精神生活上遭受到无法弥补的损失。"动乱"，是一个时至今日仍然使人心有余悸的噩梦。因此，我们要上下一心千方百计求稳避乱，追求稳定与和谐。但是我们必须把稳定看成一种不断克服矛盾，维护社会平衡的"过程"。矛盾是普遍存在的。社会上存在着各种不同利益的群体，群众与群体之间、群体与国家社会之间，不可避免地因有各种矛盾而不断失衡。维护稳定就是要把这些矛盾不断摆平，社会也因之而前进。

关于这个问题，毛泽东有一段科学的论述。他说："不平衡是普遍的客观规律。从不平衡到平衡，又从平衡到不平衡，循环不已，永远如此，但是每一循环都进到高的一级。不平衡是经常的，绝对的；平衡是暂时的，相对的。"[16]

【参考文献】

[1] 《尚书·毕命》："道洽政治，泽润生民。"《周礼·隧人》："掌共政治禁令。"《论语·颜渊》："政者正也。子帅以正，孰敢不正？"中国古籍中一般把"政"解作正义，"治"是治理。孙中山说"政是众人之事，治是治理，管理众人之事，便是政治。"参见《孙中山选集》下册，人民出版社1979年版，第692页。

[2] 第一阶段，19世纪以来至第一次世界大战前，强调国家概念；第二阶段为两次世界大战之间，强调权力概念；第三阶段为第二次世界大战之后，强调政策概念。参见台湾易君博：《政治理论与研究方法》，台湾三民书局1990年版。

[3] 吴江：《冷石斋杂论》，兰州大学出版社2007年版，第82页。

[4] 许崇德等主编：《什么是政治学》，群众出版社1985年版，第80—81页。

[5] 参见许崇德等主编：《什么是政治学》，第80页。

[6] 同上。

[7] 《韩非子》。

[8] 《马克思恩格斯选集》第1卷，人民出版社1995年版，第281页。

[9] 《马克思恩格斯选集》第3卷，人民出版社1995年版，第40页。

[10] 《建国以来毛泽东文稿》第7册，中央文献出版社1992年版，第54页。

[11] 许崇德等主编：《什么是政治学》，第80页。

[12] 同上。

[13] 《列宁选集》第4卷，人民出版社1995年版，第189页。

[14] 《建国以来毛泽东文稿》第7册，中央文献出版社1992年版，第54页。

[15] 参见《胡锦涛在省部级主要领导干部提高构建社会主义和谐社会能力专题研讨会上的讲话》，见《光明日报》2005年2月20日。

[16] 《建国以来毛泽东文稿》第7册，中央文献出版社1992年版，第54页。

经师人师风范 道德文章楷模
——敬读赵先生心著《政治学与和谐社会》有感

吴学永

2012年2月24日上午11点27分,我收到闫健同志发来的信息,他说:他是俞可平教授的助手,他们计划在中国治理评论第2辑开辟专栏,纪念赵先生,俞老师建议我写一篇《政治学与和谐社会》的书评。我立即答应了,前提是不要太急。因为一是自从先生1月21日仙逝后,这一个多月来,我的心情很低沉,一直处在追思先生的哀念之中,我需要时间调整自己的心境;二是我需要时间静下心来仔细阅读先生用心著就的这部书。

这部书是先生多年来(1983—2008年)发表的论文和学术性演讲文章的选集,由先生亲自选编,展现了先生的理想追求和探索建立中国政治学学科体系的心路历程;此外还选录了先生为一些政治学图书写的"序"与"跋",以及回忆师友的感怀文章,展示了先生的高尚品格和精神魅力。为了专心致志地阅读这部书,我暂时放下手头的一切工作,用心去感悟先生字里行间所发出的所有信息,仿佛在聆听先生的教诲,使自己的心灵得到了一次彻底的净化。敬读先生心著,掩卷冥想,宛若先生复活人间,先生的心路历程与人生途程又展现在我们面前……

一

　　为摆脱日本占领和黑暗统治，追求光明和真理，1943年1月，先生毅然抛弃伪北大工学院应用化学系学籍，辗转南下，历尽千辛万苦，于10月31日到达昆明，11月进入西南联合大学化学系学习[1]，次年转入政治系；抗战胜利后，1946年秋天，先生随西南联大复员到北京，进入北京大学政治学系学习。[2]在西南联大和北大，先生先后师从张奚若、钱端升、吴恩裕和王铁崖等老一辈政治学家和国际法学家。[3]1948年先生毕业后留校任教，直至仙逝。先生在北大教书育人65载，辛勤耕耘，为人师表，同时致力于政治学（包括国际政治学）学科建设和国际学术交流，成果丰硕，桃李满天下，朋友遍寰宇，堪称经师人师风范。

　　作为教师，先生一直追求"经师"和"人师"的双优目标。先生坦言："在中国传统教育思想中，历来强调教书育人，老师不只要教好业务，还要教学生做人。所谓'经师易得，人师难求'……多年来，我自己在主观上一直不满足于只做'经师'，而是力争能做'人师'。虽然我自己做得还很不够，但'虽不能至，心向往之'。做好人师，一直是我自己在教学工作中追求的目标。"[4]

　　那么，如何做好人师呢？先生认为：

　　首先，老师"要全面关心、爱护学生"。既要"关心业务提高，也要关心思想、生活，甚至恋爱结婚"，在这些方面，导师应像关心爱护自己的儿女一样来关爱自己的学生，"该问就得问，该管就得管"，因为这些看似个人"隐私"的问题，"实则影响一个年青人的成长、发展，至关重要"，但"这种问和管，不应是封建专制式的，而应是民主的、好朋友式的善意帮助"。[5]

　　其次，老师"要平易近人"。根据自己的切身体会，先生认为："导师要心怀坦诚，对学生讲心里话，这样，学生才肯对你讲心里话。要使学生敢于坐在你的书房中放言高论，无所顾忌，只有这样，你才能更透彻地了解学生。"否则，学生就会因这三年的命运掌握在导师手中而怕导师，乃至忍受甘当导师的"打工仔"。但是，"学生在校时怕你，走出校门就可能会骂你"。[6]这种情况，为先生所深恶痛绝。对此，先生语重心长地说："社会上习惯把老师称做园丁，老师是培育新苗的人。园丁辛勤灌溉、栽培、扶植新苗茁壮成长，这才充分体现老师的价值。老师是工程兵，造桥、修路，让学生顺利前进，去攀登科学高峰，不能本末倒置，让学生为自己服务，把学生当成自己的资本，让学生在学术上当义务劳动力，为自己抬轿子。"[7]

再次，要坚持品德与学风并举。先生认为，"品德教育与学风问题，是培养高级专门人才绝对不可忽视的问题"，并强调指出，"立学先立品"。在先生看来，"一个人的思想行为，不论表现在任何问题上都是统一的，不可能在一件事情上表现极端自私自利，但在另一件事情上又表现出大公无私，舍己为人"。先生不赞同"大节小节"说，认为那种主张"政治是大节，生活是小节"的观点是荒谬的。因为："不热爱父母的人，怎会热爱国家？对丈夫或对妻子不忠实的人，怎会忠于革命忠于党？"所以，先生认为，"对学生进行品德教育，不能只问政治，不管生活"。正因为如此，所以先生一贯主张，"学风问题，与一个人的道德品质紧密相关"。在先生看来，"作风正派，严于律己的人，做学问也必然严肃认真，实事求是。相反，如果做人投机取巧，做学问也会偷懒找捷径"。先生最切齿痛恨的是："更有甚者，写文章先摸气候，赶风头，根据政治行情，先定调子，再凑材料，自圆其说。败坏学风，实莫此为甚！"[8]

最后，老师要以身作则，对学生要宽严相济。先生认为，"作为导师，首先要严格要求自己，才谈得到严格要求学生"，因为"'身教'比'言教'重要得多"。而对于学生，除了严格要求外，"也要允许学生一时说错话，办错事"。先生尤其主张："对学生不要揪住小辫子不放。大辫子要严肃对待，但在本人有足够认识之后，也不要揪住不放。……只要能改，就要原谅他走过的弯路。"[9]在大是大非问题上，先生严肃而中肯地指出："教育学生最重要的一点，是政治上要诚实，要表里如一。不理解的问题，说出来可以求得理解。即使'离经叛道'的思想,说出来,也可以分析研究。学校与社会,都不应该热衷于形式上的一致,追求'舆论一律'。那样,等于变相鼓励学生说假话。"[10]

先生如是说,亦如是为。我想,凡是在先生门下读过书或与先生有过接触和交往的人,无不有深切的体会和感受。先生是一片广袤的森林和一个幽阔的港湾,无论是谁,你都可以在他老人家那里避暑吸氧和避风躲浪,养精蓄锐,加油远航。无论你是什么性格的人,也无论你是有什么信仰的人,只要你与先生有过一次交往,你就会被他老人家的人格魅力和宽阔胸怀牢牢吸引住,而不知不觉地、自然而然地成为先生的挚友或忘年交。无论你是或不是先生的弟子,无论你是慕名前往或是经人介绍前往,只要是去求先生帮忙的,如请先生写封留学推荐信、请先生写篇序、请先生引荐帮忙找工作、求先生一幅字或画或找先生借点什么,等等,先生都会热情地尽力而为,尽可能地满足你的愿望和要求。1991年,我有幸考入先生门下读书,忝列门墙三载,我自然少不了总上先生家里去打扰先生,先生言传身教,使我受益无穷。毕业后,我也常去先生家里看望先生和师母,有时携妻子和孩子去,有时请先生和师母到我家里来,无话不说,其乐融融。现在,先生走了,我只能梦中拜访先生……

二

至于如何做好经师,先生亦有自己一套独到的方法。这套方法来源于北大著名校长蔡元培先生首倡的北大"兼容并包"和"思想自由"办学原则,以及西南联大"自由发展、自由竞争"的办学思想。

1. 基于"兼容并包"的原则,先生主张在教学上要博采众长,优化课程设置和教师队伍,这样才能以高水平的教学质量为国家和社会培养和输送高素质的人才。所谓"兼容并包"的办学原则,就是无论什么人,不分出身、身份、地位、党派、学派、信仰、财富等差异,只要有"真才实学",都可受聘为教师,站在讲台上为学生讲课、传授知识,充分相信学生辨别是非的能力,鼓励师生讲真话,言者无罪。

先生认为,正是在这一办学原则基础上,"北京大学能够成为马克思主义在中国传播的一个重要基地,使五四运动和新文化运动得以在北京大学酝酿、发源"。先生高度评价说,此原则与毛主席提出的"百花齐放、百家争鸣"这一著名的旨在发展社会主义学术和文化的"双百"方针,"实是异曲同工",并充满敬意地说:"蔡元培先生在当时就能提出与'双百'方针精神一致的'兼容并包'原则,实在令人敬佩。"[11]

先生之所以赞赏此原则,因为在先生看来:"科学上、文化上不容纳不同意见,无法发展。因为人们往往囿于成见,排斥异说。"先生认为:"科学与学术固然要求'实事求是',然而'理未易明,善未易察',人们的认识受很多主客观条件的限制。要求认识符合客观实际,必须有个过程。在你自己尚未认识到时,或有先知先觉,先行一步。这时你是否应该直斥为异端邪说而大张挞伐?所以在科学上,在学术上,对一时不明真相者,只有'包容'一下。"[12] 更何况,"人无完人,金无足赤,如果你按照完人来要求,现实中根本没有,我们自己也不是。"[13]

因此,基于这一原则,在教学实践中,先生主张,由于每个学生的"学习目的不一样,应该针对不同类型的学生提供更为广泛且不同的课程供其选择,这样既可以充分利用教学资源,又可以做到个性化培养"[14]。为更加优化本校本系课程体系和教师队伍,先生经常外请专家和学者来为学生授课或作专题讲座,并充分利用来访的海外专家和学者资源为学生举办学术讲座,尽可能让学生在"听讲－提问－答疑"的互动研讨式教学模式中提高自己的学识和能力。

2. 基于"思想自由"的原则,先生主张学术研究要坚持自由独立和科学性,任何时候都不能屈服于政治的压力而损害科学性,唯此方能正确地为实践服务。所谓"思想自由"的办学原则,即提倡、鼓励、尊重教师和学生的学术自由,借此营造浓厚的学术氛围,提高学校的整体教学水平和科研能力,为培养各种高素质的创新型人才奠定坚实的基础。

关于这一点,先生有自己独到的见解。先生认为:"学术自由,就是研究自由。学术问题,只有允许自由研究,不设禁区;允许独立研究,不受政治干扰,学术才能发展。"但学术本身不是目的,不能为了学术而强调学术。先生主张,学术要"为实践服务,当然也包括为政治实践服务。这是天经地义,古今中外皆然。但学术为政治实践服务,是靠学术本身的科学性来服务的。学术研究如果不能自由、独立,不能坚持本身的科学性,而不得不屈从于一时的政治需要,则它本身就违背了被称为马克思主义精髓的'实事求是'原则。它本身也就成为伪科学。用'伪科学'来为政治实践服务,则只能帮倒忙,结果适得其反,贻害无穷"。鉴于此,先生尖锐地指出:"学者若没有经过自己认真的独立研究从而形成对事物的科学判断、独立见解,只能摸气候,辨风向,唯上,唯书,鹦鹉学舌,而以此来侈谈为政治实践服务,则其害无穷。"[15]因此,先生十分赞赏和向往"思想自由"。先生发自肺腑地说:"不许思想自由,你怎么能够控制得了呢?像国民党统治中国的时候,要绝对统一思想,绝对统一认识,寻求意志绝对统一,这是不可能的,这样做的结果就是教人说假话。"[16]

综观先生一生的教学与科研活动,无不贯穿这一原则。无论是先生主编的教材、现实政治研究丛书和社会实践调研丛书以及学术前沿译丛,还是先生撰写的学术论文与创办的研究机构和学术刊物;无论是先生站在国内讲台上为学生讲课,还是出国做客座教授和访问学者为外国人演讲,先生始终都是在自由、独立、科学研究的基础上,以独到的见解和真实的思想为中国的教学、科研、政治和外交实践服务,并因此而享誉海内外的。

3. 基于"自由发展、自由竞争"的思想,先生主张教育和培养学生要按青年成长的规律办事。所谓"自由发展、自由竞争"的办学思想,是指学校提供各种丰富多样的课程和配备相应的具有真才实学和专长的教师,供学生自由选择,只要修满规定的学分,并考试及格,就可保留学籍直至毕业,同时实行补考不及格淘汰制。

这就是当年西南联大独到的办学思想,深为先生所赞赏。先生回顾说:"当时的学校领导人,自然并不是马克思主义者。但是他们的办学思想,却绝非形而上学,而是往往符合唯物辩证的思维规律。第一,对于老师，他们不求全责备，只要求你学有专长。……第二，对于同学，学校领导似乎放手让学生自由发展，自由竞争。"[17]前者与蔡元培先生倡导的"兼容并包"颇为相似，后者则独具特色。

关于后者，先生解释说："如果把学校比做一个大花园，那么，除去自然供应的阳光、雨露之外，作为园丁的校领导，则只管普遍培土、施肥，甚至锄草也不频繁。因为学生的必修课，不及格之后，补考再不及格，就要丢掉学籍，稗草自然淘汰，不劳学校动手。此外，学校有训导处，各种道德、品性上的突出问题，训导处还是要管的。"先生十分眷念地忆道："当时完全是一个自由竞争的环境。学生进了学校，完全自由发展，学校并不企图按照一个统一的模式来铸造学生。……任课教师对学生并无太多要求，但是打分较严。上课从来不点名。因为只要课讲得好，就会有超出选课人几倍的学生来旁听……教师只能凭讲课质量来吸引学生，而无法用点名方式强迫学生听课。名教授讲课，旁听的人就不只是学生，往往社会青年也来听课。学校大门敞开。从不曾有发放'听课证'，或收取旁听费的事。这些情况在当时都是绝无仅有的。"[18]

先生之所以十分赞赏这一思想，是因为在先生看来，**首先**，它"承认人的差别性，不强求一律"。先生认为，由于"各个学生之间，天赋资质、兴趣爱好本不一致。个人的长处、短处，也不相同"。因此，"教育青年，只能因势利导，因材施教。不能按一个模式塑造人才"。**其次**，它"对学生没有求全要求"。先生说，"办教育不应该妄想'塑造完人'。……要求塑造'完人'，于是吹毛求疵，百般挑剔"，甚至动不动就带帽子，结果人为制造"大片盐碱地"，致使"人才幼苗，很难破土而出"。[19]**最后**，它"按照自由竞争的规律办事"。先生主张，"为学生安排了一定的学习环境和条件后，就让学生们都在同一个起跑线上开始长跑"。不应"给任何人吃偏饭"，更不应"预先指定谁是接班梯队，谁是该学术领域的未来带头人"，关键的是应"把大家都放到一条起跑线上同时起步"。因为青年成长有其自身的规律："正如在田径场上长跑。一开始看好的，不一定最后拿冠军。一直落后跟着跑的，很可能到最后冲刺阶段，他就一马当先了。"

因此，先生批评地指出："自以为看准的好苗子，为了加速其成长，于是就猛喂偏饭，结果并不一定如人所愿。"[20]因为古今中外，没有哪一个成大事、有大作为的人才是靠吃偏饭喂养出来的。

我想，作为先生的学生和弟子，大家一定都有这样的感受：先生教育和指导我们，如同牧羊人放羊一样，充满爱心地将我们领到一片广袤的草原上，任我们尽情地奔跑和根据自己的胃口与喜好自由自在地觅草吃。所以，我们才得以平等自由地成长，学有所成，成为国家建设中的一块结实的砖或一片结实的瓦。

三

先生既是人民的教师，也是人民的学者。作为人民的教师，先生经师人师双优；作为人民的学者，先生道德文章两全，堪称道德文章楷模。先生自青年时独立自由地寻求光明、追求理想起，一辈子赤胆忠心，光明磊落，虽历经坎坷而百折不挠，始终不渝，克勤克俭，兢兢业业，努力为党、为国家、为人民学习和工作，为我国政治学科的发展和国家建设人才的培养作出了不可磨灭的贡献。先生不愧是：学贯中西宽厚仁慈育桃李，术通古今胸怀坦荡报国家。[21]

先生品格高尚，宽厚仁慈，善心善行，淳朴真诚，正直热忱，包容坦荡，无私无邪，不卑不亢，刚正不阿；先生治学严谨，独立思考，自由探索，实事求是，敢于直言，忧国忧民，忠党报国。[22]先生的这些品格和精神深受先生的老师影响，闻一多、张奚若、钱端升、吴恩裕、王铁崖等老一辈优秀学者的品德风范和治学精神在先生身上得到了很好的传承、发扬和光大。

在西南联大，先生读闻一多先生的诗，"会感觉到作者的炽烈的热情正像火浆一样在向你喷射，炙灼着、燃烧着你的心。立刻，你也热血沸腾，而且不由自主，随着作者的爱国激情、革命激情起伏跌宕"。先生"听他的演讲，更感觉到他每一句话都是炽烈的火浆在向你喷来，炙灼着你的心,燃烧着你的心,把你的心烧得透明通红,似乎把你任何私心杂念、畏惧、疑虑……统统烧化了,烧尽了,使你感觉到自己的头脑无比澄清、纯净。他的雄辩使你折服,他的激情使你强烈共鸣。于是,你捏紧拳头,暗下决心,准备赴汤蹈火,万死不辞地跟他一道大踏步前进"。尤其是,闻一多先生在《"一二·一"运动始末记》中所写的壮丽诗篇:"每一个糊涂的人都清醒起来,每一个怯懦的人都勇敢起来,每一个疲乏的人都振作起来,而每一个反动者战栗地倒下去!"以及他在临牺牲前怒斥国民党反动派暗杀李公朴先生的无耻暴行时所作的慷慨激昂的演讲:"人民的力量是要胜利的,真理是永远存在的!历史上没有一个反人民的势力不被人民毁灭的!……正义是杀不完的,因为真理永远存在!"等,使先生"永远不能忘怀……因为忘记过去就意味着背叛"![23]先生在学生时代就积极追随革命,与闻一多先生喷射火浆般的爱国激情和革命激情对自己心灵的洗礼不无关系。

在西南联大和北大,先生师从我国老一代著名政治学家和杰出的爱国知识分子钱端升先生。钱先生"一颗拳拳爱国之心,始终为祖国的坎坷与兴旺而超频跳动"的情怀;面对日寇侵略和国民党政府的妥协,钱先生表现出来的"与其开门揖盗,财物被劫……而生命终归乌有,毋宁与盗肉搏,而死壮士之死"的爱国激情与英雄气概;针对1941年皖南事变后国民党右派人士掀起的反共叫嚣,钱先生"拍案而起,仗义执言,反对国民党制造国共摩擦,号召团结抗日"所表现出来的正义感;抗战胜利后,1945年11月25日,面对国民党反动派挑起内战的情势,钱先生不顾反动武装的包围和开枪射击,镇定自若,"满腔悲愤,激昂慷慨,大声疾呼:'内战必然毁灭中国!''我们需要联合政府!'"而表现出来的"大义凛然、不畏强暴"的崇高气节;1947—1948年,应哈佛大学之邀赴美讲学一年结束后,面对不少美国学者的劝留,钱先生"毅然作出了回国的选择"所表现出来的忠诚爱国之举;1948年底,国民党在大陆败局已定,面对国民党政府争夺人才,用飞机抢运寥寥著名学者(钱先生也在此名单之列)的举动,"钱先生毫不迟疑地拒绝了国民党政府这份'好意'"所表现出来的刚正;特别是,钱先生经过自己多年的观察和切身体验,"认定中国共产党能挽救中国,能使中国富强"而选择共产党,相信"在共产党的领导下,他可以实现为他热爱的祖国走向民主富强之路一展所长的多年夙愿",并且在20年"左"的思潮泛滥时尽管受尽凌辱和折磨,也"并未动摇对中国共产党的信念,仍然热爱祖国,热爱人民,热爱他一生从事的政治学研究工作",而且一生严格要求自己,不断追求进步,"并在81岁高龄时光荣加入中国共产党"[24]等所表现出来的矢志不渝、忠义不改、百折不挠和坚忍不拔的品格和精神,让先生敬佩不已,并对先生产生了潜移默化的影响。

在北大,先生除了师从钱端升先生外,还师从吴恩裕先生和王铁崖先生。先生说,吴先生是"一位治学严谨、博学多才"和"热爱祖国、仗义掩护革命学生的正直教师、一位基础深厚的马克思研究专家";先生称赞吴先生"刚正不阿","热情仗义,敢作敢为",敬佩"他才华横溢,治学严谨,不只学术造诣深,而且著作等身,重要成果很多"。[25]先生与吴先生情谊深厚,吴先生仙逝30年后,先生依然念念不忘,无限深情地追忆道:"追随吴先生30余年,师恩难忘。我虽在学生时代追随革命,但在我认真学习马克思主义理论时,吴先生却是我的第一位启蒙老师。我在他的课堂上第一次认真学习了《共产党宣言》。有纪念文章提到吴先生的民主作风时,说吴先生与他的学生史筠和赵宝煦等人'成为终身朋友'。回想与吴先生师生关系30余年,除政治学外,在文学、艺术、书法、篆刻和京剧诸多方面,我们都有共同爱好。平时推心置腹,无话不谈,说是莫逆之交,也不为过。"为此,先生感恩地说:"多年来,我从吴先生处获教益很多。但对我一生影响最大的,是他的严谨周详、一丝不苟的治学方法。"[26]不难看出,先生从吴先生身上学习和继承了许多可贵的品质和精神。

先生说,王铁崖先生不仅是"曾经给予中国国际法学界深远影响的一代宗师"和"饮誉国际学术领域的国际法权威学者",而且"在促进中国政治学发展方面",尤其在"对中国政治学会的历史发展"方面,"贡献了他的力量"。[27]先生自豪而感激地说："我有幸作为王铁崖先生的学生，数十年来，在教书治学方面受到他的教益极多。"其中给先生印象最深的是王先生"在治学中坚持科学性"和"特别重视理论与实际结合"。先生敬佩地说，"王先生治学严谨，坚持科学性，始终贯彻实事求是的科学原则。他从青年时代起，就秉承前辈学人的严谨学风，治学一丝不苟……任何论述都有充分根据"，使用材料，无不反复"核对、比较"，"博收约取"和"绝对具有说服力"。正因为如此，王先生"著作中的每一论断，都有落地生根、千钧之力也难于撼动的效果"。[28]在理论与实际结合方面，王先生"学国际法，同时兼治外交史。他教国际法，同时也教国际关系史，教外交史。因此，在他的讲课或学术著作中，能做到理论与实际结合，观点与材料的统一"。[29]此外，先生还十分钦佩"王先生在参与实际政治、社会活动方面的积极入世态度"。[30]显然，王先生在教学治学方面这些好的做法，先生都很好地发扬光大了。

四

先生的道德，是与先生的文章融为一体的；先生的学术，无不显示先生的品格，无不体现先生的理想。所以，先生的诗文、讲演和论著，既朴实无华、真实感人和令人折服，又充满智慧、哲理和辩证法，满卷真言、直语和谠论，掷地有声，给人以启迪、振奋和希望。

当你读到：

偶　感[31]

少小不更事，每期玉无瑕，

凡百求完整，忧戚常无涯；

而今阅世久，心情渐豁达，

徒争九指好，一指亦参差；

但问心无愧，毁誉且由他。

（1960年9月）

无论你面临多大的痛苦和灾难,你都会豁然开朗、茅塞顿开,心中一切的不快、郁闷、烦恼和忧愁,立刻就会烟消云散。

当你读到,"为了中华民族的振兴,为了中国社会主义现代化事业的快速前进,中国知识分子也应努力净化自己的灵魂,克服自身陋习。敢讲真话,多干实事,坚持不懈地承担起'理论创新、体制创新、科技创新'的历史任务。要发挥引导社会前进的作用,要做有独立人格的思想家、批判家"。[32]无论是中国人,还是海外华侨,你的心灵都会马上为之一震,顿时就会产生一种崇高的使命感和责任感,并开始准备起航,为之奋斗不已。

当你读到,"2000多年停滞的封建制度,使我们缺乏民主意识,我们习惯于家长制的领导与被领导。很容易看到革命时期的民主斗士,一旦大权在手,就实行家长制,而且得心应手。特别重要的是,要在全国、全社会培养一种宽容精神,即容许不同意见存在的宽容精神。……举国上下,都要彻底抛弃那种在'以阶级斗争为纲'时期的'排斥歧见,打击异己'的恶劣作风。特别在学术界,必须认真在'马寅初'、'孙冶方'的事例中吸取足够教训"。[33]无论你是领导者,还是普通公民,你都会被先生的敢于直言所感动,同时也会认识到,民主制度的实现,将是一个漫长的发展过程,需要我们每一个人的共同努力和身体力行。

当你读到,"世界上有两种人,绝对不应该感情用事。我指的是政治家和社会科学工作者。前者如果感情用事,就会造成天下大乱;后者如果感情用事,则只能胡说八道。可惜在现实世界中,到处都不难找到习惯于感情用事的政治家和社会科学工作者。喜欢标榜'民主'的人,真应该认真学习一下'民主'的真谛:尊重别人,允许别人有和自己不同的想法和做法,君子和而不同,求同存异。只有大家都认真按照民主原则行事,世界才能达到持久的和平与稳定"。[34]无论你是政治家还是学者,你都会不由自主地对照反省,向更加理性的轨道靠拢,与不同的人和行为主体和睦相处,共同奋斗,迈向共同的理想目标。

当你读到,"佛教以慈悲为怀。主张净化心灵,自度和度人。……解决全球性的问题,一方面态度要积极;一方面又要有足够耐心。只要能坚持悲天悯人的佛教救世精神,锲而不舍,在各国佛教徒之间进行广泛交流联系,多方促进各国学术、文化及人民之间的友好往来,并与国际、国内各种积极的、进步的、正义的力量相配合,相信一定可以广结善缘、净化人生、战胜邪恶,最终实现人间净土"。[35]无论你是佛教徒,还是其他宗教信徒或无神论者,你都会顿感心灵宁静,向往那通过全人类努力奋斗与共同合作而可望实现的人间天国。

当你读到,"马克思主义是生气勃勃不断蓬勃发展的科学。若把马克思主义当做教条,就是置马克思主义于死地。而教条主义是马克思主义的大敌!"因此"不能把坚持马克思主义指导思想理解为寻章摘句和不厌其烦地引证语录"。"马克思主义从来就是开放的,而不是封闭的。封闭则导致僵化,而无法发展。人所共知,马克思主义是批判地吸取了大量人类优秀的科学文化成果而诞生的……马克思主义既然是广泛吸收人类优秀科学文化成果而产生的,那么怎么能设想它可以摒弃一切当代非马克思主义的科学文化成果,而闭门独立发展呢?"因此,"坚持马克思主义指导思想与不轻视西方的学术成果,二者是统一的,不能有所偏颇。"从事社会科学研究,"必须以我为主,不能崇洋,也不能排外"。[36]无论你是马克思主义理论工作者,还是其他社会科学研究工作者,你都会时刻警示自己:什么才是真正的马克思主义者,怎样才能真正坚持马克思主义指导思想,并做到洋为中用。

当你读到,"中国传统思想中关于做人、治理国家,最重要的两个命题,即'和为贵'与'中庸之道'"。它们"对中国人的伦理道德、思维方法以及行为方式等均产生很大的潜移默化作用……在铸造中国人民酷爱和平、反对强暴的民族性格时,起了重要作用"。但"我们今天提出的和平、和谐等概念并不是简单的复古。这是因为:(1)在中国传统思想中,认为实现和平的理想世界的途径,是以个人修身养性为基础,以君主制统治为背景,主张以修身、齐家、治国、平天下为先后次序来实现理想社会。这是一种小生产农业社会的思想反映。(2)它们具有强烈的天朝、上国观念和突出的民族优越感。例如所谓夷夏之辨、宗主国与藩国之分等等,十分缺乏今天保卫世界和平事业中的民主、平等意识。我们研究中国传统的和平思想，也应该取其精华，去其糟粕。不能忽略传统思想中的局限性"。[37] 无论你是爱国主义者，还是民族主义者，你都会对中国传统文化有一个正确的认识，并能感悟到古为今用的真谛。

当你读到，"我们不应该把和谐社会看成是一个十全十美而静止不变的社会形态，好像一旦我们把这种社会构建成功，就可以世世代代一劳永逸了。这是古今中外对和谐社会这一概念的共同误解……'和谐社会'应该是一个不断发展、不断深化的命题，而不可能是一成不变的。因为世界万物都是在不断克服矛盾中发展前进的，世界上也不存在静止的一成不变的'和谐社会'。和谐社会本身是一个过程，是一个不断克服对抗、摆平矛盾的过程。它是运动着的，不是静止不动的"。这就是说，"我们追求的和谐社会将是一个充满生机和活力、向前发展的生气勃勃的社会。它不可能平静如一潭死水"。因此，"和谐社会不可能一次构建成功。构建和谐社会是一个逐步向前发展的过程"。[38] 无论你是哲学家，还是大战略家与国家的顶层设计者，你都会深切地领悟到辩证法的奥秘，并拥有一种展翅九万里、背负青天、俯瞰寰宇的无限视野与胸怀……

先生的智慧是无穷的……

先生的思想是永恒的……

先生的精神是不朽的……

先生的品格是永垂的……

* * * * * * *

让我们永远记住下列的日子：

1943年1月21日，先生离开北平南下[39]……

1990年1月21日，先生的老师钱端升先生仙逝，享年90岁[40]……

2012年1月21日，先生仙逝，享年90岁……

怀念我们的先生和先生的先生们……

【注释】

[1] 参见赵宝煦:《途程——抱虚斋诗文稿》,东方出版社1998年版,第261、336—337页。

[2] 参见赵宝煦:《政治学与和谐社会》,北京大学出版社2009年版,第280页。

[3] 同上书,第372页。

[4] 同上书,第268—269页。

[5] 同上书,第269页。

[6] 同上书,第269—270页。

[7] 同上书,第270页。

[8] 同上书,第271页。

[9] 同上书,第272页。

[10] 同上书,第270—271页。

[11] 同上书,第127、128页。

[12] 同上。

[13] 同上。

[14] 同上。

[15] 同上书,第128—129页。

[16] 同上书,第286页。

[17] 同上书,第274、276页。

[18] 同上书,第276页。

[19] 同上书,第276—277页。

[20] 同上书,第278页。

[21] 这是去年(2011年)先生90华诞暨从教65周年庆典之前,我收到邀请函后,于10月26日,恰逢先生农历生日(九月三十日),满怀景仰之情,为先生作的一副贺联。

[22] 先生的这些品格和风范,我于2009年11月18日在庆贺先生87岁华诞暨先生学术思想研讨会上曾用"四颗心"概括:

始终有一颗火热的心;

始终有一颗包容的心;

始终有一颗善良的心;

始终有一颗责任心。

〔23〕赵宝煦:《途程——抱虚斋诗文稿》,东方出版社1998年版,第162、164、169—170、171、172页。

〔24〕赵宝煦:《政治学与和谐社会》,北京大学出版社2009年版,第345、346、347、350、352、353、354、353、356页。

〔25〕同上书,第360、364、359页。

〔26〕同上书,第369页。

〔27〕同上书,第371、373页。

〔28〕同上书,第374页。

〔29〕同上书,第375页。

〔30〕同上。

〔31〕赵宝煦:《途程——抱虚斋诗文稿》,东方出版社1998年版,第65页。

〔32〕赵宝煦:《政治学与和谐社会》,北京大学出版社2009年版,第173页。

〔33〕同上书,第125页。

〔34〕同上书,第338页。

〔35〕同上书,第298—299页。

〔36〕同上书,第109、59、61页。

〔37〕同上书,第14、16、18—19页。

〔38〕同上书,第8、9页。

〔39〕赵宝煦:《途程——抱虚斋诗文稿》,东方出版社1998年版,第261页。

〔40〕赵宝煦:《政治学与和谐社会》,北京大学出版社2009年版,第358页。

(本文作者为北京市第一中级人民法院副局级巡视员)

悼念邹谠学长*
——最后一封浓缩毕生研究精华的来信

赵宝煦

今年8月6日上午，我在家接到邹谠学长从芝加哥打来的长途电话，说他刚从医院回家。他说在医院病床上躺了十几天，虽然不能读书、写作，但是头脑清醒，可以思考问题。他说在病床上已经把计划要写的"关于中国革命与建国（包括20年改革）的正面意见与观点"这篇文章的几个关键问题都想清楚了，现在回家可以安心写作了。但是有些问题，手头材料不足，要我想办法替他找一下。同时，他又告诉我，身体虽然不行，但是这一段心情乐观平静。特别又加重一句说：现在的心情是少有的平静愉快。我问他每日生活情况，他说有教会的华裔朋友来帮他家做饭，最近可以一日三餐了（他是长期不吃早饭的）。

打这电话的时候，芝加哥时间应是8月5日下午。而我后来得知，他就是在8月5日傍晚病发住进医院的。这个电话实为我们多年交谊的一次最后"诀别"。当时我听他说现在心情十分平静愉快，还很为他高兴，想不到他竟这样匆匆去了。但我在心痛之余，也稍觉安慰。这样一位好人，一位一生勤奋治学取得杰出学术成就的政治学家，一位为他热爱的祖国和中美关系正常化操碎了心，同时又用他关于当代中国研究的科学成果为促

---

* 原载《国际政治研究》"悼念邹谠教授专辑"，1999年10月25日。

进中美两国人民相互理解而作出重大贡献的好人,当他告别人世时,他的心情应该是平静而愉快的。

写文悼念邹谠学长,心潮澎湃,思绪万千。要说的话实在太多,现在我只想简单介绍一下他今年写给我的一封长信。他写这封信时,已经重病缠身,所以这一万多字,他断断续续写了近两个月。这是他最后写给我的一封长信,据信也是他平生写给朋友们的最后一封信。他后来曾打电话询问我,是否可以把写给我的这封信寄给别的朋友看,以便更广泛地征求意见。因此,我想公开介绍他这封信,也是符合邹谠学长遗愿的。

一、信的主题

邹谠这封长信,是他构思许久的一篇总结中国革命与建设经验的文章提纲。

我之所以要着重介绍他这封信,是因为信的内容是高度浓缩了他毕生研究当代中国政治的真知灼见。众所周知,邹谠是以研究当代中国政治而著称于世的。他对自己平生治学道路和重要观点的全面的总结性文章,是他自称为可能是"告别之作"、于1993年8月为他所著《二十世纪中国政治》一书(香港:牛津大学出版社1994年版)所写的长达45000字的《后记:从传统权威政治系统到现今全能主义系统》一文。而写给我的这封长信却是一封为征求意见并搜集资料用的写作提纲。但时隔六年,这最后一封信,虽不如《后记》全面完整,但在某些方面却更突出了他对中国政治问题多年来深思熟虑的精华。

这封信的主题是"对中国革命与建国(包括20年改革)的正面意见与观点"。所谓正面意见,就是分析他认为中国革命与改革所以取得成功的几个特点。所谓"观点",就是他认为中国应从历史上汲取的几点教训。他在电话中说:他的几点看法不一定对,但是中国如果不认真总结发展中的几次失误,则很难保证历史在将来不会重演。然而他费力写出的这一万多字,却只说了前一半;而后一半,他在信里写道:"至于革命与1949年以后的失误，另一信再说明。"其具体内容究竟是什么，他没有说。遗憾的是，这位对当代中国政治有精湛研究的著名学者对于中国在发展过程中所走弯路的观察与分析，我们将永远无法得知了。

二、方法论

邹谠多年来致力于现代中国政治的研究，他的方法始终是首先全面、细致地分析研究中国的政治实际和历史实际，并以此为立足点，再尽量有选择地利用当代西方政治学研究的新理论、新方法，并加以丰富、完善，从而形成自己的分析框架和方法。

邹谠对他的治学方法，在他的《二十世纪中国政治》的《后记》中有一段清楚的说明："我还要再次说明，我的整篇文章不过是提出一些看法，一个研究方法和研究框架。看法还需要证明，方法不是结论。框架本身只是寻求真正知识的工具，它本身不过是一系列的名词，用来提出一系列的问题和对这些问题的初步看法、假定和回答。框架好比是建筑房屋时临时搭起的台架，在建筑物完成后，这些台架就失去了它们的功能。就应当拆除。它的本身消失了，留下的是已经建成的房屋。它的价值高低，由这些房屋的质量来衡量。"[1]

关于理论与实际的关系，邹谠在《中国二十世纪政治与西方政治学》这篇论文中写道："我们一方面需要有选择地应用西方社会科学包括政治学来研究中国20世纪政治及中国历代政治的演变，另一方面也必须用中国政治的实践与历史去检验西方社会科学的个别概括和理论框架，然后再进一步将中国政治的实践与经验结合西方社会科学包括马克思主义中经得起历史考验的原理，去提出政治学上新的个别概括和比较完整的理论框架，这样做可以突破西方社会科学的个别概括和理论框架，创造中国政治学，然后再在这个基础上对发展世界性的政治学作出重大的贡献。"[2]

邹谠一生治学，就是按照这条道路走的。他在这封长信中，也毫无例外地说明："我的评述的基本方法是将政治学方法与理论结合于历史，作为探讨的出发点。这些方法着重：比较政治学、宏观历史与微观个人决定与行动之结合，历史之延续与经济政治制度转型之关系。原理方面着重于：（1）国家论，尤其是国家建立或重建之理论；（2）意识形态论；（3）理性选择论；（4）博弈论。"

三、中苏建国过程不同

邹谠接着说：他是用上述这些观点、方法和原理去探索一个普遍受关注的问题：为什么前苏联的改革导致本身的解体，而俄国的改革又引起经济崩溃和政治瘫痪。而与之对比，则中国20年来的经济改革取得惊人的成就。经济制度逐步、渐进地转型，社会平稳地发展，竟然在二三十年内，取得在欧洲数百年演变的成就。他认为讨论这个热门话题的专著虽然很多，但它们都是讨论实际政策及其后果，并未有人提出一个有历史观点、有理论深度的诠释。他认为，一般作者的通病是以研究前苏联的结论套上中国的发展，用了解前苏联的角度去分析中国。有意无意中认为前苏联就等于中国。但邹谠的看法却是："苏联与中国革命的过程完全不同。"

他说：虽然中国革命开始时是"以俄为师"，并直接由前苏联顾问、前苏联领导人和第三国际代表或由追随第三国际政策的中国领导人来控制中国革命，但中国是经过持久的革命战争后取得胜利重建的国家，而前苏联则是沙俄政权战败崩溃，二月革命后，资产阶级政府无能，而工人、农民自发行动领先，政府军队解体，布尔什维克党适应潮流，数月之间（从4月到10月），一举夺取了政权。二者建国过程完全不同。

四、中国建国应从三湾改编算起

邹谠在这封信中提出了一个重要的观点。他说："中国建国应从三湾改编算起。'从无到有，从小到大'，从弹丸之根据地到全国的胜利，从基层到中央；以党建军、建政府，成立根据地的割据政权。这个'国中之国'（a state within a state）经历了国内国际形势巨大变化，内战外患，波涛起伏，死里逃生。因此在革命时期已逐渐形成的党国（Party-State）与前苏联革命后方开始建成的党国，有几个迥然不同的特征。这些特征使中国能顺利从计划经济转变到有'中国特色的市场经济'或多种所有制混合的经济制度。"

三湾改编，是1927年。在1949年中华人民共和国建国之前，中国共产党已有长达28年的地方执政经验。这个观点之所以重要，因为它是了解当代中国政治的一把钥匙。不论是赣南的中央苏区政权，还是陕北的解放区政权，都是战争时的政权。战争时的政府，有它一系列迥然不同于和平时期政府的制度特点。这些特点，在战争条件下，例如高度集中和行为效率方面，有它不可替代的优越性。而把这些革命战争时期政府制度的特点带到和平建设时期政治制度和政治运作中来，自然就容易因不合时宜而产生副作用。需知任何社会现象的产生都有它不得不然的历史原因，然而它的改变或消失，也需要一定的历史过程。

邹谠在4月份所写这封信的前几页提到三湾改编，后因看病治疗，写信中断。到5月3日，他又拿起笔来继续解释这个问题，说在第一次统一战线时，虽在军队中有影响，但没有自己的军队；在政府中也有影响，但没有真正的领导权。而"三湾改编以后开始有自己的军队，支部建在连上，班排设党小组，有了自己的军队，才可以解决财政问题（最早是打土豪），成立根据地，有了军队、财政收入、政府与管辖的土地（即根据地），才能有国家，这是政治学的常识"。

五、中国不同于前苏联的五个特征

邹谠分析中国共产党在长期革命战争中所建设的国家，即"国民党国家中的共产主义国家"有不少的特征。他说他现在只提出与前苏联国家对比中，有明显不同的几个特征。而"这些特征也是解释中国最近几十年（即邓的改革及江的继续改革的几十年）的成功的政治上最基本的原因"。

第一个特征，邹谠说："我认为……重视现实，随着现实的变化，或对现实的新的认识后而改变政策与制度，是中共建国的最根本的良好传统，'实事求是'，就是认识论（epistemology）上也是常识上的根据。……这个原则，这个传统是廿年改革成功的基础，也是经济制度转型的基础。"

这个特征是怎样形成的呢？邹谠认为，"根源是长期战争中，革命运动所面对的客观现实（objective reality），经济、政治、外交情况，国内敌我力量对比，外力侵入所造成的形势变化多端，有利与无利条件层出不穷。面对此种变化，革命运动如要生存与发展，必须对当前现实与客观形势有一个正确的估计，从而修正甚至放弃原有的政策与行动运作的方法，或至少作基本上或战略或策略上的修改。"他列举井冈山初期土地政策的几经修改，由没收一切地主土地、土地国有政策变化到抗日战争时期的减租减息政策；十年内战时过"左"的土改政策纠正后又采取"联系、保护开明士绅"政策等。他特别提到，在马克思主义理论观点上，毛泽东说："然而，生产关系，理论，上层建筑这些方面，在一定条件之下，又转过来表现为主要的决定的作用，这也是必须承认的。"邹谠认为毛泽东对恩格斯论点的这一修正，实为整个革命意识形态上的依据，也是所有具体政治、经济、社会、军事政策的出发点。他认为国内关于毛泽东思想的研究中，对这一点重视不够，是一大缺憾。

对比之下，邹谠认为：前苏联自1928年计划经济制度形成后，斯大林时期制度和政策从未有基本改变。提出改变者，或处死或放逐。赫鲁晓夫想改变，被赶下台。勃列日涅夫以维持现状（status quo）著称，尊重既得利益，得以长期执政，但毫无建树。戈尔巴乔夫政治改革先行，遭政变下台，大权落于叶利钦手中，前苏联解体，苏共解散。政治上模仿西方制度，经济上采用美国专家的"休克疗法"，结果经济濒于崩溃，政治陷入瘫痪。邹谠认为："苏联革命后所建立之国家，从未有改革成功的经验。国家缺乏自信力，盲目崇拜美国专家及美国政治、经济，不能选择西方经济政治之优点，并使其适应于苏联的现实，是苏联、俄国改革失败的最基本原因。"

第二个特征,"中国革命时期的国家有一个选择最高领导人物与集团的机制(mechanism),这个机制是中国国家与传统君主专制、苏联个人独裁(更不必说纳粹德国)的不同点"。邹谠认为:"政治上,行政上,党纪上的领导权"对选择最高领导人,"并没有最后的决定的作用,决定领导人与领导集团最后的而且有决定性的机制,是革命战争的成功与失败。这个机制是显而易见的,是当事人与其后继者,人所共知的。第五次反围剿的失败,决定了李德、秦邦宪(博古)领导的失败,毛在长征时的第一个建议,不去湘西而进军贵州,避过国民党军的天罗地网,以及其他战略策略,到遵义会议时,决定了他的领导地位。张国焘西征失败,决定了他的权力丧失。"

邹谠接着说:打倒"四人帮"后,邓小平的"实事求是"口号,能打败"两个凡是",战胜"你办事,我放心"的"法统上的力量",也是上述中国选择领导人的机制在建国后的最重要表现。"江、朱领导集体能顺利克服1994年的经济危机,惊人的通货膨胀以'软着陆'而结束。经济继续以高速增长,使江的地位稳固,朱能指挥全面经济制度的改革,这也是一例。"

对比之下,邹谠认为前苏联革命成功后所建成的国家,缺乏这样一个选择领导人的机制。"列宁执政时期建立一个强有力的党政府,在领导人之选择,列宁生前,以列宁意志为主,列宁死后……以斯大林之意志起最大的作用。而政策的成败,并不成为领导人物的起落的标准。"邹谠举例说,斯大林对于中国第一次国共合作统一战线工作指导的失败,以及斯大林农业集体化政策所遭到的挫折,并未影响斯大林的地位,相反,当时的反对派却逐渐丧失权力,最后全部被消灭。

第三个特征,邹谠认为表现在中央与地方的关系上,既有权力集中的一面,又有权力分散的一面。"中央高层的领导人都是从地方打游击,组织党国,然后逐步扩大国家权力范围、管辖领域,最终成为党国最高领导人,对低层党政工作所面临的问题,有亲自的了解。自下而上的过程中,与各层党政干部都有个人关系。因此对地方党政军事经济都能驾驭自如。"

这是权力集中的一面。"并且各根据地,分散于国民党控制下的各地区,通讯联系极为困难。因而各根据地的军事政治等运作,及各种功能(functions)的操作,均由各地方领袖主持,但人事方面则中央仍有决定之权力。""地方服从中央,是民主集中制的一个重要内容。我所要指出贯彻这个原则的主要的政治机制,是中央管理、指派、罢免或调任地方官吏的权力,以及地方与中央的人事互调交流。"邹谠认为:"在中国中央与地方的关系中这种灵活性表现在:在一定时期与条件下,中央既可'放权让利',但在另一种条件下和另一个时期内,中央可以利用中央与地方官员的过去与现在的关系,控制地方的政策与政治经济动作。""而与中国相比,苏联不但解体,各个共和国独立,即使俄罗斯共和国内之各省各区、各大城市,中央政府并不能有效控制。"

第四个特征,是"在困难的时机,能打出一条生路,并往前发展"。邹谠说,这种事例,在革命战争时屡见不鲜。"1950年以后,美国对华的经济封锁之严格,史无前例。中国对外对内经济政策又有失误之处,但仍能有每年平均百分之四至六的增长。北京政治风波以后,中国在外交困境中仍能韬光养晦,应付恶劣外交局面……以经济发展增长打破外交上、内政上之困境。"

第五个特征是国家与社会的关系。邹谠认为,"中国革命之能成功,能最后战胜军力强大的国民党,根本原因在于能发动社会力量,组织成一个庞大的社会力量的集团(农民及中等阶级)",战胜强大的敌人。

在这里,邹谠再一次提出要改变"全能主义"的国家社会问题,强调国家应该主动帮助社会发展,协助社会团体的自我发展,并培育社会团体遵守国家法律及对社会和国家负责的精神与作风。

以上五个特征,是邹谠分析中国近几十年来改革成功的最基本的政治原因。他写完这封信的时候是1999年5月9日。显然因为精力不济,五个特征写到最后两条时,已十分简单潦草。但思想是明确的,逻辑是清楚的。这虽是一份征求意见和搜集资料的写作提纲,但可以看出其中高度浓缩着他毕生对当代中国政治研究的精华成分。

六、"全能主义"与"全赢全输"的博弈原则

邹谠在这封信中还提到"全赢全输"的博弈规则（rule of the game）和"全能主义"问题，我在下面稍加介绍。

用"全能主义"一词来形容中国高度集权的政治体制，是邹谠在80年代提出来的。他在前引《二十世纪中国政治》一书的《后记》中有专节阐释："我在80年代提出'全能主义'（totalism）这一新名词来代替美国学术界所通用、我也曾一度使用的'极权主义'（totalitarianism）一词。我以为研究中国政治用'全能主义'比'极权主义'较为合适"[3]，其原因有二。第一，他认为"极权主义"一词，带有冷战时期浓厚政治色彩：把德、意法西斯与前苏联、中国的政治体制混为一谈；第二，他提出的"全能主义"与"极权主义"，在理论上、在学术上有严格的区分。邹谠于1986年4月29日在北京大学授予他名誉教授仪式上的学术报告中，有一个简单明了的说明："我用'全能主义政治'这一个专门名词来表达政治与社会关系的某一种特定形式，而不涉及该社会中的政治制度或组织形式。'全能主义'仅指政治机构的权力可以随时无限制地侵入和控制社会每个阶层和每一个领域的指导思想。'全能主义政治'指的是以这个指导思想为基础的政治社会。"他所说的"全能主义政治"，既不同于中国传统君主专制下的"权威主义政治"，又不同于德、意法西斯的"极权主义政治"。他认为在社会革命时期，必须用"全能主义政治"为手段。"在国家生死存亡的时候，有些仁人志士认为只有社会革命才能从根本上克服整个国家、整个社会和各个领域中的危机。他们看到只有先建立一个强有力的政治机构或政党，然后用它的政治力量、组织方法，深入和控制每一个阶层和每一个领域，才能改造或重建社会国家和各领域中的组织与制度，才能解决新问题，克服全面危机。因此，社会革命一开始就蕴藏着全能主义政治的因素。"他认为："从事社会革命必须以'全能主义'，为手段，但是采用极权主义的政治集团……往往以防止或消灭社会革命为目的。"这

就是说：为了进行社会革命，不能不用"全能主义政治"为手段去发动、去控制全社会。而以消灭社会革命为目的的反动政权，同样也必须深入控制各阶层各领域，控制全社会。前者是"全能主义"，后者是"极权主义"。邹谠认为，"全能主义"并非如"极权主义"一样只有反面作用和消极后果。"社会革命与'全能主义政治'如果能控制在一定限度以内，在某些时期能有一定的正面作用与积极后果。"邹谠举中国革命为例："中国社会革命以阶级斗争为指导思想，从阶级观念中又引申出群众的观念，中国政党以它的严密的组织和逐渐强大的组织能力，去发动群众，组织群众，引导群众参与政治，所以在革命的过程中，中国人民参与政治的形式起了数千年以来第一次的根本变化，农民及贫苦大众下层阶级都变成政治生活中的重要角色……这是共产党战胜国民党的最根本的原因。更重要的是这个大众参与政治形式的变化，正是中国建设社会主义高度民主不可缺少的基础。"但是社会革命如果不能控制在一定限度之内，就会产生反面作用和消极后果。邹谠写道："……从马克思主义基本原理来看，生产关系必须适应生产力，因此社会革命的深度和生产关系的改革，应以社会经济发展的程度和各种客观条件为标准，适可而止。""1949年中国共产党取得了政权，中国人站起来了，国家社会重新建立起来了，全面危机过去了，'全能主义'就失去了它的历史功能和任务。它的适用范围应当缩小，然后逐渐演变成为社会主义高度民主政治。"[4]

关于邹谠讲的"全赢全输博弈"规则，相当于博弈论中的"零和博弈"。邹谠认为，"赢者全赢，输者全输"是中国20世纪政治的特征。政治斗争双方都是"坚决斗争，寸步不让"。任何重大的政治冲突，在中国只有一种解决方式，即："一方吃掉另一方。""要么全赢，要么全输。"邹谠在这封信中说："用俗语来说，这就是'你死我活'，'成者为王，败者为寇'。用毛的诗句来表达，就是：'宜将剩勇追穷寇，不可沽名学霸王。'"

邹谠在信中说："这个规则在中国革命、建设与经济制度、社会结构的影响有两个极端相反的结果：（1）正面的成绩是建立成一个强大而善于随机应变，并能进行彻底改造经济社会的国家，这是我在这封信中所着重的一个方面；（2）但是要提出一个客观的、公正的、全面的评价、诠释，还应当指出这个斗争的规则也是中国革命与建设时期一切过'左'的思想、政策、行动的根源……这个规则思想上的基础是'一元主义'的观念（Monism，与多元主义相反）及最高权力是单一的不能分割的思想（与权力必须有一定的制约，必须在一定范围内行动的观念相反）。"

邹谠认为，中国20世纪政治的特征就是全赢全输的博弈规则。这是他考察当代中国重大政治斗争所得出的结论。然而中国当代的重大政治斗争，就是社会革命。在革命斗争中，双方都是你死我活的斗争，这毫无疑义。虽然在斗争过程中有各种策略的运用，但目标都是"彻底打垮敌人"，确是零和博弈规则。但当政治斗争的性质不属于敌我矛盾时，情况就不一样了。例如在五六十年代，中国的口号是"一定要解放台湾"，那时确是按零和博弈规则行事的。但现在中国提出"一国两制，和平统一祖国"，则就是"你活我也活，你不吃掉我，我不吃掉你"的双赢规则了。周恩来在万隆会议上纵横捭阖，折冲樽俎，斗争艰苦，但那种政治斗争也不是适用零和博弈规则的。几十年来，中国历经无数次外交谈判，从中美大使级建交谈判，到近几年同周边国家谈判解决历史上遗留下来的边界问题。这些谈判所以能达成协议，都是双方妥协的结果。如果都是用全赢全输博弈规则，则任何谈判都谈不成了。邹谠认为全赢全输博弈规则害处很多，这是正确的。中国早已不是暴风骤雨般的群众革命时代了。中国正埋头建设，要广交朋友，不应到处树敌。要坚持原则，反对霸权主义行为，却不定性任何国家为霸权主义国家。中共十五大提出建设社会主义法治国家的任务。在法治国家内，任何权力都必须有一定的制约，任何权力都必须在一定的范围内行动。

上面拉杂介绍了邹谠最后一封长信，也是他未来得及完成的一篇论文的提纲。我不是中共党史专家，冒昧介绍这一篇浓缩了的邹谠毕生研究当代中国政治的精彩心得，实在是难以胜任。缺点错误一定很多，诚恳请求读者不吝指正。

※　※　※　※　※

邹谠学长出生于忧患的旧中国,在国土上普遍弥漫着"国难"、"国耻"的愁云惨雾中成长。大学时代也曾意气风发,负笈海外后,经历半个多世纪欧风美雨的冲击而依然保持一颗中国心。我深知多少年来,他曾用彻夜不眠的双眸,凝视着祖国大地的沉浮,心脏随着兴衰起伏的祖国命运而搏动。临终时,犹深情地回眸了望神州,是否终于找到了对祖国明天"审慎乐观"的可靠根据?邹谠学长平静而安详地去了!给我们留下了无比的哀痛和无涯的思念。

【注释】

〔1〕见邹谠:《二十世纪中国政治——从宏观历史与微观行动角度看》,香港牛津出版社1994年版,第264页。
〔2〕同上书,第2页。
〔3〕同上书,第22页。
〔4〕同上书,第3—4页。

治理创新案例 | Case Studies on Governance Innovation

以综合考评为平台　不断提升政府公共服务能力：杭州市综合考评创新

伍　彬

摘要： 杭州综合考评是从社会评价、目标考核、领导考评及创新创优四个维度对市直单位和区、县（市）实施的综合性考核评价。本文回顾了杭州综合考评十多年的发展历程，介绍了其基本框架及主要特点。作为一种政府绩效管理模式，综合考评有助于及时把握公共服务需求、提升政府对公众诉求的回应能力和公共服务的质量，进而有效地提升政府公共服务能力。最后，文章勾画了杭州综合考评的发展前景。

关键词： 杭州　综合考评　公共服务　绩效管理

一、杭州综合考评的基本框架与特点

杭州综合考评是以科学发展观为统领，以"创一流业绩，让人民满意"为宗旨，从社会评价、目标考核、领导考评及创新创优（特色创新）四个维度（即"3+1"考评模式），对市直单位和区、县（市）实施的全方位、多维度、综合性考核评价。

（一）基本框架

杭州综合考评是以科学发展观为统领，以"创一流业绩，让人民满意"为宗旨,从社会评价、目标考核、领导考评及创新创优(特色创新)四个维度(即"3+1"考评模式),对市直单位和区、县(市)实施的全方位、多维度、综合性考核评价。

1. 市直单位综合考评

杭州市将参加考评的117家市直各部、委、办、局及市直有关单位,按照工作职能、性质的不同,分为综合考评单位(74家)和非综合考评单位(43家)两大类,设置不同考评内容、不同权重,统一考评。

市直单位综合考评总分为100分。在综合考评单位中,社会评价占50分,主要是按比例随机抽取市民、企业、市党代表、市人大代表、市政协委员、专家学者等9个层面约1.5万名投票人员,对市直单位进行满意度评价;目标考核占45分,主要是对市直单位职能工作目标、领导班子和党风廉政建设等共性工作目标进行考核;领导考评占5分,由市四套班子领导和法、检两长对市直单位的总体工作实绩进行评价。非综合考评单位只设置目标考核和领导考评,其在社会评价中只征求意见。创新创优由市直各单位自愿申报,市考评办组织核验和专家绩效评估,作为综合考评加分项目(分值设定3分)。

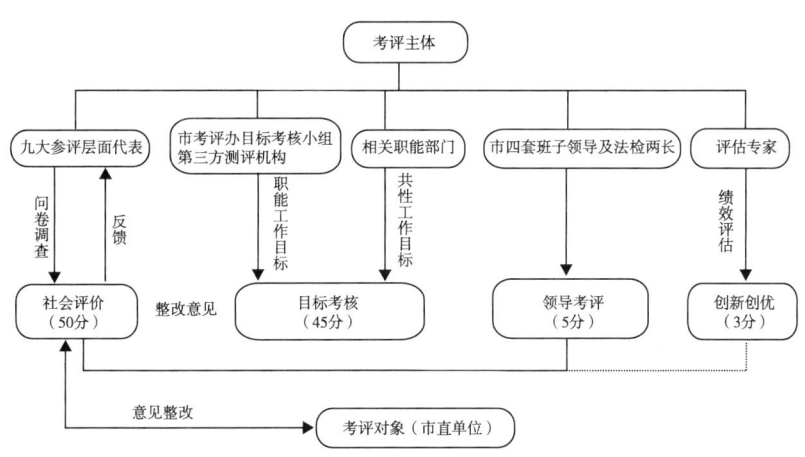

杭州市市直单位综合考评"3+1"模式示意图

2. 区、县(市)综合考评

考评对象为杭州市所辖的13个区、县(市)。在考评内容与权重设置上,目标考核占65%的权重,包括发展指标和工作目标两部分。发展指标按经济建设、社会管理和公共服务、发展潜力三大类设置了34项指标;工作目标着重考核市委、市政府确定的年度重点工作任务、地区年度重大工作目标完成情况,以及领导班子、党风廉政建设、社会评价意见整改等情况。领导考评占5%的权重,由市四套领导班子成员和市法、检两长对区、县(市)领导班子的领导力、执行力、协作力、创新力和总体工作业绩进行综合评定。社会评价占30%的权重,主要由当地五个层面的代表对区、县(市)党委政府经济建设、社会管理、公共服务、依法行政等方面的工作业绩和社会效果进行满意度测评。特色创新作为考评加分项目(分值设定5分),自愿申报,实行绩效评估。

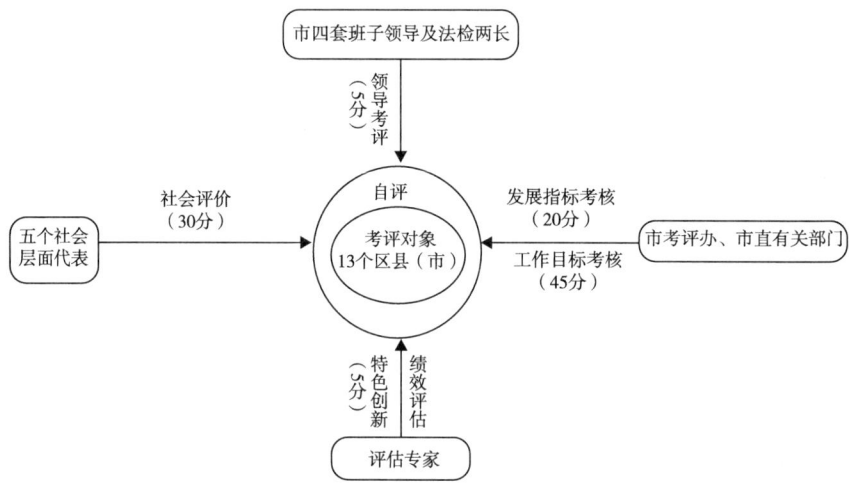

杭州市区、县(市)综合考评"3+1"模式示意图

(二)发展历程

杭州综合考评源于2000年市直单位满意不满意评选活动,其发展经历了三个阶段:

第一阶段:前综合考评时期——起源与发展(2000—2004年)。2000年,市委、市政府在全国率先推出"满意单位和不满意单位"评选活动,以根治门难进、脸难看、话难听、事难办机关"四难"综合症,转变机关

作风。这一时期,市直单位目标责任制考核和满意评选活动双轨并行,并逐步形成了"公民导向"的考评机制。

第二阶段:综合考评正式确立时期——体制的建立(2005—2006年)。2005年下半年,市委、市政府决定将目标考核、满意评选(社会评价)进一步结合,同时增设领导考评,对市直单位实行综合考核评价,形成了"三位一体"的综合考评。2006年8月,在整合原有的市目标办、满意办、效能办"三办"职能的基础上,组建杭州市综合考评委员会办公室,作为市考评委的常设办事机构,标志着杭州综合考评走向制度化、规范化、专业化。

第三阶段:综合考评深化发展时期——绩效管理的强化(2007年至今)。2007年以来,杭州综合考评扩大考评范围,开展区、县(市)综合考评;深化社会评价,完善"评判—整改—反馈"工作机制,发布年度社会评价意见报告;发布政府创新报告,推动创新型城市和服务型政府建设;强化绩效管理,建立年度目标绩效改进工作机制,促进目标管理由任务型目标责任制考核向功能型绩效管理转变。

(三)主要特点

通过多年的实践,杭州市在多方面作了富有成效的探索和创新,形成了具有杭州特色的政府绩效管理模式。

1. 公民导向

公民导向是杭州综合考评的核心价值。11年来,杭州综合考评始终坚持"让人民评判、让人民满意"核心价值,并将这一理念贯穿于综合考评的各个环节,无论是体系设计、评价主体选择、权重分配、评价结果运用等,都体现了这一基本导向。在综合考评中,社会评价占50%的权重,参评代表覆盖九大层面。2007年,外来务工人员开始参与社会评价;2010年,增加农村居民代表,进一步提高了社会评价的代表性。近年来,每年发出的社会评价表近1.5万份,其中市民代表始终保持1万份。从分值权重上看,市民代表分值权重占社会评价的20%—25%,是九个投票层面中分量最重的一个。

通过综合考评，杭州市建立了民意发现机制和整改反馈机制，把解决群众关注的热点难点问题作为各地各单位工作的根本出发点和落脚点，把群众满意度作为检验各地各单位工作好坏的根本标准，把外部评判压力转化为内部改进动力，促使机关工作人员"眼睛向下"，增强宗旨意识、服务意识、责任意识，切实转变机关作风。

2. 注重绩效

杭州综合考评以绩效为导向，努力探索过程管理与结果管理的有机结合，完善年度工作目标绩效改进工作机制，增强各地各部门的履职能力，提高服务质量和绩效水平。**一是创新年度工作目标检查方式**。确立以"发现存在问题，帮助查找差距，推动绩效改进，促进目标完成"为目的的目标督查制度，形成常规检查与暗访、测评三种方式并用的检查考核机制。**二是逐步扩大绩效评估的范围**。将绩效评估由创新创优目标、市政府为民办实事项目逐步扩大到专项目标、职能目标及共性目标的考核；对涉及民生的重大项目实行专项社会评价，并探索建立"追溯考核"制度。**三是尝试开展政策评估**。利用政策的相关信息，对政策实施中的价值因素、事实因素、实施效果、社会影响等进行评估，形成政策未来走向的基本判断。

3. 引领创新

杭州综合考评以创新创优和特色创新目标绩效考核为抓手平台，鼓励各地各单位积极探索新理念、新体制（机制）、新方法，着力解决工作中遇到的突出矛盾和深层次问题，提升办事效率与服务质量和水平。各地各部门在创新创优导向激励下，坚持重点突破与系统创新相结合、破解难点与创造优势相结合、试点先行与全面推广相结合、阶段性和可持续性相结合，通过理念引导、体制机制再造、技术革新、公民参与，在事关发展全局、提高执政能力、优化发展环境、破解民生问题等方面创新突破。自2006年以来，共有416项创新项目通过绩效考核，涉及政治、经济、社会、生态、文化等领域。涌现了诸如"生活品质"、"城市有机更新"、"联乡结村"、"开放式决策"、"权力阳光"、"两轮推荐、两轮票决"、"土地证当场办结"、"多证联办"、"社区交管服务站"、"公共自行车交通智能管理系统"、"民生价格信息公开制度"等优秀创新项目。一系列的创新创优和特色创新项目不仅在政府管理创新、资源整合上取得突破性进展,同时强调创新的可持续性、可推广性,产生了显著的社会效益和经济效益。杭州综合考评已经成为市委、市政府推进政府创新的重要平台。

4. 考评综合

作为绩效管理的一种实践和探索,杭州综合考评建立了全方位、多维度的评价体系,逐步形成了以体制机制融合、方法手段综合为鲜明特征的考评模式。**一是实现了考评主体的多元化,形成了"内外结合"、"上下结合"的多维度考评。**通过对组织考核(目标考核、领导考评)与社会评价两种考评方法的整合,既保证了内部组织考核的有效性,同时又通过民情民意表达渠道的制度化建设,提升了外部评价的公信度,较好地解决了"自上而下"考评的信度缺失和"自下而上"评价的效度缺失问题,保证了考评结果的全面、客观、公正。**二是实现了体制机制的有效整合,组建了专门的考评机构。**杭州市考评办作为全国城市政府中首家单独设立的正局级常设考评机构,整合了机关目标管理、满意评选和效能建设职能,在政府绩效管理的体制机制上作了重大创新。同时,成立了杭州市绩效评估中心和杭州市综合考评资讯中心两个直属事业单位,专门从事政府绩效评估工作。**三是实行了"先评后考、考评结合",实现了考评方法的有机融合。**将年度社会评价中征集到的各类意见作为单位目标考核时的重要参考依据,增强目标检查考核的针对性,使目标考核和社会评价实现了有机结合和相互应用。

11年来,杭州综合考评在转变机关作风、提升机关效能、优化发展环境、维护群众利益、推动科学发展等各项工作中发挥了重要的导向助推作用,成为转变机关作风的"杀手锏",破解民生问题的"指挥棒",引领创新创优的"方向标",促进科学发展的"助推器"。

二、杭州综合考评如何提升政府公共服务能力

杭州综合考评在转变机关作风、破解民生难题、优化发展环境、促进科学发展的同时,逐步完善考评工作机制,强化绩效管理,以推动政府创新为引领,不断提升政府公共服务能力。

(一)完善发现功能,及时把握公共服务需求

杭州综合考评坚持公民导向,坚持"让人民评判、让人民满意"核心价值,始终关注人民群众的需求,把人民群众的呼声作为政府工作的"第一信号"。从满意单位评选初期的四个层面6000余名参评代表到目前包括外来务工人员、农村居民在内的九个层面15000余名参评代表,他们对政府部门工作进行独立的评价,并提出各类意见和建议。**综合考评十余年的发展逐步形成了一个政府主导的、覆盖全市的公民参与网络。这个网络,使杭州综合考评具备了强大的发现功能。**2002年,在对社会评价意见的整理分析时,梳理出社会各界广泛关注的七个热点难点民生问题。市委、市政府在此基础上将其提升为战略决策,制订了《关于健全解决事关群众切身利益"七大问题"长效机制的实施意见》,由此杭州在全国率先开展了以改善民生为重点的"破七难"工作,并使"破七难"成为杭州关注和改善民生的代名词。2007年以来,根据社会评价意见,市委、市政府陆续将人民群众关注度较高的食品药品安全、生态环境保护、物价、安全生产监管等问题纳入"七难",形成"7+X"的"破七难"新框架,实现了"破七难"的与时俱进。2010年度社会评价中有关公共服务资源(平台)利用方面的意见和建议比较多,杭州市专门成立课题组进行调研,对公共服务资源(平台)在共享利用、服务效能、协调管理机制等方面存在的问题进行了分析,提出了对策建议,引起了市委主要领导的高度重视。多年来,杭州综合考评充分运用考评信息资源、人力资源、管理资源等方面的优势,帮助各地各部门及时发现问题,准确把握需求,深入挖掘社会公众

反映的突出问题和深层次矛盾的根源,协同相关部门研究解决问题和改进绩效的办法。

(二)健全"评价－整改－反馈"工作机制,提升政府对公众诉求的回应能力

杭州综合考评坚持社会公众的主体地位。在每年的综合考评中,他们邀请社会各界九大层面上万名公众参与,赋予社会公众话语权,让社会公众进行全面评价,形成评价机制;对收集到的社会评价意见,一一分解落实到相关单位,确定整改重点,形成意见整改机制;定期发布年度《社会评价意见报告》,公示社会评价意见重点整改目标,要求相关单位对社会就整改工作作出承诺,对整改的过程和结果进行监督和考核,形成了反馈机制。这三个过程互为前提,往复循环,构成了一个政府绩效持续改进的工作机制。年度社会评价中收集到的意见和建议,经过认真梳理、分析和归纳,成为市委、市政府确立下一步施政方针和内容以及制定市直单位和各区、县(市)年度工作目标的重要依据。市直单位和各区、县(市)完成这些目标的情况被纳入年度目标考核,并接受人民群众的评判。人民在评判的同时,又向政府表达出新的利益诉求,政府不断接受人民新的利益诉求,不断接受人民重新评判。政府与人民之间这种经常的、制度化的、平等的互动,已成为市委市政府、政府各部门及各区、县(市)开展工作和权力运行的基本方式,有效地提升了政府对公众诉求的回应能力,形成了以公民需求为价值取向的政府公共服务模式。

(三)构建综合考评创新平台,推进公共服务和社会管理创新

杭州综合考评在致力于转变政府职能、推动政府绩效持续提升的同时,十分注重鼓励政府创新。通过开展创新创优(特色创新)目标绩效考核,建立了常态化的政府创新管理工作机制。**一是建立综合考评创新创优项目绩效考核机制,通过"激励机制"推进政府服务和管理创新。**创新创优项目绩效考核机制主要由三个环节构成:首先是立项环节,由各单位自

愿申报，绩效评估专家对创新项目的合法性、必要性、可行性、突破性和预期性进行立项评审；第二是绩效评估环节，由绩效评估专家对创新项目实施情况，从工作难度、突破程度、效益程度、推广程度四个方面进行评估，这是核心环节；第三是跟踪环节，对已完成绩效考核的创新项目，定期进行跟踪，了解运行状态、完善情况和主要成效，确保务实创新。**二是通过"评价－整改－反馈"这一"压力机制"推进政府服务和管理创新。**评价机制充分发挥了综合考评的发现功能，通过广泛的民主参与，为更好地发现突出矛盾和深层次的问题提供了民意渠道，为引领政府创新提供了方向；整改机制通过改革政府机关不合理的体制和机制问题，转变政府职能，推进政府绩效和公共服务能力的提升；反馈机制通过引入外部监督的方式，检验了政府创新的成效，尤其是公共服务和社会管理创新。

（四）强化绩效管理，提升政府公共服务质量

杭州综合考评发挥其内在的发现、协调、改进功能，帮助各单位在日常工作中不断改进绩效，更好地引领各地各单位争创一流业绩、让人民满意，不断提升公共服务能力和水平，有力地推动了服务型、效能型政府建设。**一是改进目标管理方式，逐步实施精细化管理。**将考核目标适度指标化，设置关键指标和常规指标；突出考核目标的战略性，将市委、市政府确定的中长期发展战略和重大决策部署分解到相关部门当年的工作任务中，建立重大项目的追溯考核机制；对考核指标属性化，将指标分为约束性和预期性，实行分类考核。**二是建立年度目标绩效改进工作机制。**加强过程管理，建立目标管理绩效动态发布制度，通过"绩效卡"的形式，及时上报目标完成进展情况及绩效改进信息。依托"数字考评"系统建立绩效信息库，组建绩效信息员队伍，多渠道收集各类绩效信息，进行分析研究，及时编发《社情民意与绩效信息》；对一段时期反映比较集中或连续多次重复出现的问题，以《绩效改进通知书》的形式向责任单位通报，要求责任单位在规定时间内提出处理意见并反馈处理结果，以此促进问题的及时、有效解决，实现绩效管理的动态化。**三是开展目标绩效测评工作。**

以调查问卷、电话访问、第三方评估等方式，对部分年度工作目标实施绩效测评，形成专项测评报告，作为年度工作目标考核的基本依据。将社会评价意见整改情况纳入目标考核，并进行专项满意度测评。

三、前景展望

杭州综合考评由于方向明确、坚持不懈、不断完善，已经走过了11个年头，取得了显著的成效。随着形势的发展，杭州综合考评也面临着许多新情况、新任务、新挑战，有必要进一步深化和完善。总结多年来的实践经验，在深化完善综合考评过程中，必须坚持战略导向原则，正确处理当前和长远、显绩与潜绩的关系；坚持公民导向原则，正确处理内部考核与外部评价的关系；坚持绩效导向原则，正确处理结果管理与过程管理的关系；坚持创新导向原则，正确处理创新与继承的关系；坚持分类指导原则，正确处理共性和个性的关系；坚持资源整合原则，正确处理单项考评与综合运用的关系。

近期，重点要在以下六个方面进一步努力：

1. 转变考评观念。杭州综合考评重视考评结果的排位，但更关心考评对象工作的改进、群众反映问题的解决、机关效能的提升和社会公众对政府绩效的满意度。从转变机关作风，到破解民生难题、引领创新创优、促进科学发展，杭州综合考评的综合效用日益突出。今后，**综合考评将更多地关注经济与社会发展的协调程度，社会事业发展和社会的进步程度，公平正义和人民生活的改善程度**。通过强化这些重点领域的考核，转变各地各部门的考核观、政绩观，进一步发挥综合考评的导向、助推作用。**积极探索与考评对象建立开放的、合作的新型关系**。在政府绩效管理中，考评部门要更多地扮演好组织者、发现者、推动者、协调者的角色，进一步拓宽综合考评的功能空间，加强目标实施的过程管理，在过程管理中及时发现问题，积极协商治理，提升机关整体绩效。**要进一步强化绩效理念**，克服不利于推进绩效管理的一些错误观念，大力营造深化综合考评的良好氛围。

2. **强化绩效管理。完善指标体系。**杭州市应以作为全国政府绩效管理试点为契机，认真总结经验，根据"十二五"杭州市经济社会发展要求和发展实际，适当调整区、县（市）综合考评相关指标设置、权重和计算方法；对市直单位要进一步量化考核指标，从部门的"三定"方案中提炼主体工作职能，并固化为个性指标；对部分战略性的工作目标设置跟踪指标和关键绩效指标，注重考核指标的可持续性，实现长期目标和阶段性目标考核相结合。**加强过程管理。**开展目标管理要素考核，建立过程管理要素和结果管理要素评价制度。强化绩效信息的动态跟踪，保证相关的绩效信息得到及时有效处理。**完善综合考评的反馈功能。**在原有的"评价—整改—反馈"工作机制的基础上，完善综合考评的反馈功能，在区县年度综合考评反馈机制的基础上，逐步建立部门考评报告制度，扩大考评成果运用。加大向上级反馈的深度，让市委、市政府全面掌握各地各部门工作运行状况，为市委、市政府的决策提供参考；加大对考评对象反馈的力度，让各地各部门及时发现存在的问题，制定改进的办法；加大对社会反馈的广度，让社会公众充分了解各地各部门的工作状况，进一步增加考评工作的透明度。

3. **建立政府服务质量评价指标体系。**建立这套体系，目的是为了形成服务导向的政府绩效评估模式，为政府服务质量持续提升提供长效保证，并帮助各级各部门真正理解公民的价值需求，以便更有针对性地提供公共服务，从根本上推动服务型政府建设。政府服务质量评价将主要针对公共服务领域的项目，并根据评价项目所处领域的不同，分为直接提供公共服务和间接提供公共服务两类。评价指标以量化测评为主，以公众预期的公共服务和感知的公共服务作为参照系，采用专家评估和服务对象满意度测评等方式，从资源利用、流程规范等过程维度和关键绩效目标实现、顾客导向（满意度测评）等结果维度，开展全方位的服务质量评价。在建立公共服务质量评价指标体系的基础上，设立"政府服务质量奖"。

4. **深化政府创新。**经过十余年的发展，杭州综合考评已成为引领创新创优的"方向标"和激励政府创新的重要平台。今后，综合考评仍然要加大推动政府创新的力度。**一要把握导向**。坚持创新导向，积极鼓励开展制度创新、管理创新，通过创新，不断加强政府自身改革建设；要引导各地各部门在推动经济结构战略性调整、促进经济发展方式转变、加快城乡区域统筹发展、创新和加强社会管理、保障和改善民生等方面不断发展创新，取得新突破；将持续性、继承性创新纳入创新目标申报和绩效考核的范围，促进公共资源的综合利用和创新项目的可持续发展，提高创新绩效。**二要适度规划**。充分运用年度社会评价意见和广大人民群众对改进政府工作提出的意见和建议，对杭州市创新政府服务和管理的方向进行梳理和规划，编制《杭州市政府创新指南》，把政府创新创优工作与人民群众的期待有效结合起来，增强创新项目的实用性和社会效应。**三要协同推进**。鼓励联合创新、协作创新，按照一方主导、多方配合、社会推动的原则，完善协作机制，充分发挥各部门的特色和优势，注重上下联动、部门联动，营造浓厚的合力创新氛围。**四要加大激励**。在认真总结多年来综合考评创新项目绩效评估工作的基础上，完善评价指标和考核办法，设立"政府创新奖"，进一步激发各地、各部门创新的积极性。

5. 整合考评资源。考评是一种有效的管理手段，近些年，它的工具价值得到很大扩张，考评权力呈现部门化趋势，"以考代管"现象凸显，多头考核、重复考核现象泛滥。为改变这种状况，减轻基层负担，2009年开始，杭州市考评办根据市委、市政府的要求，组织实施了年终集中统一检查考核，在整合考评资源方面初显成效。但是，综合考评与专项考核的关系还未完全理顺，两者的内容还有一定的重复，整合的空间比较大。**一方面，要统一协调管理各类考核评比**。按照"突出重点、体现导向，统筹协调、总量控制，严格准入、规范管理"的基本原则，在调查清理的基础上，制定各类检查考核和评比表彰的管理办法，明确设置条件和基本要求，规范日常管理和年终集中检查考核行为。**另一方面，要做好各类考核评比与综合考评的衔接**。综合考评要根据市委、市政府的工作重点和战略目标，积极整合和吸纳相关的专项考核，使其成为综合考评中的一个考核指标或专项工作目标。这样既可以减少多头重复考核，减轻基层压力，又可以充分发挥综合考评的导向助推作用,使考核从分散走向集中,从零散走向系统,从无序走向规范,实现单一考核向综合性考核的转变。

6. 推进综合考评法制化。在认真总结杭州综合考评实践经验的基础上,借鉴国内外政府绩效管理的先进经验,抓紧研究制定杭州市绩效管理条例,为综合考评工作提供法制保障。

(本文作者为中共杭州市委副秘书长)

Abstract

The Administrative Appraisal System (AAS) of Hangzhou government provides such a mechanism, through which the administrative appraisal agency can assess the performance of the municipal and district (county) government departments in terms of social evaluation, assignment fulfillment, appraisals from the higher-level as well as their innovation capacity. In this article, the author traces back the evolution of AAS in Hangzhou and presents a general picture of its framework and major characteristics. According to the author, AAS is conducive to detecting citizens' demands on public service, enhancing the governments' responsiveness towards citizens' demands, improving the quality of public service and thus strengthening the governments' overall capacity to deliver public service. In the concluding section, the author deciphers the prospect of AES in Hangzhou.

Keywords

Hangzhou; administrative appraisal; public service; performance assessment

培育民事民治组织　创新基层自治模式
——广东云浮组建农村三级理事会案例分析

辜东方

摘要：2011 年以来，广东省云浮市在前期试点的基础上，全面开展了三级理事会建设，即在组、村、镇分别培育和发展理事会，营造共建共享、多元共治的社会管理新格局。本文回顾了这项"组为基础、三级联动"的理事会制度产生的背景和缘由，指出了三级理事会的组织性质、工作职能、理事组成、履职导向及其对"党群和谐、社会和谐、发展和谐、大局和谐"的促进作用。文章认为，这项农村社会管理创新具有很大的推广意义，并详细分析了其对我国基层自治的启示。

关键词：云浮　农村　三级理事会　基层自治

自 1998 年颁布并施行《村民委员会组织法》以来，我国农村村民自治建设取得了巨大发展，对中国农村社会发展作出了重要贡献。随着时代的发展、村落的变迁和村民组成结构、思维观念的更新，村民自治在实际操作中也存在许多问题，主要表现为农村基层组织能力弱化、群众参与农村事务热情不高等，导致农村事务出现了"没人管、管不到、管不好"的"管理真空"。广东省云浮市以解决基层农村事务服务为切入口，在全国首创农村三级理事会，即在组、村、镇分别培育和发展理事会（村民理事会、社区理事会、乡民理事会），探索群众为主体的"组为基础、三级联动"的社会管理方式,形成了政府行政管理与基层群众自治有效衔接的良性互动的社会管理网络,推动了农村社会和谐稳定,提高了基层自治水平,取得了良好的成效。

一、培育三级理事会的背景和缘由

云浮市在组、村、镇三级培育和发展理事会,主要是基于如下思考。

(一)组建三级理事会,增强基层组织能力、夯实党的执政基础

随着改革开放的逐步深化,人口流动加快,传统农村"生于斯、长于斯、老于斯"的固化状态得到改变,农村外出人员日益增多,特别是近十年来发展迅猛的城镇化浪潮,加深了农村基层组织"年龄老化、思想僵化、能力弱化、动力不足"等问题。部分农村"两委"干部能力欠缺,基层村"两委"人员只有5-6名,人力不足。同时,基层农村每年只有3万元左右的村级集体收入,仅能够勉强维持农村基层组织的运营,无法保证农村公共服务发展之需,难以实现社会有效管理,基层组织能力与责任呈现"倒挂现象"。为适应农村发展形势需要,必须依靠社会力量激发"外生动力"。培育民事民治的社会组织,整合外出乡贤、退休干部、复退军人、外来人员等社会资源补充基层组织力量,强化社会协同,促进固本强基,巩固党的执政基础,成为农村社会发展必然。

(二)组建三级理事会,解决新农村建设政府主导与群众主体"脱节"问题

随着城乡经济社会发展,政府传统的社会管理模式,无法调动农村群众主动参与社会主义新农村建设的热情,群众的主体作用无法体现出来,呈现出政府主导与群众主体的脱节现象。培育民事民治的社会组织,把"共谋共建共管共享"的理念贯穿于新农村建设始终,把政府、社会、群众的力量有效粘合起来,畅通民意表达和群众参与渠道,有利于凝聚社

的人力、物力、智力资源，不失为解决新农村建设主体缺位问题的有效办法之一。

(三) 组建民事民治理事会，解决基层治理难题，创新社会管理方式

"王权止于县政"、"以德治国"是几千年来的文化传统和行之有效的治国方略。传统社会，对于基层乡村，主要是依靠乡绅和村规民约达致自治，这种"熟人社会、德文教化"的乡村管治模式，在基层社会管理中一直发挥着重要作用。如何与时俱进地承接传统文化，将其升华为加强和创新社会管理的强大动力，成为摆在当下社会建设面前的一个新课题。组建民事民治理事会，营造多元共治的社会管理格局，既符合新形势要求，也继承和借鉴传统文化，能有效地积聚社会力量强化村两委建设，提高村民自我管理、自我教育、自我服务、自我监督的能力。

二、培育三级理事会的探索与实践

2011年以来，云浮市在云安县试点的基础上，按照构建"党委领导、政府负责、社会协同、公众参与"社会管理格局的总体要求，制订出台了《云浮市开展三级理事会工作的指导意见（试行）》，明确三级理事会的组织性质、人员组成、工作职责和履职导向，在全市全面铺开三级理事会的建设，营造共建共享、多元共治的社会管理新格局。

(一) 明确组织性质，强化社会协同，发挥补位作用

三级理事会是在党的领导下、政府和村民委员会的指导下，按照现行法律法规由有关部门核准备案组建，是政府基层社会服务管理职能的延伸、拓展，是群众自治组织的补充和完善。全面认识三级理事会还需要明确三大关系：一是明确与政府部门的关系。三级理事会是社团组织，是培育发展社会组织与加强基层社会治理的有机结合。明确政府在农村事务管

理的过程中唱"主角",理事会唱"配角",主要起补位作用。二是明确与群众自治组织的关系。理事会是群众自治组织的补充和完善,村民理事会作为农村最基层的自治组织,协助村民小组强化民事自治。社区理事会作为农村社区服务合作社内设的"服务性、公益性、互助性"的社会组织,推进农村社会建设。乡民理事会作为社团组织,推动乡镇社会建设。三是明确理事会与群众的关系。理事会由群众中的能人和外出乡贤(理事)组成,为群众服务,通过理事的威望、能力、公德引导群众、组织群众、服务群众,不以理事的想法代替群众想法,不以理事的利益代替群众利益。

(二)明确工作职能,推进民事民治,促进共建共享

三级理事会是畅通民意表达和发挥群众主体作用的重要平台,总体职责是"议事、协调、监督、服务",坚持以"民事民办、民事民治"的原则,避免理事会功能与政体功能重叠。其中,村民理事会立足"自我教育、自我管理、自我监督、自我服务",主要履行"调解邻里纠纷、兴办农村公益、破除乡村陋习、倡导文明新风、提出工作建议、履行自治职能"六项职责;社区理事会主要履行"了解民意、商议村事、协助自治、调处民事、服务村民"五项职责;乡民理事会主要履行"引导群众、表达民意、参与议事、监督政务、调处矛盾、兴办公益"六项职责。通过建立"三级联动"的理事履职机制,可以解决政府行政管理与基层群众自治的"议事对接"问题。对涉及群众利益的重大事项,村民理事会采取"三议三公开"(即理事会提议、联户代表商议、户代表开会决议,议案决议公开、实施过程公开、办事结果公开)方式民主议事,让群众在决策共谋中有参与权、表决权、监督权;社区理事会、乡民理事会以"两会两议两监督"("两会"即列席本级会议,参与理事会议;"两议"即商议本级政务,决议内部事务;"两监督"即监督本级政务,监督内部财务)的办法,对于涉及辖区群众利益的重大决策进行决议,合理解决群众诉求,让一事一议有载体、民事民治有方向、兴办公益有保障、理事履职有动力、民主管理有秩序。

（三）明确理事组成，吸纳社会贤能，凝聚社会自我管理力量

在党委、政府的指导和领导下依法组建三级理事会，并以"以德为先"的原则，以民主选举或者民主推荐形式，把农村社会贤能和各阶层代表吸纳到理事会中。其中，村民理事会由本村有威望、有能力、有公德的老党员，老教师，老模范，老村干部，以及复退军人、经济能人、外出乡贤等在当地有威望的人组成。社区理事会、乡民理事会的理事以"推荐形式"产生，由本级"两代表一委员"中的本辖区非公职人员、复退军人、杰出乡贤等人组成。理事会组成人员的广泛性、先进性、代表性，可以将释放的社会资源集聚起来，以理事的社会威望和号召能力，填补和充实固本强基的社会力量。特别是针对乡贤反哺乡村平台缺位的问题，云浮市将三级理事会作为实施"反哺工程"的有效载体，凝聚贤智、贤资、贤人反哺家乡建设。至2011年底，云浮市5个县（市、区）共组建三级理事会1337个，其中乡民理事会19个，社区理事会156个，村民理事会1162个，全市纳入三级理事会的社会各基层人数达到1.4万人。

（四）明确履职导向，强化组织引导，保证同心同力

为确保三级理事会民事民办、民事民治的履职导向与各级党委导向保持一致，云浮市采取"组织导向、章程导向、激励导向"措施。一是组织导向。在乡民理事会设立党支部，村民理事会增设党小组，社区理事会纳入村支委领导，并由镇选派指导员、联络员进驻三级理事会，强化组织引导。二是章程引导。理事会组建时，应报有关部门登记或者备案，其中乡民理事会、社区理事会报县民政部门核准登记成立，村民理事会由镇汇总后报县民政部门备案。同时，三级理事会要制定组织章程、规范工作要求，建立分工协作、财务管理和民主议事等制度，并通过有关媒体、公示栏、墙报等公开。三是激励导向。通过给荣誉、给地位的办法，激发理事履职热情。比如云浮市云安县创新"履职激励、评议激励、荣誉激励、奖补激励"的方式，激发共建共享的积极性。履职奖励，即建立村民理事长

"年度评议、以奖代补"试行办法。由镇组织评议,县财政每年安排200万元作为"以奖代补"经费,并按照百分制计分,以得分计算奖金,激发村民理事长的履职热情。评议激励,即采取群众评议理事、理事评议群众、群众评议群众的方式,开展"十百千万"评选活动,即在该县评选"十大明星村"、"十大杰出乡贤"、"百条自强村"、"百名优秀理事"、"千个模范户"、"万民好乡邻"。荣誉激励,即在农村设立"公德史册",把外出乡贤捐资公益、农村好人好事等情况,以写村史的形式记录下来,并以村民大会的形式宣读公德史册,在农村倡导"以德为先、以和为贵"的文明新风。奖补激励,即研究出台自然村竞争性"以奖代补"项目、村级公益事业一事一议财政奖补等政策,激发三级理事会的内生动力。

三、三级理事会的成效

三级理事会创新了农村社会管理方式,强化了农村基层组织建设,初步形成了"党群和谐、社会和谐、发展和谐、大局和谐"的良好局面。

(一)畅通了民意表达渠道,促进了党群和谐

"三级联动"的理事会制度,使政府的要求与群众的意愿在同一个平台上进行交流互通,为人民群众反映民意、参政议政开辟了制度化、常态化的新渠道,政府与民众的民意沟通更加顺畅、信息传达更为全面、互动交流更为有效。在党群干群的双向互动过程中,三级理事会发挥了重要的纽带作用,保证"党的政策下得去,民意上得来",促进了党群干群关系的融洽。

(二)增强了基层施政能力,促进了社会和谐

组建三级理事会,构建群众自下而上的"组为基础、三级联动"的社会管理网络,有效破解了政府行政管理与基层群众自治的"对接"难题,实现了政府行政管理与基层村民自治的有效衔接与良性互动,形成了上下

联动、互为补充、和谐相处的农村基层治理格局，为强化基层组织建设填补和充实了基层力量。以云浮市云安县为例，2011年，云安县纳入到三级理事会的社会各阶层人数达10772人，是原有参与乡村管治人数的6.1倍。该县三级理事会实现全覆盖后，参与社会管理的人数达2.3万人，是原来参与乡村管治人数的11.5倍。

（三）凝聚了社会力量，促进了发展和谐

有效地把政府、社会、群众的力量黏合起来，解决了社会主义新农村建设中"有事不议、无事乱议、有议难决"的自治难题，形成了"理事组织实施、政府奖补引导、群众积极参与"的共建共享强大合力，营造了"共谋、共建、共管、共享"的社会氛围，有效推进了农村人居环境建设。2011年，云浮市以三级理事会为载体，广泛宣传和组织发动群众共同参与自然村竞争性"以奖代补"项目和村级公益事业一事一议财政奖补工作，共落实"以奖代补"项目3103项，已完工3050项，其中群众自筹资金4.63亿元，占项目投资总额的69%，所有项目完工后，受惠人口达156.4万人。

（四）化解了社会矛盾，维护了大局和谐

维稳工作至关重要，大部分的不稳定事件来源于基层。基层民主的不健全、事务管理混乱、农村普遍存在的"三资"（资金、资产、资源）问题都容易因"小问题"引发"大纠纷"。三级理事会的核心内涵是分级治理，将不同层级的事务分解在不同的层级处理，从而将大量的矛盾化解在基层各自不同的层面上。如云安县石城镇乡民理事会在政府对324国道沿线石材企业环境整治工作中，充分发挥石材商会理事的作用，主动介入政企关系协调，既反映企业实际情况，又宣传政府政策，使"久治未决"的施政难题得以落实，融洽了党群政企的关系。通过这种矛盾自消的方式，云安县今年以来实现了"零上访"。

四、基层自治的启示

广东省云浮市创建的以"组为基础、三级联动"的理事会制度,有效地解决了自身在发展中遇到的问题,同时也为我国基层治理提供了良好的思路和可借鉴的蓝本,具有推广意义。我国是传统农业国,大多数人口在基层。2011年2月19日,胡锦涛总书记在省部级主要领导干部社会管理及创新专题研讨班开班仪式上强调,"进一步加强和完善基层社会管理和服务体系,把人力、财力、物力更多投向基层,努力夯实基层组织、壮大基层力量、整合基层资源、强化基础工作、强化城乡社区自治和服务功能,健全新型社区管理和服务体制"。当前,许多地方都在推进基层社会管理和服务体系建设工作,笔者认为,借鉴云浮创建农村三级理事会的实践及所取得的经验,在推进基层建设过程中,应当把握好几个方向问题。

(一)创新基层治理必须重视公众参与

人民群众是历史的创造者,是社会建设的参与者和建设成果的享有者。实践证明,凡是发挥人民创造性的成果往往都是符合社会需求的,如1978年小岗村的家庭联产承包责任制,在国家层面认可并推广至全国,再如,湖北省咸宁的农村综合改革,拉开了全国农村建设的序幕。尊重群众的主体作用有助于提升社会管理和服务水平,减少政府的创新成本,更能够符合群众的意愿和需求,达到政府和群众的目标双赢。云浮市组建三级理事会的重要意义就在于以三级理事会为载体,千方百计调动群众的积极性和主动性,以决策共谋集中民智、以发展共建凝聚民力、以合作共管汇聚民意、以成果共享顺应民心,形成了政府与群众的良性互动和有效衔接。

(二)创新基层治理应与传统自治文化相结合

中国传统的乡村政治一直显现出"官民共治"的二元结构,中国是传统的农业国，农业、农村乃国民之本，由于中国幅员辽阔，长期处于农耕社会的传统政府更多的是通过乡贤、村规民约，依靠村民的内生自制力来处理乡民的具体事务，因此塑造了"国与家"共治、"朝堂与山野"并存的二元治理结构。新中国成立后，建立了全新的人民政府，对农村事务实行"横向到边、纵向到底"的管控，舍弃了中国的自治传统。当前，加强和创新社会管理，一个最重要的方法就是将传统的文化与当前的社会创新进行有机的整合，既能够符合时代潮流，又不脱离乡村实际。

(三) 要理清基层政府与群众性自治组织的关系

长期以来，在我国的基层治理中，政府起着绝对主导作用，忽略了基层内在的动力，群众性自治往往变成了政府管理的手段和措施，政府通过群众性自治组织实现自己的行政意图，将许多非自治性的功能加于自治组织之上，使自治组织丧失了制度设置的本意，而沦为了"二级政府"。创新社会管理，应该首先在观念上创新。符合现代法制理念的政府应当是"小政府、强政府"，是有限政府和责任政府。实践证明，政府在应对纷繁复杂的农村事务时，往往显得束手无策，或者做了很多工作但群众并不满意。这就需要还原村委会的自治功能，在党和政府的主导下，群众广泛参与。在农村公共服务方面，政府不应是完全不管，不应是当甩手掌柜，而是可以大力培育和发展社会组织，通过向社会组织转移职能和购买服务的方式解决公共服务不足的问题。

(四) 要进一步完善村民自治的运行机制

《村民委员会自治法》第二条明确规定"村民委员会是村民自我管理、自我教育、自我服务的基层群众性自治组织，实行民主选举、民主决策、民主管理、民主监督"，村民委员会的自治体现在"民主选举、民主决策、民主管理、民主监督"上。在农村实践中，具体落实《村民委员会自治法》上暴露了三个方面的不足：一是没有具体可行的操作手段。村民的事务细如毫厘，繁琐复杂，程式化的村委委员会无法适应随意而来的村民的需求。二是自治更多地体现在"民主选举"上，农村中更为迫切需要的公共服务功能却处于次要的位置。三是村民委员会的自治是以行政村为单位，而不是以历史积淀的自然村（村小组）为单位。许多行政村的村民并没有共同的利益，不同自然村的人缺少共同自治的利益基础和血缘纽带。从目前的实践看，三级理事会较好地解决了农村自治运行机制问题。一方面，理事来自于群众，随时呼应群众的需求；另一方面，从中国社会最小单元入手，以村民小组为切入口，同时明确区分村民理事会、社区理事会在权责上的界限，解决了不同层级的功能"同质化"，有效地解决了村民自治运行机制难的问题。这既是对我国村民自治本源的回归，也是对现有村民自治体制的完善。

（本文作者为广东省社会工作委员会专职副主任）

Abstract

In 2011, Yunfu municipal government of Guangdong Province initiated a new endeavor to establish Civilian Councils (lishihui) at group, village and township levels in a bid to foster a participatory and plural governance structure, through which the citizens can share the public benefits and achieve autonomy. In this paper, the author introduces the background and underlining causes of this endeavor, detailing the organization, functions, membership and working style of Civilian Councils. The author argues that Civilian Council is instrumental to social harmony and bears tremendous implications to social management innovations in rural area as well as China's grassroots autonomy.

Keywords

Yunfu; civilian council; rural; China's grassroots autonomy

学术动态 | Academic Events

重要会议回顾

第四届建设创新型国家大会在京隆重召开

第四届建设创新型国家大会于 2012 年 1 月 7 日在北京国家会议中心隆重召开。全国人大常委会副委员长陈昌智出席大会并在大会上发表讲话。

本届大会围绕"破局、增长、共赢"的主题,设立了"产业发展论坛"、"政府管理创新论坛"、"农业及农资发展论坛"三个分论坛;大会公布了由清华大学国情研究中心发布的《2011 建设创新型国家战略报告》,评选出北京、上海、重庆、成都、昆明、杭州、苏州、天津、武汉、南京、深圳等十大创新城市;将"天宫一号"与"神舟八号"交会对接,千万亿次超级计算机"天河一号",杂交水稻之父、袁隆平院士指导的"Y两优2号"百亩超级杂交稻技术,数字电视 DTMB,物联网,手机内置耳机技术,工业固体粉体还原循环再利用节能减排技术,"信用贷"科技金融创新,云优盘,信息化创新产品 SoTower 平台评选为十大科技创新项目。

当代中国社会管理问题学术研讨会暨南开大学当代中国问题研究院成立大会在天津举行

当代中国社会管理问题学术研讨会暨南开大学当代中国问题研究院成

立大会 2012 年 1 月在天津举行。会议由南开大学当代中国问题研究院主办,清华大学国情研究中心和北京大学中国国情研究中心协办。

与会者认为,加强和创新社会管理是适应我国经济社会发展的阶段性特征提出的重大时代课题。我国用 30 多年的时间走完了西方发达国家上百年甚至几百年才走完的道路,西方国家在不同历史阶段产生的矛盾在我国短期内集中呈现。因此,当前我国社会管理的难度之大、问题之复杂举世罕见。这就要求我们不断加强和创新社会管理,努力化解社会矛盾、促进社会公正、保持社会稳定。

与会者指出,加强和创新社会管理,需要把党委领导、政府负责、社会协同、公众参与有机结合起来,有效整合各种社会资源,充分运用各种社会力量,着力增强各类社会组织参与社会管理的能力,不断拓宽人民群众参与社会管理的渠道。

科学发展评价指标体系暨科学发展指数研讨会举行

2012 年 1 月 15 日,"科学发展评价指标体系暨科学发展指数研讨会"在南开大学举行。来自国家统计局、教育部、中国社科院、南开大学、南京大学、北京师范大学、天津财经大学等单位的专家学者参加会议。

研讨会发布了"科学发展评价指标体系"研究成果,认为"科学发展评价指标体系暨科学发展指数"课题在借鉴国内外成果的基础上,尝试建立了一套尽可能体现科学发展观基本要求的指标体系,用以评价我国科学发展的状况和水平,其目的是引导、促进树立落实科学发展观,实现科学发展。

"气候政策对话"项目研讨会在中国人民大学举行

2012 年 2 月 23—24 日,由中国人民大学环境学院能源与气候经济学项目组(PECE)和欧洲—地中海气候变化中心(CMCC)共同主办的"气候政策对话"(Climate Policy Outreach,CPO)项目研讨会在逸夫会议中心举行。

"气候政策对话"项目由欧盟资助,旨在提高发展中国家构建气候模型的能力,并在发展中国家和发达国家共同促进模型研究人员和决策者之间的沟通交流。本次研讨会旨在展示 CPO 项目的阶段性研究成果,创建模型研究者和政策决策者之间的沟通平台,就排放峰值、技术选择和成本、政策选择和影响、未来气候谈判走向等议题开展讨论,并制订项目最终成果推广计划。

中国宏观经济论坛(2012年第一季度)在中国人民大学举行

2012年3月17日,由中国人民大学经济研究所主办,中国人民大学经济学院承办的中国宏观经济论坛(2012年第一季度)在中国人民大学逸夫会堂举行。

会议认为,中国经济结构面临的两重压力已经使中国经济增长的可持续问题步入到一个新的历史阶段,这种内外夹击的双重压力不仅决定了中国经济结构的调整具有双重性,同时也决定了全面启动以消费为主体的内需扩展已成为中国经济可持续发展的核心。中国内需的扩展不仅是一个"内需弥补外需回落"的总量问题,它还涉及内需结构调整的问题,"稳投资"与"扩消费"的战略定位组合是当前宏观经济短期与动态平衡的唯一契合点。当前不能就改革谈改革,改革的重点不是重新界定收入分配结构,而是重新界定政府权力与市场权力。应通过政府自身改革,打破政府、企业和家庭之间的传统利益分配格局,使得政府角色从"与民争利"转变为"为民创利"。也不能就分配谈分配,分配关系的调整不仅在于权力关系的调整,同时也在于生产方式的调整。因此政府一方面应当通过现有权力体系的大调整来实现收入分配关系的调整;另一方面也应当重视中国的发展阶段,建立起与生产方式相适应的分配模式,市场力量也是调整分配关系的核心力量之一。

"蓝黄"战略与社会管理创新法律问题学术研讨会在山东大学举行

2012年3月17日,由山东大学政治文明与宪政研究中心主办的"蓝黄"战略与社会管理创新法律问题学术研讨会在山东大学举行。与会学者围绕会议主题"'蓝黄'战略与社会管理创新法律问题",就"蓝黄"区域社会管理创新的理论依据、现实背景、实践价值,社会管理创新与法制建设,社会管理创新与行政改革,社会管理创新与政法工作等展开了广泛而深入的探讨。

"蓝黄"经济区战略是国家区域经济发展战略的重要组成部分,对于区域经济发展、社会进步、文化建设和生态文明将起到极大的推动作用。会议认为,随着"蓝黄"战略的逐步实施,区域经济发展方式将逐步转变,经济结构将逐步调整,在经济进一步增长的同时,区域社会、文化和生态将发生重大变化,这对区域社会管理、文化建设等也提出了挑战性的新课题。

中国与全球治理会议在美国印第安纳大学召开

2012年3月22—24日,美国印第安纳大学召开中国与全球治理会议,会议由国际贸易和可持续发展中心(ICTSD)与美国印第安纳大学中国政治与商业研究中心(RCCPB)联合举办。

国际贸易和可持续发展中心(ICTSD)和印第安纳大学中国政治与商业研究中心(RCCPB)在推进更好地了解中国和全球治理方面是战略合作伙伴。会议侧重于探讨投资、知识产权、公共健康和劳工、对外援助、环境和可持续发展等议题。

"WTO争端解决专家论坛:中国的经验"会议在复旦大学举行

2012年3月23—24日,由复旦大学法学院和上海市WTO法学会(筹)主办的"WTO争端解决专家论坛:中国的经验"在复旦大学举行。

50多位国内知名的WTO法研究专家学者就我国加入WTO 10年来参与的争端解决案件中的法律问题,展开了深入的讨论。

与会专家学者就"WTO争端解决的挑战与中国专家的回应"、"中国涉案争端的审查标准与对国内法的影响问题"、"中国涉案争端的条约解释及公共政策问题"、"原材料案的经验及新的挑战"、"美国双反案的得失与欧美对华非市场经济待遇问题"、"美国轮胎特保案的启示"、"知识产权案的再思考"、"WTO中国涉案的诉讼技巧"等8个专题作了主旨发言,并就中国目前涉案的最新进展及对策,进行了专门的讨论。本次高层论坛为我国政府、企业更好地应对WTO争端解决,提供了高水平的分析和对策,也为政界、学界和企业界的合作创造了好的案例。

社会创新研讨会在北京成功召开

2012年3月26日,由中央编译局比较政治与经济研究中心、北京大学中国政府创新研究中心、北京华夏经济社会发展研究中心联合主办的社会创新研讨会在北京成功举行。来自中央编译局、民政部、北京大学、清华大学、北京师范大学、英国驻华大使馆、联合国开发计划署等机构的政府官员、专家学者,以及基金会、社会企业和社会组织的代表共约50多人出席了研讨会。中央编译局副局长俞可平出席会议并作大会致辞。俞可平副局长在致辞中指出,我国的现代化建设已经进入到一个新的发展阶段,社会结构的分化已经开始定型,新的社会格局正在形成。新的社会格局主要由三个子系统构成:以政府官员为代表、以政府机构为基础的政府系统;以企业家为代表、以企业组织为基础的市场系统;以公民为代表、以社会组织为基础的公民社会系统。随着新社会格局的形成和社会现代化建设新阶段的到来,改革重心日益由经济领域转向社会政治领域,社会建设和社会管理创新受到党和政府前所未有的重视。与这种宏观环境相适应,社会创新也变得日益重要。我们所鼓励的社会创新,应当符合我国社会发展和社会创新的趋势,有利于建设社会主义和谐社会,有利于推进中国特色的社会主义民主法治,有利于改善公共服务的质量,有利于激发社会各个领域的活力，有利于扩大公民的有序参与，有利于推动基层的社会自治。应当特别鼓励各类社会组织和社会企业在公益服务、公众参与、社会自治、公共安全、社会责任和官民合作方面的创新行为和重要实践，鼓励社会组织、企业组织和政府组织在公共服务和社会治理方面的积极合作，鼓励社会组织和社会企业运用新兴的科学技术提供社会公益服务。

社会创新是社会公共领域的创新。从激发社会活力、满足社会的多样性需要、提高社会服务的质量、扩大公民的社会参与、推进社会的自治、培育公民的参与能力等意义上说，社会创新有着不可替代的特殊意义。建设一个创新型的国家，不仅需要创新型的政府和创新型的企业，同样需要创新型的社会。与会人员一致认为，社会创新与企业创新和政府创新一样，是建设创新型国家不可或缺的环节，社会创新的价值和作用也必将日益为社会所认同。

"中国崛起中的机遇和挑战"公开论坛召开

2012年3月26日，"中国崛起中的机遇和挑战"公开论坛在清华大学公共管理学院召开，主要探讨中国未来5年面临的机遇和挑战。论坛分为两个讨论组，第一组聚焦于中国在持续的经济增长和社会转型过程中遇到的机遇和挑战；第二组着眼于中国的快速增长对地区和全球的影响，以及给中国外交政策带来的主要机遇和挑战。清华—布鲁金斯公共政策研究中心主任王丰教授主持第一组讨论。中国人民大学经济学院陶然教授、清华大学公共管理学院院长薛澜教授和上海社会科学院常务副院长左学金教授分别作主题发言。王丰总结了近十年中国经济的发展，提出未来中国经济的增长形势以及将要面临的挑战等问题；陶然以"中国模式"概念解读了中国发展和改革的现状；薛澜对中国政府的职能转变发表评论，他认为政府需要优化其内部结构并根据实际需求调整各部门的规模；左学金从经济学的角度分析了中国经济为何能够在过去的30年中实现快速增长，同时预测中国经济在未来30年会有明显的减速。第二组讨论由美国布鲁金斯学会副会长及外交政策项目主任Martin Indyk大使主持。中国现代国际关系研究院院长崔立如教授、美国布鲁金斯学会中国中心主任李侃如博士和中央编译局副局长俞可平教授为主讲嘉宾。崔立如对中美关系在"中国崛起"背景下的发展态势进行了评述。李侃如就在美国重返亚洲背景下中美新政间的合作发表了看法。俞可平提出从"第三只眼"看中美关系,中国的发展对中美关系和平进展有前所未有的重要作用。来自政府部门、企业和科研院所的相关专家和学者聆听了论坛讲座。

第八届中国政府创新论坛暨"幸福江阴"国际学术研讨会召开

2012年3月27—28日,第八届中国政府创新论坛暨"幸福江阴"国际学术研讨会在江阴召开。此次论坛旨在全面总结"幸福江阴"建设的最新成就,深入探讨江阴建设小康社会、和谐社会的经验,以进一步推进地方政府改革创新。中央党史研究室副主任李忠杰,国家行政学院副院长周文彰,中央编译局副局长俞可平,著名社会学家、中国社科院荣誉学部委员、中国社会学会名誉会长陆学艺等30多位领导、学者和专家出席论坛,联合国开发计划署、福特基金会、亚洲基金会、英国驻华使馆、加拿大驻华使馆、美国驻上海领事馆等近20位国际组织官员和国外专家学者参加论坛。中央编译局副局长俞可平致辞,中央党史研究室副主任李忠杰、国家行政学院副院长周文彰分别作了专题发言。

会上,李忠杰认为,"幸福江阴"将"幸福"具体化为"五民五好",让"幸福"在实践中可操作、检测和感受,体现了江阴领导层执政为民的理念,将科学发展观落在了实处,"幸福江阴"对全面建设小康社会、构建社会主义核心价值体系等方面均有启示和借鉴意义。周文彰表示,"幸福江阴"建设过程中,执政团队所展现的开拓奋进的精神状态、为民造福的根本价值追求、系统谋划以及和谐推进的执行能力,为其他地区执政能力的提升提供了有力启示。他认为,"幸福江阴"体现了国家的执政理念,使人民幸福,活得有尊严;作为科学发展观的有效载体,将带动越来越多的市县发展。俞可平认为,江阴作为全国最发达地区,在幸福社会建设上进行了有益的探索，特别是制订了"幸福江阴"综合评价指标体系，幸福不幸福由人民说了算，为推进民主法制建设、维护社会公平正义积累了经验，他希望江阴今后要在幸福与科学发展的联系、借鉴国外经验丰富"幸福江阴"建设内涵等方面进一步作出尝试和探索。福特基金会中国办事处治理与公共政策项目官员 Hartford Kathleen 女士则显示了独特的发现力，她认为在城市化进程中中国很多城市建设成为"城中村"，但是江阴却注重新市镇建设，将镇村建成"村中城"。荷兰莱顿大学 Richard Arthur Boyd 教授认为，江阴发展的愿景是全面平衡的发展，既体现了工业与农业的平衡、工业化与环境保护的平衡，也体现了物质文明与精神教育的平衡、领导和公民参与的平衡，"幸福江阴"建设是全人类平衡发展的典范。一些专家建议，下一步，江阴还需要结合具体实践，在指标体系的效果和可信度上更加深入。随着"幸福江阴"的推进，其内涵中文化、精神条件的体现会越来越高，应当寻求公平、正义等政治文明要素的不断完善，从而推动民主法制建设。同时，也需与国际经验进行互动，使全面小康建设目标更加充满幸福内涵。此次论坛由中央编译局比较政治与经济研究中心、北京大学中国政府创新研究中心与中共江阴市委、江阴市人民政府共同举办，论坛主题是科学发展与治理评估。

关注财富的生产和分配——中国经济规律研究会第 22 届年会召开

中国经济规律研究会第 22 届年会 2012 年 4 月在武汉大学举行。这次年会以"财富的生产和分配：中外理论与政策研讨会"为主题，集中研讨财产的占有与财富的生产，财产占有与收入分配，财富生产与收入分配；中国收入分配的现状和原因，中国劳动收入比重偏低的原因、后果和提高的途径；世界贫富差距变化的趋势及其原因；国富与民富的理论与实践，先富与共富的理论与实践等问题，具有重要的理论意义和实践价值。与会者认为，中国现在正处于重要战略机遇期和改革攻坚阶段，面临国际金融危机、主权债务危机、资源、环境、收入分配等方面的困难和挑战，特别需要深入探讨如何在进一步做大、做好"蛋糕"的同时,分好"蛋糕"。有的专家强调,必须正确认识中国改革开放的性质和方向,不改革开放,死路一条,改革方向错了,也是死路一条;有的专家指出应该进一步弄清什么是社会主义、为什么要搞社会主义、目的是什么、为什么不能贫富两极分化、必须走向共同富裕;还有学者指出国有企业的确要深化改革,但改革的方向决不是私有化,而是完善国有企业制度,合理上缴利润,缩小高管与职工的收入差距,壮大国有经济,更好发挥主导作用,为走向共同富裕作出更大贡献;另有学者呼吁更好、更快、更有效地解决收入分配问题,因为收入分配问题是中国改革和发展面临的最突出的问题,关系到社会主义本质和社会公平正义的实现、经济增长动力的增强及社会和谐稳定的维持。

"中国城市化的反思与创新"学术研讨会在上海举行

由中国社会科学院人口与劳动经济研究所、《中国人口科学》杂志社和复旦大学人口研究所共同主办的"中国城市化的反思与创新"学术研讨会,于2012年5月19—20日在上海市召开。来自国内有关研究机构、高校的近百位专家学者,就中国城市化的模式与未来发展道路的选择、中国城市化进程中存在的问题与综合治理、城市化与城乡统筹发展、城市化背景下的社会保障问题、城市化中后期发展的国际比较等主题进行了研讨。

"中国治理状况评估"国际研讨会召开

2012年5月21日,中央编译局海外理论信息研究中心召开"中国治理状况评估"国际研讨会。来自中央编译局马列主义文献信息部、北京大学法学院、亚洲基金会的20多位专家学者参加了研讨会。研讨会上,北京大学法学院副院长王锡锌教授就中国在增加透明度方面取得的进步作了介绍,中央编译局海外理论信息研究中心执行主任赖海榕研究员就中国在扩大参与和增强问责方面取得的成就作了介绍。随后,与会专家学者围绕上述主题展开了深入的探讨和交流。

第八届两岸四地公共管理学术研讨会举办

2012年5月5日至6日，由四川大学主办、四川大学公共管理学院承办的"第八届两岸四地公共管理学术研讨会"在成都召开。

来自香港、澳门、台湾、中国内地等两岸四地的140多位知名专家学者，以及四川大学公共管理学院全体院领导、师生代表共计300余人参加了研讨会。本次研讨会主题为"社会管理与公共服务"。

参会专家学者认为，当前，我国正处于发展的重要战略机遇期和社会矛盾凸显期，加强公共管理的理论研究和实践创新，加快推进社会管理体制改革，对于进一步提升公共部门管理能力、促进社会公平正义、构建社会主义和谐社会具有重要的战略意义。

与会代表围绕"社会管理与公共服务"的主题，重点就"城市化与公共治理"、"统筹城乡发展与公共服务"、"社会治理与公共政策"、"政府转型与社会组织发展"、"社会发展与社会管理"等议题，通过大会论坛、专题论坛等形式，进行了广泛而深入的探讨与交流。

首届中国社会工作论坛召开

2012年5月12日至13日，由中国人民大学社会工作系和中国人民大学北京社会建设研究院共同主办的"社会建设中的社会工作"首届中国社会工作论坛在中国人民大学逸夫会堂召开。来自中国人民大学、香港大学、北京大学、南京大学、中山大学等50余所高等院校的专家学者和全国部分社会工作服务机构的一线社会工作者代表100余人共同探讨了社会工作如何在社会建设中发挥积极作用。

与会专家学者和一线社会工作者代表围绕"社会工作与社会建设"、"不同人群的社会服务"、"不同领域的社会服务"和"社会工作教育与人才培养"等专题展开研讨。

参加研讨的专家学者和一线社会工作者代表认为，中国当前正处于发展的重要战略机遇期和各类社会矛盾凸显期，社会工作参与社会管理创新、推动社会建设发展,不仅责无旁贷,而且无以替代。近些年来,社会工作在中国取得长足发展,得到政府的重视和社会的支持,但总体来说,发展还相对滞后。论坛还为社会工作专业建设和教育改革提供了一系列建议,得到与会专家和一线社会工作者代表的一致肯定。

书刊信息 | Latest Books and Articles

中文治理论文

治理理论

1. 董礼胜、牛沁红:《传统治理与电子治理融合趋势分析》,载《中国行政管理》,2011年第2期。
2. 孙志建:《政府治理的工具基础:西方政策工具理论的知识学诠释》,载《公共行政评论》,2011年第3期。
3. 王宝成、陈华:《弹性化政府治理:政府改革的崭新视角》,载《科教导刊》,2011年第2期。
4. 刘辉:《治理的特征:谁的治理、何种治理》,载《理论与改革》,2011年第6期。
5. 陈浩天:《从治理到善治:基层政府治理嬗变的现实图景与国家整合》,载《湖北社会科学》,2011年第11期。
6. 王玉婷:《高参与度共同治理模式——政府治理社会模式创新探索》,载《学习月刊》,2011年第4期。
7. 李春成:《包容性治理:善治的一个重要向度》,载《领导科学》,2011年第19期。
8. 云晨露:《全球化与政府治理理念创新》,载《改革与开放》,2011年第4期。
9. 冯双:《信息化背景下政府治理的几个维度》,载《理论观察》,2011年第 5 期。

10. 蔡守秋：《善用环境法学实现善治——治理理论的主要概念及其含义》，载《人民论坛》，2011 年第 5 期。
11. 何哲：《"善治"概念的核心要素分析——一种经济方法的比较观点》，载《理论与改革》，2011 年第 5 期。
12. 斯亚平：《"和谐社会"视域下的善治政府建设要义》，载《探索》，2011 年第 1 期。
13. 李伟杰：《促进社会公平正义与政府治理研究》，载《科学社会主义》，2011 年第 1 期。
14. 李建标：《转型中的秩序与"二元治理结构"》，载《中国行政管理》，2011 年第 1 期。
15. 樊建飞、李菩菩：《善政：政府转型必经之路——基于善治理念的理性反思》，载《江苏省社会主义学院学报》，2011 年第 1 期。
16. 张增船：《民生幸福意域下的政府善治》，载《理论界》，2011 年第 11 期。
17. 刘捷：《治理理论与我国服务型政府建设》，载《前沿》，2011 年第 10 期。
18. 马宝成：《基层重建需要新的治理理念》，载《探索与争鸣》，2011 年第 7 期。
19. 杨雪冬：《基层再造中的治理空间重构》，载《探索与争鸣》，2011 年第 7 期。
20. 李庆浩、薛中娴：《治理——善治理论下提升我国政府公共危机管理的能力》，载《经济视角（下）》，2011 年第 8 期。
21. 谭桔华：《"善政"体系建设与"善治"能力提高》，载《云南行政学院学报》，2011 年第 8 期。
22. 纳赟：《谈韦伯魅力型统治与善治》，载《知识经济》，2011 年第 9 期。
23. 俞可平：《政府善治——通往幸福之路》，载《西部广播电视》，2011 年第 1 期。
24. 黄爱教：《论善治生态及其建构》，载《华中科技大学学报（社会科学版)》，2011年第6期。

25. 朱进芳：《治理理论对我国社会管理创新的若干启示》，载《中共山西省直机关党校学报》，2011年第5期。

全球/区域治理

1. 朱全景：《社会资本与全球治理》，载《中央社会主义学院学报》，2011年第1期。

2. 金彪：《全球治理的文化维度》，载《深圳大学学报（人文社会科学版）》，2011年第1期。

3. 罗忠桓：《从行政区行政走向区域治理：省际接边地区治理的范式创新——以湘鄂渝黔桂接边地区（五溪源）历史沿革与治理创新为例》，载《甘肃行政学院学报》，2011年第2期。

4. 戴维·赫尔德、杨娜：《重构全球治理》，载《南京大学学报（哲学·人文科学·社会科学版）》，2011年第2期。

5. 艾伦·布坎南、罗伯特·基欧汉、赵晶晶、杨娜：《全球治理机制的合法性》，载《南京大学学报（哲学·人文科学·社会科学版）》，2011年第2期。

6. 海晓君：《非政府组织与全球善治》，载《学会》，2011年第3期。

7. 王金良：《全球治理：结构与过程》，载《太平洋学报》，2011年第4期。

8. 苏长和：《中国与全球治理——进程、行为、结构与知识》，载《国际政治研究》，2011年第1期。

9. 余功德：《第四点计划与美国对非政府组织的政策——兼论对理解全球治理理论的启示》，载《国际政治研究》，2011年第1期。

10. 张鹏：《中国参与全球治理的地方支持——兼论长三角次区域的地方全球联系与责任》，载《国际政治研究》，2011年第1期。

11. 星野昭吉、刘小林：《全球治理的结构与向度》，载《南开学报（哲学社会科学版）》，2011年第3期。

12. 林永亮：《全球治理的规范缺失与规范建构》，载《世界经济与政治论坛》，2011年第1期。

13. 王奇才：《全球治理的法律渊源及其合法律性问题》，载《法制与社会发展》，2011年第2期。
14. 易承志：《跨国公民社会参与全球治理的角色分析》，载《东南学术》，2011年第2期。
15. 吴志成：《全球治理的新挑战及其机制的合法性》，载《南开学报（哲学社会科学版）》，2011年第3期。
16. 吴志成：《当代西方研究：全球化与全球治理》，载《南京大学学报（哲学·人文科学·社会科学版）》，2011年第2期。
17. 吴志成、王天韵：《全球化背景下全球治理面临的新挑战》，载《南京大学学报（哲学·人文科学·社会科学版）》，2011年第2期。
18. 陆金梅：《新区域主义视野下的中国—东盟自由贸易区区域治理》，载《创新》，2011年第3期。
19. 刘兴华：《全球治理的国内拓展》，载《南开学报（哲学社会科学版）》，2011年第3期。
20. 夏路：《东亚区域主义治理的范式、效应与路径》，载《电子科技大学学报（社会科学版）》，2011年第2期。
21. 肖磊：《公民社会参与区域治理：一种双向进程——兼与汪伟全先生商榷》，载《探索与争鸣》，2011年第7期。
22. 张博一：《全球治理与国家主权"弱化论"》，载《法制与社会》，2011年第22期。
23. 赵隆：《议题设定和全球治理——危机中的价值观碰撞》，载《国际论坛》，2011年第4期。
24. 李稻葵：《富国、穷国和中国——全球治理与中国的责任》，载《国际经济评论》，2011年第4期。
25. 李中元：《高危时代全球治理与多元主体参与模式的研究》，载《经济问题》，2011年第10期。
26. 庞中英：《"全球政府"：一种根本而有效的全球治理手段？》，载《国际观察》，2011年第5期。

27. 叶江：《试论当代跨国社会运动对国家及全球治理的作用与影响》，载《国际观察》，2011年第6期。

国家/地方治理

1. 杜旸：《全球治理中的中国进程：以中国减贫治理为例》，载《国际政治研究》，2011年第1期。

2. 张丙宣：《网络问政、制度创新与地方治理——以宁波网·对话为例》，载《浙江社会科学》，2011年第1期。

3. 徐行：《行政审批权力下移与政府治理方式的转变——以当前我国扩权强县政策为中心的研究》，载《理论与现代化》，2011年第6期。

4. 郁建兴：《城市化进程中的地方政府治理转型：一个新的分析框架》，载《社会科学》，2011年第11期。

5. 艾伦·罗森鲍姆：《分权与地方治理》，载《行政管理改革》，2011年第1期。

6. 石燕、郎玫：《创新到治理：地方政府创新的联动机制研究》，载《成都行政学院学报》，2011年第1期。

7. 黄明哲：《论地方政治生态环境的治理与优化》，载《学习与实践》，2011年第1期。

8. 黄秋菊、景维民：《后危机时代中国治理模式提升的策略选择》，载《经济社会体制比较》，2011年第1期。

9. 高新军：《地方治理创新的多种路径选择》，载《同舟共进》，2011年第4期。

10. 霍春龙：《中国政府治理变革的制度根源探析》，载《前沿》，2011年第7期。

11. 方雷：《地方多元治理与社会民间组织》，载《理论视野》，2011年第3期。

12. 周仁标：《论行政体制与地方治理》，载《中国特色社会主义研究》，

2011 年第 2 期。

13. 迟全华：《地方治理创新实践的浙江经验》，载《浙江学刊》，2011 年第 4 期。

14. 张雅勤：《转型时期地方治理的困境与对策》，载《武汉科技大学学报（社会科学版）》，2011 年第 4 期。

15. 徐海燕：《国家治理与政治稳定——以吉尔吉斯斯坦转轨为视角》，载《当代世界社会主义问题》，2011 年第 2 期。

16. 吕承文：《地方治理行动自由空间中的五大矛盾解析——个人与制度的冲突》，载《福建行政学院学报》，2011 年第 5 期。

公共治理/社会治理

1. 王发臣、杨建欣、王婷婷、纪庆鑫、余玲：《政府职能转变后的公共治理格局研究——依托对珠海市公共治理模式的调研》，载《价值工程》，2011 年第 28 期。

2. 桑玉成：《官民协同治理视角下当代中国社会管理的创新与发展》，载《山东大学学报（哲学社会科学版）》，2011 年第 3 期。

3. 吴光芸、李建华：《社会资本视角下的区域公共治理》，载《改革与战略》，2011 年第 4 期。

4. 乔福龙：《中国治理模式的特色与成长逻辑——基于公共治理的视角》，载《内蒙古大学学报（哲学社会科学版）》，2011 年第 4 期。

5. 陈娟：《复合治理：城市公共事务治理的路径创新——以杭州社会复合主体实践为视角》，载《中共浙江省委党校学报》，2011 年第 4 期。

6. 唐秋伟：《探寻合作的社会治理模式——基于民主治理现实困境的思考》，载《社会科学家》，2011 年第 7 期。

7. 曾莉：《公共治理中公民参与的理性审视——基于公民治理理论的视角》，载《甘肃社会科学》，2011 年第 1 期。

8. 董立人：《物联网发展与公共管理的善治》，载《行政与法》，2011 年第 1 期。

9. 陶希东：《跨界治理：中国社会公共治理的战略选择》，载《学术月刊》，2011年第8期。

10. 杨宇：《21世纪的公共治理：从"善政"走向"善治"》，载《改革与开放》，2011年第20期。

11. 许劲松：《公共治理与和谐社会建构的行动逻辑》，载《行政论坛》，2011年第1期。

12. 肖飞：《社会组织参与社会治理的现实困境及路径选择》，载《中共青岛市委党校、青岛行政学院学报》，2011年第2期。

13. 李晓琛：《我国非政府组织参与社会治理的路径选择》，载《传承》，2011年第2期。

14. 谭海波：《论公共治理机制及其整合》，载《社会科学家》，2011年第2期。

15. 王建华：《社会治理视域下政党组织变革研究》，载《南京社会科学》，2011年第5期。

16. 余金刚：《对公共治理理论的政治学解读》，载《人民论坛》，2011年第11期。

17. 王欢明：《我国城市公交服务治理模式与运营效率研究——以长三角城市群公交服务为例》，载《公共管理学报》，2011年第2期。

18. 麻宝斌：《从社会管理到社会治理：挑战与变革》，载《学习与探索》，2011年第3期。

19. 王发臣：《公共治理的政府责任》，载《现代交际》，2011年第6期。

20. 董立人：《以"包容性增长"推动社会管理的善治》，载《党政干部学刊》，2011年第1期。

21. 祝丽生：《乡村社会治理的内在认同模式研究》，载《攀登》，2011年第5期。

22. 郭赟：《公众参与视域下群体性事件的治理策略》，载《理论学习》，2011年第10期。

23. 孙远东：《社区重建抑或国家重建：快速城镇化进程中农民集中居住区的公共治理》，载《苏州大学学报（哲学社会科学版）》，2011年第5期。

24. 陈跃：《杭州在社会治理机制方面的探索经验》，载《杭州（我们）》，2011年第7期。
25. 叶裕民：《成都统筹城乡发展中的社会治理创新》，载《杭州（我们）》，2011年第7期。
26. 曹惠民：《公共治理视角下的政府绩效问责机制研究》，载《理论导刊》，2011年第10期。
27. 刘旺洪：《社会管理创新与社会治理的法治化》，载《法学》，2011年第10期。
28. 高鹏：《善治：社会管理的终极目标》，载《改革与开放》，2011年第16期。

城市治理

1. 杨宏山：《合作治理与城市基层管理创新》，载《南京社会科学》，2011年第5期。
2. 王枫云：《当代城市社会治理的世界理念与善治内涵》，载《上海城市管理》，2011年第5期。
3. 麻宝斌：《政府与社会的协同治理之路——以汪清县城市社区管理改革为个案》，载《吉林大学社会科学学报》，2011年第6期。
4. 王红艳：《社会管理创新与社区治理的群众参与》，载《重庆社会科学》，2011年第8期。
5. 史杨：《城市治理中的公众参与和制度保障》，载《上海城市管理》，2011年第6期。
6. 汪文革：《城市治理的问题成因与破解的制度创新——以武汉市"城管革命"为例》，载《上海城市管理》，2011年第6期。
7. 任晓林：《转型期城市治理中的结构优化与资源配置》，载《上海城市管理》，2011年第1期。
8. 郭家瑜、袁青云：《国外社区治理模式浅析及对江西省社区治理工作的启示》，载《黑河学刊》，2011年第5期。

9. 雷美霞：《论城市社区治理中的委托代理关系及优化》，载《中共云南省委党校学报》，2011年第5期。
10. 赵强：《城市治理动力机制：行动者网络理论视角》，载《行政论坛》，2011年第1期。
11. 杨君：《中国城市治理的模式转型：杭州和深圳的启示》，载《西南大学学报（社会科学版）》，2011年第2期。
12. 毛寿龙：《权力、市场与城市治理》，载《理论视野》，2011年第6期。
13. 陈天祥：《城市社区治理：角色迷失及其根源——以H市为例》，载《中国人民大学学报》，2011年第3期。
14. 王名：《国际化社区治理研究——以北京市朝阳区为例》，载《北京社会科学》，2011年第4期。
15. 王力平：《论地方政府角色在社区治理中的失位与归位》，载《前沿》，2011年第17期。
16. 郑岚：《城市社区治理中的公众参与》，载《人民论坛》，2011年第29期。

农村治理

1. 刘安：《协商共治：建构农村基层治理的制度性合作关系》，载《南京师范大学学报（社会科学版）》2011年第2期。
2. 江国逊：《空心化村庄成因及治理对策探析——以江苏省邳州市前湖村为例》，载《山东国土资源》，2011年第10期。
3. 杨莉芸：《新型农村治理结构的重塑》，载《四川理工学院学报（社会科学版）》，2011年第6期。
4. 李正华：《新中国乡村治理的经验与启示》，载《当代中国史研究》，2011年第1期。
5. 陈世伟：《地权变动、村界流动与治理转型——土地流转背景下的乡村治理研究》，载《求实》，2011年第4期。
6. 李意：《边缘治理：城市化进程中的城郊村社区治理——以浙江省T村

社区为个案》，载《社会科学》，2011年第8期。

7. 梁靖松：《新农村建设中的乡村治理模式研究》，载《改革与开放》，2011年第18期。

8. 曲延春：《中国乡村治理中的协商民主：发展逻辑与推进对策》，载《农村经济》，2011年第11期。

9. 张攀峰、韦付萍：《新农村建设中构建合理农村治理模式的几点思考——以陕西农村村民自治实践为例》，载《理论导刊》，2011年第1期。

10. 刘国普：《论乡村治理中的农民话语权保障——基于善治的视角分析》，载《云南行政学院学报》，2011年第1期。

11. 熊健敏：《基于"善治模式"的乡村治理建设构想》，载《中国集体经济》，2011年第18期。

12. 高广景：《新中国农村治理的经验与教训》，载《中共四川省委党校学报》，2011年第1期。

13. 于建嵘：《国家政权建设与基层治理方式变迁》，载《文史博览（理论）》，2011年第1期。

14. 林兴初：《农村基层治理机制的创新实践与启示——基于浙江仙居横溪镇村干部"创业积分制"的调研》，载《行政与法》，2011年第3期。

15. 马华：《村民自治中的草根式权力平衡与民主能力培育——广东"蕉岭模式"对我国乡村治理的启示》，载《河南大学学报（社会科学版）》，2011年第2期。

16. 贺雪峰：《乡村治理的八大表现》，载《当代社科视野》，2011年第4期。

17. 黄成亮：《从整合到合作——基层乡村治理的一种共赢》，载《科学社会主义》，2011年第2期。

18. 曾业松：《构建"三个统一"的新型农村治理结构》，载《理论视野》，2011年第5期。

19. 邹广文：《社会管理视阈中的乡村治理》，载《理论视野》，2011年第5期。

20. 胡涤非：《社会资本与乡村治理——以广东省惠州市P村为例》，载

《科学经济社会》，2011年第2期。
21. 许才明：《乡镇治理模式：观点辨析及近期选择》，载《求实》，2011年第8期。
22. 孔兆政：《"乡财县管"改革的公共治理效应与完善对策》，载《华东理工大学学报（社会科学版）》，2011年第4期。
23. 夏小莉：《"合作共治"——农村基层治理的优化模式》，载《中国集体经济》，2011年第28期。
24. 陈德志：《我国乡村治理之历史足迹与成长逻辑》，载《理论导刊》，2011年第10期。

生态/环境治理

1. 吴志成：《全球治理的价值向度与气候变化治理》，载《南京大学学报（哲学·人文科学·社会科学版）》，2011年第4期。
2. 曹永森、王飞：《多元主体参与：政府干预式微中的生态治理》，载《求实》，2011年第11期。
3. 约翰·普雷斯科特：《改革全球治理机制 共同应对气候变化》，载《经济研究参考》，2011年第49期。
4. 谈火生、宁启超：《环境治理中的政府领导责任探析》，载《沈阳干部学刊》，2011年第1期。
5. 张少兵：《国外环境治理与保护的经济理论评析》，载《商场现代化》，2011年第2期。
6. 曹春苗：《环境治理中寻租的经济学分析》，载《环境保护与循环经济》，2011年第2期。
7. 王金梅：《非国家行为体与主权国家在国际气候治理中的互动》，载《法制与社会》，2011年第9期。
8. 余敏江：《生态治理评价指标体系研究》，载《南京农业大学学报（社会科学版）》，2011年第1期。
9. 蒋莉：《环境整治的根本之道——兼对我国现行环保治理模式的反思》，

载《河南社会科学》,2011 年第 2 期。
10. 李昕蕾:《全球气候治理中的跨国城市气候网络——以 C40 为例》,载《社会科学》,2011 年第 6 期。
11. 王蔚:《改革开放以来中国环境治理的理念、体制和政策》,载《当代世界与社会主义》,2011 年第 4 期。
12. 余敏江:《论生态治理中的中央与地方政府间利益协调》,载《社会科学》,2011 年第 9 期。
13. 黄春蕾:《我国生态环境公私合作治理机制创新研究——"协议保护"的经验与启示》,载《理论与改革》,2011 年第 5 期。
14. 李妍辉:《从"管理"到"治理":政府环境责任的新趋势》,载《社会科学家》,2011 年第 10 期。
15. 罗小芳:《环境治理中的三大制度经济学学派:理论与实践》,载《国外社会科学》,2011 年第 6 期。

中文治理书目

1. 何增科、包雅钧主编：《公民社会与治理》，社会科学文献出版社2011年版。
2. 佟健：《政府治理机制研究》，辽宁大学出版社2011年版。
3. 余逊达、徐斯勤主编：《民主、民主化与治理绩效》，浙江大学出版社2011年版。
4. 刘国富：《社会治理与公共服务中的县级政府》，中国社会科学出版社2011年版。
5. 吴群刚、孙志祥：《中国式社区治理：基层社会服务管理创新的探索与实践》，中国社会出版社2011年版。
6. 徐湘林、佟德志、严洁主编：《转型期的政治建设与政府治理》，社会科学文献出版社2011年版。
7. 徐华炳：《危机与治理：中国非传统安全问题与战略选择》，上海三联书店2011年版。
8. 李明：《公共风险与地方治理危机：美国财产税制变迁分析》，北京大学出版社2011年版。
9. 李明主编：《中国农村政治发展与农村社会治理研究》，知识产权出版社2011年版。
10. 杜钢建主编：《法治湖南与区域治理研究》，世界图书出版广东有限公司2011年版。

11. 杨冠琼、蔡芸：《公共治理创新研究》，经济管理出版社 2011 年版。

12. 殷昭举：《创新社会治理机制》，广东人民出版社 2011 年版。

13. 汪玉凯：《公共治理与非营利组织管理》，国家行政学院出版社 2011 年版。

14. 熊文驰、马骏主编：《全球治理中的伦理》，上海人民出版社 2011 年版。

15. 甘锋：《国际环境非政府组织与全球治理》，上海交通大学出版社 2011 年版。

16. 申振东、龙海波：《生态文明城市建设与地方政府治理：西部地区的现实考量》，中国社会科学出版社 2011 年版。

17. 范俊玉：《区域生态治理中的政府与政治》，广东人民出版社 2011 年版。

18. 谢庆奎、商红日主编：《基层民主与社区治理》，北京大学出版社 2011 年版。

19. 谭英俊：《地方政府公共事务合作治理能力建设研究》，广西人民出版社 2011 年版。

20. 赵来军主编：《公共危机与社会治理》，社会科学文献出版社 2011 年版。

21. 郑大玮主编：《新农村环境治理典型案例》，中国人事出版社、中国劳动社会保障出版社 2011 年版。

22. 金太军等：《区域治理中的行政协调研究》，广东人民出版社 2011 年版。

23. 闫国庆等：《中国高新区公共治理绩效评价》，浙江大学出版社 2011 年版。

24. 经济合作与发展组织：《新农村范式：政策与治理》，陈强、徐瑞祥等译，同济大学出版社 2011 年版。

25. 陈明明主编：《转型危机与国家治理》，上海人民出版社 2011 年版。

26. 陈震宇：《现代澳门社会治理模式研究》，社会科学文献出版社 2011 年版。

27. 雷建锋：《欧盟多层治理与政策》，世界知识出版社 2011 年版。

28. 马西恒：《社区治理创新：以上海建设国家化城市为背景》，学林出版社 2011 年版。

29. 鲍铭言、迪迪尔·钱伯内特：《欧洲的治理与民主：欧盟中的权力与抗议》，李晓江译，社会科学文献出版社 2011 年版。

30. 黄晓东：《社会资本与政府治理》，社会科学文献出版社 2011 年版。
31. 上海财经大学公共经济与管理学院公共治理研究中心编：《公共治理评论》（第 1 辑），上海财经大学出版社 2011 年版。
32. 张建英：《区域生态治理中地方政府经济职能转型研究》，广东人民出版社 2011 年版。
33. 陶学荣、陶叡：《走向乡村善治：乡村治理中的博弈分析》，中国社会科学出版社 2011 年版。

英文治理论文

治理理论

1. Rhodes' Contribution to Governance Theory: Praise, Criticism and The Future Governance Debate/Anne Mette Kjær. *Public Administration*. Volume 89, Issue 1, 2011, pp. 101—113.

2. Who Interprets The World? Interpretive Social Science and Mark Bevir's Democratic Governance/Elizabeth Ben-Ishai. *International Journal of Organization Theory & Behavior*. Volume 14, Issue 4, 2011, pp. 537—553.

3. The "China Model" and The Global Crisis: From Friedrich List to A Chinese Mode of Governance? /Shaun Breslin. *International Affairs*, Volume 87, Issue 6, 2011, pp. 1323—1343.

4. Rethinking Good Governance/Veerle Van Doeveren. *Public Integrity*, Volume 13, Issue 4, 2011, pp. 301—318.

5. Democratic Governance: A Response to Commentaries/Mark Bevir. *Administrative Theory & Praxis*. Volume 33, Issue 3, 2011, pp. 478—485.

6. Governance as Political Theory/B. Guy Peters. *Critical Policy Studies*. Volume 5, Issue 1, 2011, pp. 63—72.

7. Democratic Governance: A Genealogy/Mark Bevir. *Local Government Studies*. Volume 37, Issue 1, 2011, pp. 3—17.

8. Can Bad Governance be Good for Development? /Sam Wilkin. *Survival*. Volume 53, Issue 1, 2011, pp. 61—76.

9. Good Governance and Anti-doping Policy: An International Federation View/Stuart Miller. *International Journal of Sport Policy and Politics*. Volume 3, Issue 2, 2011, pp. 279—288.

10. The Importance of The Temporal Dimension: New Modes of Governance as A Tool of Government/Laura Cram. *Journal of European Public Policy*. Volume 18, Issue 5, 2011, pp. 636—653.

11. On Two Types of Governance Theory. A Response to B. Guy Peters/Mark Bevir & Benjamin Krupicka. *Critical Policy Studies*. Volume 5, Issue 4, 2011, pp. 450—453.

12. After The Age of Majority? Multi-party Governance and The Westminster Model/Akash Paun. *Commonwealth & Comparative Politics*. Volume 49, Issue 4, 2011, pp. 440—456.

13. Citizenship and Governance in A Wild, Wired World: How should Citizens and Public Managers Use Online Tools to Improve Democracy? /Matt Leighninger. *National Civic Review*. Volume 100, Issue 2, 2011, pp. 20—29.

14. The Tension between Governance and State-Building/Jianxing Yu and Ziying He. *Journal of Chinese Political Science*, Volume 16, Number 1, 2011, pp. 1—17.

15. What can Political Freedom Mean in A Multicultural Democracy?: on Deliberation, Difference, and Democratic Governance/Clarissa Rile Hayward. *Political Theory*. Volume 39, Issue 4, 2011, pp. 468—497.

全球治理

1. Shifting Governance in STI: An Analysis of The Global Governance Institutions and Their Impact on South African Policy/Britta Rennkamp

and Dhesigen Naidoo. *South African Journal of International Affairs*. Volume 18, Issue 1, 2011, pp. 63—85.

2. Global Governance, Good Governance and Democracy: The Indian Perspective/Ranjit Singh. *Indian Journal of Politics*, Volume Issue 3/4, 2011, pp. 325—346.

3. The New Sovereigntist Challenge for Global Governance: Democracy without Sovereignty/Michael Goodhart and Stacy Bondanella Taninchev. *International Studies Quarterly*, Volume 55, Issue 4, 2011, pp. 1047—1068.

4. Mark Bevir's Democratic Governance in Radical Democratic Perspective/Fred Lee. *International Studies Quarterly*, Volume 55, Issue 4, 2011, pp. 554—575.

5. Post-colonial Nation Building, Global Governance, Globalisation and Development in Nigeria and Africa/Olayinka Akanle. *Africa Insight*, Volume 41, Issue 3, 2011, pp. 1—15.

6. Global Governance and Legitimacy/Robert O. Keohane. *Review of International Political Economy*. Volume 18, Issue 1, 2011, pp. 99—109.

7. The OECD and Global Economic Governance/Richard Eccleston. *Australian Journal of International Affairs*. Volume 65, Issue 2, 2011, pp. 243—255.

8. Explaining Global Governance—A Complexity Perspective/Christine Brachthäuser. *Cambridge Review of International Affairs*. Volume 24, Issue 2, 2011, pp. 221—244.

9. Can Asia Re-legitimize Global Governance? /Kishore Mahbubani. *Review of International Political Economy*. Volume 18, Issue 1, 2011, pp. 131—139.

10. Towards Greater Legitimacy in Global Governance/Jan Aart Scholte.

Review of International Political Economy. Volume 18, Issue 1, 2011, pp. 110—120.

11. The Politics of Legitimate Global Governance/James Brassett & Eleni Tsingou. *Review of International Political Economy*. Volume 18, Issue 1, 2011, pp. 1—16.

12. Constitutional Stretching: Coalition Governance and The Westminster Model/Felicity Matthews. *Commonwealth & Comparative Politics*. Volume 49, Issue 4, 2011, pp. 486—509.

13. Legitimacy in Intergovernmental and Non-state Global Governance/Steven Bernstein. *Review of International Political Economy*. Volume 18, Issue 1, 2011, pp. 17—51.

14. The European Union, Multilateralism and The Global Governance of The Internet/George Christou & Seamus Simpson. *Journal of European Public Policy*. Volume 18, Issue 2, 2011, pp. 241—257.

15. National Democratization Theory and Global Governance: Civil Society and The Liberalization of The Asian Development Bank/Anders Uhlin. *Democratization*. Volume 18, Issue 3, 2011, pp. 847—871.

16. The Next Three Futures, Part One: Looming Crises of Global Inequality, Ecological Degradation, and A Failed System of Global Governance/Christopher Chase-Dunn & Kirk S. Lawrence. *Global Society*. Volume 25, Issue 2, 2011, pp. 137—153.

17. Rebalancing Global Governance: Gulf States' Perspectives on The Governance of Globalisation/Kristian Coates Ulrichsen. *Global Policy*. Volume 2, Issue 1, 2011, pp. 65—74.

18. What to Do in Globalised Economies if Global Governance Is Missing? The Vicarious Role of Competition in Social Responsibility/Becchetti Leonardo, Giorgio Federico and Solferino Nazaria. *International Review of Economics*, Volume 58, Number 2, 2011, pp. 185—211.

19. Foreign Aid and Global Governance: Buying Bretton Woods-The Swiss-Bloc Case/James Raymond Vreeland. *The Review of International Organizations*, Volume 6, Numbers 3—4, 2011, pp. 369—391.

20. Global Governance, Economic Migration and The Difficulties of Social Activism/Jean Grugel and Nicola Piper. *International Sociology*, Volume 26, Issue 4, 2011, pp. 435—454.

21. Discursivity of Global Governance: Vestiges of "Democracy" in The World Trade Organization/Michael Strange. *Alternatives: Global, Local, Political*. Volume 36, Issue 3, 2011, pp. 240—256.

公共治理/社会治理

1. Governance and Social Security: Moving Forward on The ISSA Good Governance Guidelines/Alberto R. Musalem and Maribel D. Ortiz. *International Social Security Review*. Volume 64, Issue 4, 2011, pp. 9—37.

2. DC Pension Fund Best-Practice Design and Governance/Gordon L. Clark and Roger Urwin. *Benefits Quarterly*. Volume 27, Issue 4, 2011, pp. 36—49.

3. Contradictions of Global Accountability: The World Bank, Development NGOs, and Global Social Governance/Taekyoon Kim. *Journal of International & Area Studies*, Volume 18, Issue 2, 2011, pp. 23—47.

4. Risk Governance/Marjolein B. A. Van Asselt & Ortwin Renn. *Journal of Risk Research*. Volume 14, Issue 4, 2011, pp. 431—449.

5. Introduction: Agency Governance in The European Union/Berthold Rittberger & Arndt Wonka. *Journal of European Public Policy*. Volume 18, Issue 6, 2011, pp. 780—789.

6. Governance Between Expertise and Democracy: The Case of European Security/Erik Oddvar Eriksen. *Journal of European Public Policy*. Volume 18, Issue 8, 2011, pp. 1169—1189.

7. Power, Knowledge and Environmental Assessment: The World Bank's Pursuit of "Good Governance"/Tim Richardson & Matthew Cashmore. *Journal of Political Power*. Volume 4, Issue 1, 2011, pp. 105—125.

8. Policy Innovation in A Fragmented and Complex Multilevel Governance Context: Worklessness and The City Strategy in Great Britain/Anne E. Green & Michael Orton. *Regional Studies*. Volume 46, Issue 2, 2012, pp. 153—164.

9. Introduction: European Security Governance after The Lisbon Treaty: Neighbours and New Actors in A Changing Security Environment/Dr Christian Kaunert & Sarah Léonard. *Perspectives on European Politics and Society*. Volume 12, Issue 4, 2011, pp. 361—370.

10. The Role of Civic Engagement in Trisectoral Governance Approaches as Factors for Success in East German Municipalities/Liudger Dienel & Heike Walk. *Local Government Studies*. Volume 37, Issue 3, 2011, pp. 317—334.

11. Governance and Social Security: Moving Forward on The ISSA Good Governance Guidelines/Alberto R. Musalem and Maribel D. Ortiz. *International Social Security Review*. Volume 64, Issue 4, 2011, pp. 9—37.

12. Global Financial Crisis, Public Administration and Governance: Do New Problems Require New Solutions? /B. Guy Peters, Jon Pierre and Tiina Randma-Liiv. *Public Organization Review*, Volume 11, Number 1, 2011, pp. 13—27.

13. Governance Networks in City-regions: in The Spirit of Democratic Ac-

countability? /Ann Karin Tennaas Holmen. *Public Policy and Administration*, Volume 26, Issue 4, 2011, pp. 399—418.

14. Innovations in Democratic Governance: How Does Citizen Participation Contribute to A Better Democracy? /Ank Michels. *International Review of Administrative Sciences*. Volume 77, Issue 2, 2011, pp. 275—293.

15. Emerging Theoretical Understanding of Pluricentric Coordination in Public Governance/Anne Reff Pedersen, Karina Sehested, and Eva Sørensen. *The American Review of Public Administration*, Volume 41, Isuue 4, 2011, pp. 375—394.

16. Constructing Legitimacy in The New Community Governance/Steve Connelly. *Urban Studies*, Volume 48, Issue 5, 2011, pp. 929—946.

17. Property Rights Reforms and Changing Grassroots Governance in China's Urban—Rural Peripheries: The Case of Changping District in Beijing/Lanchih Po. *Urban Studies*, Volume 48, Issue 3, 2011, pp. 509—528.

18. Urban Leadership and Community Involvement: Ingredients for Good Governance? /Michael Haus and Jan Erling Klausen. *Urban Affairs Review*. Volume 47, Issue 2, 2011, pp. 256—279.

地区治理 各国治理

1. EU Democracy Promotion in The Neighbourhood: from Leverage to Governance? /Sandra Lavenex & Frank Schimmelfennig. *Democratization*. Volume 18, Issue 4, 2011, pp. 885—909.

2. Territorial and Functional Interest Representation in EU Governance/Michèle Knodt, Justin Greenwood & Christine Quittkat. *Journal of European Integration*. Volume 33, Issue 4, 2011, pp. 349—367.

3. Global Regulation and Institutional Change in European Governance/Dimitrios Katsikas. *West European Politics*. Volume 34, Issue 4, 2011, pp. 819—837.

4. Governance in Developing Countries: Sri Lanka and South Africa Com-

pared/Ramanie Samaratunge & Soma Pillay. *International Journal of Public Administration*. Volume 34, Issue 6, 2011, pp. 389—398.

5. Good Governance in Crisis or A Good Crisis for Governance? A Comparison of The EU and The US/Waltraud Schelkle. *Review of International Political Economy*. Volume 19, Issue 1, 2012, pp. 34—58.

6. Perspectives on EU Governance: An Empirical Assessment of The Political Attitudes of EU Agency Professionals/Arndt Wonka & Berthold Rittberger. *Journal of European Public Policy*. Volume 18, Issue 6, 2011, pp. 888—908.

7. Neutral Switzerland and Western Security Governance from The Cold War to The Global Economic Crisis/Daniel Möckli. *Journal of Transatlantic Studies*. Volume 9, Issue 4, 2011, pp. 282—304.

8. Multi-level Governance of Regional Economic Development in Norway and Sweden: too Much or too little Top-down Control? /Gro Sandkjaer Hanssen, Erik Nergaard, Jon Pierre & Asgeir Skaalholt. *Urban Research & Practice*. Volume 4, Issue 1, 2011, pp. 38—57.

9. Transgovernmental Networks as Catalysts for Democratic Change? EU Functional Cooperation with Arab Authoritarian Regimes and Socialization of Involved State Officials into Democratic Governance/Tina Freyburg. *Democratization*. Volume 18, Issue 4, 2011, pp. 1001—1025.

10. Governance, Accountability and Neighbourhood Policing in Northern Ireland: Analysing The Role of Public Meetings/Mark Brunger. *Crime, Law and Social Change*, 2011, Volume 55, Numbers 2—3, pp. 105—120.

11. The Challenge of Governance and Institutions for Asia/Shigeo Katsu. *Global Journal of Emerging Market Economies*. Volume 3, Issue3, 2011, pp. 335—371.

12. Understanding Accountability and Governance in Post-invasion Iraq/ Keith Baker and Ellen V. Rubin. *Administration & Society*. Volume

43, Issue 5, 2011, pp. 515—536.

13. Multiscalarity and Neighbourhood Governance/Peter Somerville. *Public Policy and Administration*, Volume 26, Issue 1, 2011, pp. 81—105.

14. Administration and The Limits of Democracy: The Space of 19th-Century American Governance/Camilla Stivers. *Administration & Society*, Volume 43, Issue 6, 2011, pp. 623—642.

地方治理

1. Local Government without Governance: A New Institutional Perspective of Local Governance Policy Paralysis in Malawi/Richard I. C. Tambulasi. *Public Policy & Administration*. Volume 26, Issue 3, 2011, pp. 333—352.

2. Revisiting Lipsky: Front-Line Work in UK Local Governance/Catherine Durose. *Political Studies*, Volume 59, Issue 4, 2011, pp. 978—995.

3. Pro-Business Local Governance and (Local) Business Associations: The Case of Gaziantep/Mustafa K. Bayirbag. *Business & Politics*, Volume 13, Issue 4, 2011, pp. 1—39.

4. Smart Growth Policy Choice: A Resource Dependency and Local Governance Explanation/Christopher V. Hawkins. *Policy Studies Journal*, Volume 39, Issue 4, 2011, pp. 679—707.

5. Right to Information and Local Governance: An Exploration/P. B. Anand. *Journal of Human Development and Capabilities*. Volume 12, Issue 1, 2011, pp. 135—151.

6. Towards Strong Local Governance: Current Reform Scenario in Fiji/Mohammad Habibur Rahman & Sonal Singh. *International Journal of Public Administration*. Volume 34, Issue 10, 2011, pp. 674—681.

7. Local Governance under Cameroon's Decentralisation Regime: Is It All Sound and Fury Signifying Nothing? /Ndiva Kofele-Kale. *Common-

wealth Law Bulletin. Volume 37, Issue 3, 2011, pp. 513—530.

8. Citizen Participation in Local Governance in Eastern Europe: Rediscovering A Strength of Civil Society in The Post-Socialist World? /Tsveta Petrova. *Europe-Asia Studies*. Volume 63, Issue 5, 2011, pp. 757—787.

9. The Role and Governance of Sub-National Government: Current Issues/David Shand. *Reconstituting The Constitution*, Part 9, 2011, pp. 415—422.

10. Putting Good Governance into Practice III: Measuring Intrinsic and Instrumental Empowerment in Local Government Contexts/Conor Farrington. *Progress in Development Studies*. Volume 11, Issue 2, 2011, pp. 151—161.

11. Civic Engagement and Internet Use in Local Governance: Hierarchical Linear Models for Understanding The Role of Local Community Groups/B. Joon Kim, Andrea L. Kavanaugh, and Karen M. Hult. *Administration & Society*, Volume 43, Issue 7, 2011, pp. 807—835.

环境治理

1. Accountable Climate Governance: Dilemmas of Performance Management across Complex Governance Networks/Asim Zi and Christopher Koliba. *Journal of Comparative Policy Analysis*. Volume 13, Issue 5, 2011, pp. 479—497.

2. Re-scaling of Resource Governance as Institutional Change: The Case of Water Governance in Portugal/Andreas Thiel and Catrin Egerton. *Journal of Environmental Planning & Management*, Volume 54, Issue 3, 2011, pp. 383—402.

3. First Nations Rights and Environmental Governance: Lessons from The Great Bear Rainforest/Margaret Low and Karena Shaw. *BC Studies*,

Issue 172, 2011/2012, pp. 9—33.

4. Global Climate Governance after Cancun: Options for EU Leadership/Sebastian Oberthür. *The International Spectator*. Volume 46, Issue 1, 2011, pp. 5—13.

5. Saving The "Disappearing Islands": Climate Change Governance, Pacific Island States and Cosmopolitan Dispositions/F. R. Cameron. *Continuum*. Volume 25, Issue 6, 2011, pp. 873—886.

6. Non-profit and Community-Based Green Space Production in Milwaukee: Maintaining A Counter-Weight within Neo-liberal Urban Environmental Governance/Parama Roy. *Space and Polity*. Volume 15, Issue 2, 2011, pp. 87—105.

7. China's "Radicalism at The Center": Regime Legitimation through Climate Politics and Climate Governance/Jørgen Delman. *Journal of Chinese Political Science*, Volume 16, Number 2, 2011, pp. 183—205.

8. India and The Global Climate Governance: Between Principles and Pragmatism/Antto Vihma. *The Journal of Environment & Development*, Volume 20, Issue 1, 2011, pp. 69—94.

英文治理书目

1. *Global Civil Society 2011* /eds. By Martin Albrow; Hakan Seckinelgin; Helmut K Anheier. Et al. Palgrave Macmillan, 2011.
2. *Reinventing Civil Society: The Emerging Role of Faith-Based Organizations* /Cynthia Jackson-Elmoore and Richard C Hula. M. E. Sharpe, 2011.
3. *Bootstrapping Democracy: Transforming Local Governance and Civil Society in Brazil* /eds. By Gianpaolo Baiocchi, Patrick Heller, and Marcelo Kunrath Silva. Stanford University Press, 2011.
4. *Fighting Poverty Together: Rethinking Strategies for Business, Governments, and Civil Society to Reduce Poverty* /Aneel Karnani. Palgrave Macmillan, 2011.
5. *Empowered Participation or Political Manipulation: State, Civil Society and Social Funds in Egypt and Bolivia* /Rabab El-Mahdi. Brill, 2011.
6. *Civil Society, Conflicts and The Politicization of Human Rights* /Raffaele Marchetti and Nathalie Tocci. United Nations University Press, 2011.
7. *South Korean Social Movements: from Democracy to Civil Society* /Gi-Wook Shin and Paul Y Chang. Routledge, 2011.
8. *Civil Society and Political Change in India* /Awadhesh Kumar Pandey. Signature Books International, 2011.
9. *Challenges to Civil Society: Popular Protest & Governance in Jamai-*

ca/Hume N Johnson. Cambria Press, 2011.

10. *Civil Society and International Governance: The Role of Non-state Actors in Global and Regional Regulatory Frameworks*/J. D. Armstrong et al. Routledge, 2011.

11. *Urban Social Capital: Civil Society and City Life*/Joseph D. Lewandowski and Gregory W. Streich. Ashgate, 2011.

12. *Civil Society and Democratization in The Arab World: The Dynamics of Activism*/Francesco Cavatorta and Vincent Durac. Routledge, 2011.

13. *Access to European Justice for Environmental Civil Society Organizations*/Inga Immel. Peter Lang, 2011.

14. *Change Management in Civil Society Organisations*/S. Hanuman Kennedy and P. Krishna Moorthy. Akansha Pub. House, 2011.

15. *Governing Ambiguities: New Forms of Local Governance and Civil Society*/Emanuela Bozzini and Bernard Enjolras. Nomos, 2011.

16. *Global Governance Building on The Civil Society Agenda*/Alvaro Vasconcelos and Francoise Bouchet-Saulnier. Institute for Security Studies, 2011.

17. *Together for Better Public Services: Partnering with Citizens and Civil Society*/Organisation for Economic Co-operation and Development. OECD, cop. 2011.

18. *Democratic Participation and Civil Society in The European Union*/David Friedrich. Manchester University Press, 2011.

19. *Social Rights, Active Citizenship and Governance in The European Union*/Thomas P. Boje and Martin Potucek. Nomos, 2011.

20. *The Democratic Legitimacy of European Social Movement Organisations: All for One and One for All?*/Joke Wiercx. Nomos, 2011.

21. *East Asian Social Movements: Power, Protest, and Change in A Dynamic Region*/Jeffrey Broadbent and Vicky Brockman. Springer, 2011.

22. *The Crisis of Democratic Governance in Southeast Asia*/Aurel Croissant and Marco Bunte. Palgrave Macmillan, 2011.

23. *Politics, Civil Society and Democratic Government*/Alka R. Gupta, and Akash Singh. Signature Books International, 2011.

24. *Recognising Community Voice and Dissatisfaction: A Civil Society Perspective on Local Governance in South Africa*/Good Governance Learning Network, 2011.

25. *Civil Society Accountability*/Seth Lartey. Commonwealth Foundation; Trinidad and Tobago Transparency Institute, 2011.

26. *Civil Society, Public Action and Accountability in Africa*/Shantayanan Devarajan, Stuti Khemani and Michael Walton. World Bank, 2011.

27. *Global Civil Society in Action: Dilemmas of Democratization in The World Social Forum*/Teivo Teivainen. Routledge, 2011.

28. *Social Networks and Natural Resource Management: Uncovering The Social Fabric of Environmental Governance*/Orjan Bodin and Christina Prell. Cambridge University Press, 2011.

《中国治理评论》约稿函

《中国治理评论》是一份发表中外治理研究成果的专业学术出版物，计划每年出版 2—4 辑。《中国治理评论》秉持学术宗旨，采用当今国际学术刊物通行的匿名审稿制度，提倡严谨治学，鼓励理论创新，关注实证研究，以期为中国政府和社会治理的研究者提供一个学术交流的平台。该刊由俞可平教授任编委会主任和主编。

《中国治理评论》设"主题探讨"、"治理案例"、"书评"、"书刊架"、"学术动态"五个栏目。"主题探讨"栏目每期一个主题，发表对治理领域某一专题进行探讨的理论研究论文；"治理案例"栏目刊登对国内外政府和社会治理的描述与分析性案例研究文章，每个研究案例在 1 万—1.5 万字；"书评"栏目介绍和评论国内外新出版的重要治理研究著作，每篇书评在 5000—8000 字；"书刊架"栏目介绍当前国内外治理方面的最新文献资料，并选择其中有代表性的若干篇文章做摘要性介绍；"学术动态"栏目反映国内外关于治理研究的会议信息（含本刊的有关活动）。

本刊特向学界同仁诚挚约稿。本刊投稿不限中文，被录用的外文文章由编辑部负责翻译成中文，由作者审查定稿。来稿须未曾在中国内地任何公开出版物上发表，请勿一稿两投。稿费千字 200 元。请遵守学术规范，如出现剽窃，文责自负。投稿体例如下：

一、稿件要求

(一) 形式要求

1. 电子文件

Microsoft Office 软件文本。

2. 打印文件

A4 纸。

(二) 文本要求

1. 正文文本

5 号宋体,单倍行距,页边距上下限、左右边距均采用 Office 软件的默认设置。

2. 文章标题

一级标题:"一、二、三……"

二级标题:"(一)(二)(三)……"

三级标题:"1.2.3……"

四级标题:"(1)(2)(3)……"

一、二、三级标题各占一行,其中一级标题居中,二、三级标题缩进两个字符且左对齐,四级及以下标题后加句号且与正文接排。

3. 图表文件

(1) 统计表、统计图或其他示意图等,均用阿拉伯数字连续编号,后加空格并注明图表名称;

(2) 表号及表名须标注于表的上方且居中;

(3) 图号及图名须标注于图的下方,且末尾不加标点符号。

如图表下有标注补充说明或资料来源,格式先标注补充说明,再另起一段标注资料来源(后不加句点),具体为:"注"须标注于图表的下方,以句号结尾;"资料来源"须标注于"注"的下方,并按正文引用格式标注文献。

示例如下：

表3　自民党与自由党的二元变量分析，2010

变量	相关系数
人口结构比例	－0.362＊＊＊

注：N＝56，不包括监狱人员和外籍短期逗留人员，＊＊＊、＊＊和＊分别表示相关系数通过0.01、0.05和0.10水平的显著性检验。

资料来源：日本大藏省党派研究中心报告（2010）。

（三）信息要求

1. 第一页

应包括如下信息：

（1）文章标题；

（2）作者姓名、单位、通信地址、电话与电子邮箱地址。

2. 第二页

应提供以下信息：

（1）文章中、英文标题；

（2）200字以内中、英文摘要，以及3—5个中、英文关键词。

二、注释体例

本刊采用参考文献注释法。正文中，引证方式为"（作者，出版年）"，如（Marx，1995）或"（作者，出版年：页码）"，如（马克思，1995：21—22）；文末附引用的参考文献。行文中需要说明的问题用当页脚注法，脚注编号以本页为限。参考文献按作者名字拼音排序，同一作者在同一年发表多篇文章或多部著作，用"出版年a、b、c"表示；发表在杂志上的文章要注明所在卷次、页码。例证如下：

(一) 中文

马克思,1995a:"《政治经济学批判》序言",见《马克思恩格斯选集》,中文第2版,第2卷,人民出版社。

——1995b:"工资、价格和利润",见《马克思恩格斯选集》,中文第2版,第2卷,人民出版社。

沙菲克,2004:"进化模式将是胜利者",《经济社会体制比较》,2004,6:1—11。

张维迎,2001:"中国:政府监管的特殊成因",中国经济学教育科研网,http://www.cenet.org.cn/article.asp?articleid 5682。

周子康,1991:"中国地方政府编制管理定量分析的研究"(会议论文),东部地区公共行政组织第十四届大会。

(二) 译文

亚历山大·罗森伯格,2000:"经济学理论的认知地位如何",见罗杰·E.巴克豪斯编:《经济学方法论的新趋势》,张大宝等译,经济科学出版社。

E.K.亨特,2007:《经济思想史:一种批判性的视角》,颜鹏飞总译校,上海财经大学出版社。

(二) 外文

Putnam, Robert D., 1993. *Making Democracy Work*. Princeton: Princeton University Press.

Gambetta, D., ed., 1988. *Trust*. Oxford: Blackwell.

Romer, P., 1986. "Increasing Returns and Long-run Growth." *Journal of Political Economy*. 94: 1002—37.

Sabel, Charles F., 1988. "The Re-emergence Of Regional Economies." in Paul Hirst and Jonathan Zeitlin, eds. *Reversing Industrial Decline*. Oxford: Berg.

参考文献按先中文，后译文、外文排序，中文和译文（译著）以中文姓氏拼音字母为序，外文以姓氏的英文字母为序。

三、权利与责任

（一）根据《中华人民共和国著作权法》有关规定，经本刊发表的文章，其版权均属本刊专有；涉及国外版权问题，均遵照《中华人民共和国著作权法》及有关国家法规执行。凡向本刊投稿者皆被认定遵守上述约定。

（二）来稿由本刊编辑部组织匿名审查，编辑部有权对来稿进行修改，有关内容的修改意见将反馈作者。本刊编辑部如在收到稿件之后两个月之内未予答复，作者可另行处理。

（三）来稿请发送至编辑部电子邮箱：zgzlpl@163.com，《中国治理评论》热情欢迎您的赐稿！文稿一经采用，稿酬从优。

《中国治理评论》编辑部
电子邮件：zgzlpl@163.com
电话：010—66509508
传真：010—66120874

图书在版编目(CIP)数据

中国治理评论.第2辑/俞可平主编.
—北京:中央编译出版社,2012.7
ISBN 978-7-5117-1437-4

Ⅰ.①中…

Ⅱ.①俞…

Ⅲ.①社会管理—中国—丛刊

Ⅳ.①D63-55

中国版本图书馆CIP数据核字(2012)第159985号

中国治理评论.第2辑

责任编辑	贾宇琰　杜永明	
责任印制	尹　珺	
出版发行	中央编译出版社	
地　　址	北京西城区车公庄大街乙5号鸿儒大厦B座(100044)	
电　　话	(010)52612345(总编室)　(010)52612375(编辑室)	
	(010)66161011(团购部)　(010)52612332(网络销售)	
	(010)66130345(发行部)　(010)66509618(读者服务部)	
网　　址	www.cctphome.com	
经　　销	全国新华书店	
印　　刷	北京印刷一厂	
开　　本	787毫米×960毫米　1/16	
字　　数	263千字	
印　　张	18.5	
版　　次	2012年7月第1版第1次印刷	
定　　价	39.00元	

凡有印装质量问题,本社负责调换,电话:(010)66509618